Glanzlichter der Wissenschaft
Ein Almanach

Die Deutsche Bibliothek – CIP-Einheitsaufnahme
Ein Titeldatensatz für diese Publikation ist bei der Deutschen Bibliothek erhältlich
Glanzlichter der Wissenschaft: ein Almanach.../hrsg. vom Deutschen Hochschulverband
Stuttgart: Lucius und Lucius
Erscheint jährl. – Aufnahme nach 1998
Früher u.d.T.: Deutscher Hochschulverband: Almanach

ISBN 3-8282-0126-1
Redaktion: Felix Grigat, M.A. (verantwortl.)
Friederike Invernizzi, M.A.
Ina Lohaus
Satz: Welker Satz KG, Bonn
Druck: Paulinus-Druckerei, Trier

Inhaltsverzeichnis

Die Verfassung hinter der Verfassung
Hans Herbert von Arnim 5

Die Berliner Republik: Erwartungen und Herausforderungen
Arnulf Baring 23

Totalitarismus und Sprache
Christian Bergmann 35

Die alterslose Gesellschaft
Norbert Bolz 45

Rückblick auf Bonn
Karl Dietrich Bracher 53

*Von der Spaltbarkeit des Unteilbaren: Atomphysik und Kernenergie
im Spiegel der Literatur von Bertolt Brecht bis Christa Wolf*
Rudolf Drux 63

Am Anfang war das Licht: Wie der Kosmos entstand
Harald Fritzsch 73

Die Zeiten ändern sich: Vom Umgang mit der Zeit in unterschiedlichen Epochen
Karlheinz A. Geißler 79

Freiheitliche Demokratie in der globalen Informationsgesellschaft
Peter Glotz 93

Die Sprache der Zellen
Martin J. Lohse 107

Was darf die Genforschung? Über die ethischen Grundsätze ihrer Anwendung
Dietmar Mieth 115

Goethe und die Wissenschaftler: Zum 250. Geburtstag
John Neubauer 121

Wissenschaft in der öffentlichen Wahrnehmung: Ergebnisse einer Allensbach-Umfrage
Elisabeth Noelle-Neumann 127

Das Schweigen der Lämmer
Dieter Simon 139

Philosophische Aspekte der Globalisierung
Peter Sloterdijk 151

Von der Schlauheit, dem Egoismus und der Verachtung: Medien und Massenkultur
Andrzej Szczypiorski 163

Wie erziehbar ist der Mensch?
Bernhard Verbeek 169

Skandalon Kanon: Gesellschaftskitt durch Klassikerlektüre
Wolfgang Welsch 179

Die Autoren 185

Quellennachweis 187

Die Verfassung hinter der Verfassung

Hans Herbert von Arnim

Am 8. Mai 1949 beschloss der Parlamentarische Rat das Grundgesetz, und mit dem Ablauf des 23. Mai trat es in Kraft. Am 7. September konstituierte sich der erste Bundestag, und am 20. September 1949 trat die erste Bundesregierung ihr Amt an. Aus Anlass des 50. Geburtstages des Grundgesetzes, dessen verschiedene Stationen sich also vom Mai bis in den September dieses Jahres erstrecken, unterzieht der Speyerer Staatsrechtslehrer Hans Herbert von Arnim unsere Verfassung einer kritischen Analyse. Er stellt fest, dass Verfassungsrecht und Verfassungswirklichkeit in weiten Bereichen auseinander klaffen und das Grundgesetz wichtigen Funktionen nur noch eingeschränkt gerecht wird. Zugleich weist er Wege für Reformen zum Besseren.

I. Die neue Sensibilität gegenüber Verfassungsmängeln

Wenn überkommene verfassungsrechtliche Bestimmungen nicht mehr auf die Wirklichkeit passen, kann das Grundgesetz seine Funktion nur noch eingeschränkt erfüllen und die Anreize für die Politiker nicht mehr so setzen, dass deren Entscheidungen möglichst zum Vorteil für die Gemeinschaft ausschlagen. Wie der sogenannte Neo-Institutionalismus erkannt hat, hängt gute und bürgernahe Politik nicht nur von der Integrität und Tüchtigkeit der Politiker ab, sondern auch davon, dass die verfassungsrechtlichen Institutionen adäquat ausgestaltet sind.

Diese Erkenntnis ist zwar so neu auch wieder nicht. Wenn sie sich jetzt aber wieder in den Vordergrund spielt, beruht das auf einer veränderten wirtschaftlich-politischen Grosswetterlage. Die Menschen und die Öffentlichkeit insgesamt sind heute besonders empfindlich gegenüber institutionell bedingten Defiziten der politischen Willensbildung, vor allem wohl aus folgenden Gründen:
- In den Jahrzehnten des Kalten Krieges und des Ost-West-Gegensatzes konnten wir uns im Westen über eigene Mängel stets mit dem Argument hinwegtrösten, dass wir immer noch das bessere wirtschaftlich-politische System hatten. Nach dem Zusammenbruch des östlichen Vergleichsmodells treten nun aber auch die Mängel unseres eigenen Systems immer stärker hervor.

- Dies gilt um so mehr, seitdem die fetten Jahre mit hohem Wirtschaftswachstum und schnell zunehmendem Steueraufkommen hinter uns liegen. Damals war – trotz vieler Mängel und öffentlicher Verschwendung – immer noch genug für die notwendigen Gemeinschaftsbelange übrig geblieben.
- Gleichzeitig sind die Herausforderungen, denen sich die Politik gegenübersieht, gewachsen. Ich nenne nur drei: die Wiedervereinigung mit allen Folgen, die Arbeitslosigkeit und den Umbruch in der Alterszusammensetzung der Bevölkerung, der eine Anpassung und Neugestaltung unserer sozialen Systeme unausweichlich macht.
- Hinzu kommt der sogenannte Wertewandel weg von der Obrigkeitshörigkeit und hin zum kritisch-rationalen Hinterfragen – auch der politischen Institutionen.
- Schließlich vermittelt die Verschärfung des internationalen Wettbewerbs durch Europäisierung und Globalisierung zunehmend den Eindruck, dass wir uns einen mangelhaften Ordnungsrahmen immer weniger leisten können, weder in der Wirtschaft noch in der Politik. Auch Mängel des institutionellen Rahmens der Politik erhalten damit aus politikökonomischer Perspektive den Charakter von Standortnachteilen im globalen Wettbewerb.

II. Verfassung und Verfassungswirklichkeit

Vor diesem Hintergrund kann man heute nicht mehr darüber hinwegsehen, dass die geschriebene Verfassung und die Realität weit auseinanderklaffen. Kernvorschriften des Grundgesetzes stehen häufig nur noch auf dem Papier. Der Sinn wichtiger Verfassungsvorschriften wird ins Gegenteil verkehrt. Das ist nicht nur eine juristische Frage, sondern steht auch in Zusammenhang zu den Fehlentwicklungen, die allgemein beklagt werden: dem Partizipationsdefizit und der mangelnden Handlungsfähigkeit der Politik.

1. Ausgewogenheits- und Richtigkeitsverheißungen des Grundgesetzes

a) Gewaltenteilung

Das Grundgesetz postuliert Gewaltenteilung (Art. 20 Abs. 2 Satz 2 GG). Tatsächlich gehören Mitglieder der Regierung und die Parlamentarischen Staatssekretäre gleichzeitig auch dem Parlament an. Dieselben Personen sollen also in ihrer Eigenschaft als Abgeordnete sich selbst in ihrer Eigenschaft als Minister kontrollieren. Interessenverquickung ist die zwangsläufige Folge. „Von einer Gewaltenteilung zwischen Legislative und Exekutive" kann „vernünftigerweise nicht mehr die Rede sein". Auch wenn man dies im parlamentarischen System mit seinem Gegensatz von Regierung und Opposition für nicht so schlimm halten mag, so zeigen doch die Länder Hamburg und Bremen, dass man es auch anders machen kann. Dort verbieten die Verfassungen den Senatoren aus gutem Grund, gleichzeitig noch Abgeordnete zu bleiben. Im Übrigen: Wenn Minister ohnehin nicht gleichzeitig Parlamentarier sein könnten, wäre der Regierungschef in geringerem Maße als bisher dem politischen Druck seiner

Fraktion ausgesetzt, seine Minister aus den Reihen der Parlamentarier auszuwählen, so dass er freier würde, auch „Seiteneinsteiger" in sein Kabinett zu berufen. In keinem Fall sollten Minister neben ihren Amtsbezügen noch ein nennenswertes (teils steuerpflichtiges, teil steuerfreies) Zweitgehalt aus dem Abgeordnetenmandat beziehen, wie dies aber im Bund und in den meisten Ländern der Fall ist. Niedersachsen hat diesen Missstand mit Recht abgeschafft.

Hinzu kommt: Die deutschen Parlamente sind völlig *verbeamtet*. In vielen Landesparlamenten kommt weit mehr als die Hälfte der Abgeordneten aus dem öffentlichen Dienst. Wie aber sollen Beamten-Parlamente die nötige Distanz aufbringen, um die grundlegenden Reformen des öffentlichen Dienstes und der Verwaltung, die eigentlich nötig wären, auch nur zu konzipieren – von der Durchsetzung ganz zu schweigen?

Die Verbeamtung hat in Deutschland *Tradition*. Schon der Reichstag von 1871 war zu fast zwei Dritteln von Beamten dominiert. Und im Parlamentarischen Rat von 1948/49 besaßen die Staatsdiener eine ähnliche Mehrheit. Kein Wunder, dass sie sich dem Wunsch der Amerikaner und Briten widersetzten und ein Verbot für Beamte, sich für ein Parlamentsmandat zu bewerben, wie es in Großbritannien und den USA besteht, eben nicht ins Grundgesetz schrieben.

Geht es um die Eigeninteressen von Berufspolitikern, etwa bei ihren Diäten, ihren Altersrenten und der Parteienfinanzierung, aber auch beim Wahlrecht und bei vielen Strukturfragen, sind Regierung und Opposition sich meist fraktionsübergreifend einig und ziehen an einem Strang, so dass auch die Opposition als Gegengewicht ausfällt. Statt Gewaltenteilung herrschen dann erst recht *Gewaltenvermengung* und Kungelei.

b) Gleicher Zugang zu öffentlichen Ämtern

Das Grundgesetz betont, dass Beamten- und Richterstellen nur nach persönlicher Qualifikation und fachlicher Leistung vergeben werden dürfen (Art. 33 Abs. 2 GG). Tatsächlich grassiert „Parteibuchwirtschaft" in immer weiteren Bereichen.

c) Gesetzmäßigkeit und Neutralität der Verwaltung

Wenn aber Schlüsselstellungen im Staat, in Gerichten, in öffentlich-rechtlichen Medien und in der öffentlichen Wirtschaft mit Parteigenossen besetzt werden, was wird dann aus dem Grundsatz der *Gesetzmäßigkeit der Verwaltung* (Art. 20 Abs. 3 GG), aus dem Gebot, dass *alle Bürger* vom Staat *gleich* zu behandeln sind (Art. 3 GG), etwa bei der Vergabe von Subventionen und öffentlichen Aufträgen? Kann von Bediensteten, die ihre Stellung der Parteipatronage verdanken, wirklich erwartet werden, dass sie dem Patronageprinzip bei ihrer Amtsführung abschwören?

d) Allgemeine Interessen kommen zu kurz

Der pluralistischen Demokratie liegt die Verfassungserwartung zugrunde, dass die Gesetzgebung und andere politische Entscheidungen tendenziell zu ausgewogenen und richtigen Ergebnissen führen. Tatsächlich aber sind spezielle Interessen besser organisierbar als allgemeine, so dass die Politik unter dem Druck von Verbänden leicht die wichtigen *allgemeinen Interessen vernachlässigt.* Kaum einer hat dieses Repräsentationsdefizit so ungeschminkt beim Namen genannt wie *Roman Herzog* – als er noch Hochschullehrer in Speyer war.

Ein Beispiel sind die Subventionen in dreistelliger Milliardenhöhe: Gut organisierte Interessenten haben sie durchgesetzt und verteidigen sie ganzherzig gegen alle halbherzigen Abbauversuche, obwohl Subventionen (einschließlich der Steuervergünstigungen) dem allgemeinen Interesse an gleichmäßiger und niedriger Abgabenbelastung offensichtlich zuwiderlaufen.

Finden Interessen aber desto weniger Berücksichtigung, je größer der Kreis der Betroffenen ist, läuft das letztlich auf einen „*Mechanismus umgekehrter Demokratie*" hinaus. Das ist der Grund, warum man das allgemeine Interesse an Geldwertstabilität vom Spiel der Verbände und Parteien separiert und in die Hand der unabhängigen Bundesbank, neuerdings der Europäischen Zentralbank, gelegt hat (Art. 88 GG neue Fassung).

Die *Macht der Lobby* (und ihrer parlamentarischen Ansprechpartner) zeigt sich auch im mangelnden Schutz von Volksvertretern vor Korruption. Der von den Abgeordneten selbst gemachte Straftatbestand der Abgeordnetenbestechung ist so eng gefasst, dass er praktisch nie zur Anwendung kommen wird. So können Abgeordnete, die zur Sicherung ihrer Unabhängigkeit aus Staatsmitteln voll bezahlt und versorgt werden, gleichzeitig „ganz legal" noch hauptamtlich Verbandsfunktionäre sein und so ihre Unabhängigkeit verkaufen (wie zum Beispiel der Bundestagsabgeordnete und Hauptgeschäftsführer der Bundesvereinigung der Deutschen Arbeitgeberverbände *Reinhard Göhner* und der Chef des Brüsseler Büros des Bertelsmann-Konzerns und einflussreiche Europaabgeordnete *Elmar Brok*).

e) Zukunftsinteressen kommen zu kurz

Ähnliche Unausgewogenheiten des politischen Prozesses bestehen hinsichtlich künftiger Interessen des Volkes. Auch sie kommen – angesichts des Kurzfristhorizonts der Parteien- und Verbändedemokratie – leicht zu kurz. Das findet in der Zunahme der Staatsverschuldung, in der mangelnden Vorsorge für die künftige Alterssicherung, in der Überbesteuerung von Investitionen in Betrieben und in der steuerlichen Benachteiligung des Unterhalts von Kindern (verstanden ebenfalls als Investition in zukünftige Generationen) ihren Ausdruck. Das *Bundesverfassungsgericht* versucht hier bekanntlich gegenzusteuern, indem es erst kürzlich wieder die Benachteiligung von Kinderreichen bei der Besteuerung und bei der Beamtenbesoldung für verfassungswidrig erklärt hat und eine grundlegende Änderung der entsprechenden Bestimmungen erzwingt.

f) Offene Flanke des Grundgesetzes: Überbesteuerung

Das Grundgesetz schützt das *Eigentum* und lässt Enteignungen nur gegen Entschädigung zu (Art. 14 GG). Doch gegen Überbelastung mit Steuern und sonstigen öffentlichen Abgaben und gegen Geldentwertung besteht herkömmlicherweise kein grundrechtlicher Schutz, obwohl durch sie der Wert des Eigentums besonders nachhaltig ausgehöhlt werden kann. Diese offene Flanke ist nur dadurch zu erklären, dass das Grundgesetz von der tendenziellen Ausgewogenheit und Richtigkeit des politischen, auch des steuer- und finanzpolitischen, Prozesses ausgeht, ein Ausgangspunkt, der in Wahrheit eben nicht mehr voll zutrifft. Auch hier hat das Bundesverfassungsgericht versucht, mit dem in kühner Rechtsfortbildung entwickelten so genannten Halbteilungsgrundsatz, Barrieren gegen Politik und Gesetzgebung zu errichten. Nach jenem Grundsatz darf den Steuerzahlern nicht mehr als die Hälfte ihres Einkommens weggesteuert werden, ohne dass die genaue Reichweite dieses Grundsatzes bisher aber erkennbar würde. Den Schutz vor Geldentwertung hat inzwischen die unabhängige Zentralbank übernommen. Ein entsprechender institutioneller Schutz vor zu hohen Abgaben ist nicht in Sicht.

g) Wirtschaftlichkeit

Das Grundgesetz, die Haushalts- und Gemeindeordnungen binden Staat und Kommunen und alle ihre Amtsträger an die Grundsätze der Wirtschaftlichkeit und Sparsamkeit. Doch kaum eine rechtliche Bindung wird in der Praxis so häufig ignoriert. Das Vollzugsdefizit ist hier derart eklatant, dass der Soziologe *Niklas Luhmann* in Frage gestellt hat, ob Staat und Verwaltung überhaupt wirtschaftlich handeln können. Daran ändern auch die Rechnungshöfe, so wie sie derzeit organisiert sind, wenig. Was für ein Gegengewicht die Rechnungshöfe – gemeinsam mit der öffentlichen Meinung – allerdings bilden könnten, würde sich zeigen, wenn ihre Spitze nicht mehr vom Parlament nach parteipolitischem Proporz, sondern direkt vom Volk gewählt würde. Wie ausgeprägt der Widerstand der Politik gegen die Anforderungen des Wirtschaftlichkeitsprinzips und die Kontrolle seiner Einhaltung ist, zeigt auch der Umstand, dass eine klare Festlegung von Zielen (die Kontrolle auf Wirtschaftlichkeit erleichtern, aber damit auch politische Angreifbarkeit bedeuten würde) regelmäßig unterbleibt – selbst dort, wo die Zielkonkretisierung gesetzlich vorgeschrieben ist, z. B. bei den Subventionen (§ 12 Abs. 4 Stabilitätsgesetz) und bei Beteiligung der öffentlichen Hand an privatrechtlichen Gesellschaften (§ 65 Abs. 1 Ziff. 1 der Bundes- und Landeshaushaltsordnungen).

h) Gemeinwohlbindung

Das Grundgesetz und die Landesverfassungen verpflichten alle Staatsgewalt und alle Amtsträger auf das Gemeinwohl. Gemeinwohl ist zwar ein vager, generalklauselartiger Begriff. Was er inhaltlich verlangt, ist im Einzelfall schwer zu entscheiden. Eines aber ist klar: Er verlangt uneigennütziges Handeln der Amtsträger. Gemeinwohlorientiertes Handeln ist das Gegenteil von eigennützigem Handeln. Tatsächlich orientieren sich Berufspolitiker bei ihren Entscheidungen aber im Zweifel meist an ihren eigenen Interessen. Darauf wird noch näher einzugehen sein (unter III). Denn hier liegt der Schlüssel sowohl für das Verständnis des Wandels vieler grundgesetzlicher Bestimmungen als auch für die Konzeption von Reformüberlegungen, die der Problematik adäquat sind.

Die Fehlentwicklungen ließen sich nur aufbrechen und die Schieflage nur ausbalancieren, wenn – so meine These – das Volk wirksamen Einfluss erhielte. Aber gerade daran fehlt es bislang.

2. Entmündigung des Souveräns

a) Freie und unmittelbare Wahl?

Das Grundgesetz verspricht allen Bürgern, sie könnten ihre Abgeordneten unmittelbar und frei wählen (Art. 28 Abs. 1 Satz 2 und Art. 38 Abs. 1 Satz 1 GG). In Wirklichkeit kann der Wähler – aufgrund der Eigenheiten unseres Verhältniswahlrechts – die Kandidaten oft gerade *nicht* auswählen. Alle Kandidaten, die die Parteigremien auf so genannte sichere Listenplätze gesetzt haben, sind mit der Nominierung durch die Partei praktisch auch schon gewählt. Auf diese Weise immunisieren sich Berufspolitiker gegen eine Abwahl durch die Bürger. Die eigentliche Volkswahl wird zur Farce; von Freiheit und Unmittelbarkeit kann keine Rede mehr sein.

Ein Beispiel unter hunderten: Bei der letzten Bundestagswahl kämpften im Wahlkreis Ludwigshafen *Helmut Kohl* (CDU) und *Doris Barnett* (SPD) um das Direktmandat. Da beide Kandidaten aber auf den Listen ihrer Parteien abgesichert waren, stand von vornherein fest, dass auch der Verlierer in den Bundestag einziehen würde. Alles Wahlkampfgetöse war nur vordergründige Inszenierung, um den Bürger darüber hinweg zu täuschen, dass er in Wahrheit gar nichts mehr zu entscheiden hatte.

Bei den *Europawahlen,* bei der deutsche Wähler nur eine Stimme haben, ist die Bevormundung der Wähler noch krasser. Auch hierzu ein Beispiel: Die SPD, hatte 1994 40 von insgesamt 99 deutschen Abgeordneten nach Straßburg entsandt. Am 13. Juni 1999 schnitt sie sehr schlecht ab und verlor sieben Sitze. Dennoch konnten zumindest ihre Kandidaten mit den Listenplätzen 1 bis 32 schon lange vor dem Wahltermin ihres Erfolges bei der Europawahl absolut sicher sein, mochte auch der Wähler fast keinen von ihnen auch nur dem Namen nach kennen.

b) Gleiches Recht der Wählbarkeit?

Das Grundgesetz verbrieft allen Bürgern das gleiche Recht, gewählt zu werden. Tatsächlich bekommt man in den beiden großen westlichen Parteien in der Regel nur nach unendlicher „Ochsentour" die Chance, als Parlamentskandidat an aussichtsreicher Stelle nominiert zu werden. Die Kandidaten werden nicht primär wegen ihrer Qualität als Volksvertreter aufgestellt, sondern wegen ihrer Vorleistungen für die Partei – und sie müssen auch nach Übernahme des Mandats kräftig bluten: Wer der Partei ein Mandat (oder ein anderes besoldetes Amt) verdankt, muss dafür hohe Abgaben aus seinem staatlichen Gehalt zahlen („Parteisteuern"). Die vorherige Ochsentour können sich aber nur „Zeitreiche" und „Immobile" leisten. Deshalb hat – neben Verbandsfunktionären – vor allem eine bestimmte Kategorie von Beamten, besonders Lehrer, die beste Voraussetzung, ein Parlamentsmandat zu erlangen und in Partei, Politik und Parlament eine Rolle zu spielen. Hier liegt eine Wurzel für die Verbeamtung der Parlamente.

c) Öffentlichkeit

Demokratie- und Rechtsstaatsprinzip verlangen an sich grundsätzliche Öffentlichkeit in Staat und Verwaltung. Das Öffentlichkeitsgebot ist von zentraler Bedeutung in der Demokratie, weil Öffentlichkeit notwendige Voraussetzung für die umfassende Information des Bürgers als des eigentlichen Souveräns in der Demokratie ist. Tatsächlich herrscht statt Öffentlichkeit meist das Gegenprinzip des Amtsgeheimnisses. Das gibt den politischen Machthabern die Möglichkeit des strategischen Gebrauchs von Öffentlichkeit. Sie können – je nach Gutdünken – Vorgänge und ihre Hintergründe geheim halten oder sie im Wege einer gezielten Aktion demonstrativ publizieren. Es steht ihnen also häufig frei, das Wesentliche zu verbergen und nur das preiszugeben, was sich sehen lassen kann, und dies dann besonders attraktiv zu präsentieren. Mit der Art von Öffentlichkeit, die das Grundgesetz meint, hat derartige den Bürger bevormundende „Öffentlichkeitsarbeit", die bisweilen nur schwer von Manipulation zu unterscheiden ist, kaum mehr etwas zu tun.

3. Entmündigung der Volksvertreter

a) Freies Mandat?

Die Abhängigkeit setzt sich auch nach der Wahl fort. Das Grundgesetz garantiert den *Abgeordneten* zwar das freie Mandat (Art. 38 Abs. 1 Satz 2 GG). In Wirklichkeit sind die Abgeordneten in die sogenannte Fraktionsdisziplin eingebunden. Treffen sie dennoch Entscheidungen „nach ihrem Gewissen" – ohne dass die Fraktionsführung das Stimmverhalten ausnahmsweise einmal „freigegeben" hat – geraten sie leicht ins parteipolitische Abseits und müssen befürchten, bei der nächsten Wahl nicht wieder aufgestellt zu werden.

b) Koalitionsverträge

Die Verfassungen versprechen auch den *Regierungen, Fraktionen und Parteien* die Freiheit der politischen Entscheidungen (über Personen und Programme). Tatsächlich dominieren (aufgrund des Verhältniswahlrechts) Koalitionsvereinbarungen, die von wenigen politischen „Elefanten" ausgehandelt werden. Alle anderen Politiker (in den Fraktionen, Parteien und Regierungen) können die Vereinbarungen dann oft nur noch nachträglich abnicken und während der Legislaturperiode abarbeiten, wollen sie das ganze Paket und damit das Zustandekommen und den Fortbestand der Koalition nicht gefährden. Das hat wiederum Rückwirkungen auf das Wahlrecht. Der Wähler kann oft nicht einmal die große Richtung der Politik bestimmen. Kleine Parteien spielen Zünglein an der Waage und entscheiden durch ihre Koalitionspräferenzen darüber, wer die Mehrheit im Parlament erhält und die Regierung stellt. Zudem führen abweichende Mehrheiten im Bundesrat dazu, dass alle wichtigen Entscheidungen nur noch von den großen Parteien gemeinsam getroffen werden können. Dann kann der Bürger wählen, wen er will: das Ergebnis bleibt weitgehend das gleiche.

4. Alimentation statt Entschädigung

Die Verfassungen geben den Abgeordneten ausdrücklich einen Anspruch auf „eine ihre Unabhängigkeit sichernde Entschädigung" (Art. 48 Abs. 3 Satz 1 GG). Das bedeutet nach Wortlaut und Sinn, dass Abgeordnete Anspruch auf Kostenerstattung und auf Ausgleich des Einkommensverlustes haben, den sie durch die Übernahme und Ausübung des Mandats erleiden. Tatsächlich aber erhalten alle Abgeordneten eine gleich hohe Alimentation (wobei einige Abgeordnete „zu Pferd", zum Beispiel Parlamentspräsidenten und Fraktionsvorsitzende mit ihren meist hohen Zusatzdiäten, noch „gleicher" sind als andere). Die grundsätzlich gleiche Bezahlung führt dazu, dass Tüchtige mit entsprechend hohem Einkommen durch die Übernahme des Mandats einen wirtschaftlichen Verlust erleiden. Dagegen verbessern „Zeitreiche" und „Immobile", die im gesellschaftlich-wirtschaftlichen Bereich kaum reüssieren, durch Übernahme des Mandats ihr Einkommen meist beträchtlich. Werden Lehrer Bundestags- oder Landtagsabgeordnete, verdoppeln oder verdreifachen sie oft ihre Bezüge. Das heißt: Die materiellen Anreize, ein Mandat anzustreben, sprechen typischerweise gerade die Falschen an: diejenigen, die *von* der Politik leben wollen, statt *für* sie.

5. Fatale Auswirkungen auf die Rekrutierung von Politikern

Das alles hat eine geradezu abschreckende Wirkung auf hochqualifizierte mögliche Kandidaten außerhalb des parteipolitischen Spektrums: Die vorherige Ochsentour können sich vielgefragte Leute schon aus Zeitgründen gar nicht leisten, die Fraktionsdisziplin nimmt dem Mandat die Attraktivität für die besten und eigenständigsten Köpfe, und die beamtenähnliche Einheitsalimentation macht das Mandat gerade für die Erfolgreichsten zu einem finanziellen Zuschussgeschäft.

6. Abschottungsversuche der Amtsinhaber

Hinzu kommt, dass die amtierenden Abgeordneten den von ihnen beherrschten Staatsapparat nutzen, um das Risiko einer Abwahl zu minimieren und Seiteneinsteigern den Weg vollends zu verlegen. Auf diese Weise blockieren die Eigeninteressen der politischen Klasse ihre eigene Erneuerung noch weiter.

a) Instrumentalisierung von Abgeordnetenmitarbeitern

Ein Beispiel: Abgeordnete haben ihre Amtsausstattung mit Mitarbeitern sprunghaft ausgeweitet. Bundestagsabgeordnete erhalten nicht nur eine steuerpflichtige Bezahlung von über 150.000 DM jährlich, eine dynamisierte steuerfreie Pauschale von etwa 75.000 DM jährlich und eine staatsfinanzierte Altersversorgung, sondern zusätzlich noch bis zu 240.000 DM jährlich für die Bezahlung von Mitarbeitern. Das erlaubt es jedem einzelnen Bundestagsabgeordneten, im Durchschnitt sechs staatsbezahlte Mitarbeiter zu beschäftigen, die er auch vor Ort einzusetzen pflegt, und die ihm im alles entscheidenden Kampf um die parteiinterne Nominierung einen schier uneinholbaren Vorteil gegenüber allen Herausforderern verschaffen.

b) Fulltime-jobs for parttime-work

Ein anderes Beispiel ist die volle Alimentation und Überversorgung von Landesparlamentariern: Während diese noch in den sechziger Jahren nur einen Bruchteil der Bezüge von Bundestagsabgeordneten erhielten, haben die Landtage ihren finanziellen Status inzwischen selbst in so kleinen und armen Bundesländern wie im Saarland zu vollbezahlten und überversorgten Fulltime-Jobs aufgebläht – und das, obwohl die Aufgaben der Landesparlamente im Laufe der Zeit drastisch zurückgegangen sind und durchaus auch in zeitlich begrenzten Sitzungsperioden erledigt werden könnten (wie in fast allen Einzelstaaten der USA und wie in der Schweiz selbst auf Bundesebene). Die Vollzeitbezahlung trotz begrenzter Verpflichtungen setzt die Mandatsinhaber in den Stand, auf Staatskosten tagein, tagaus vor Ort Nominierungswahlkampf zu führen und möglichen Herausforderern von vornherein keine Chancen zu lassen.

7. Politikblockade und Verflüchtigung von politischer Verantwortung

a) Funktionswandel des Bundesrats

Im Bundesrat sollen die Länderinteressen in die Bundespolitik eingebracht werden. In Wahrheit wird der Bundesrat zunehmend parteipolitisch instrumentalisiert und hat dadurch eine neue, ihm von den Verfassungsvätern gar nicht zugedachte Rolle erhalten, die die bundespolitische Handlungsfähigkeit erheblich einschränken kann. Eine abweichende parteipolitische Mehrheit im Bundesrat ist leicht versucht, die Regierungsmehrheit im Bundestag mit ihrem Veto zu blockieren und sie auf diese Weise sozusagen an die Wand fahren zu lassen.

b) Föderalistische Blockaden

Zu ähnlichen Blockaden kommt es in den Ländern. Diese haben ihre Kompetenzen im wichtigsten Länderbereich, der Schul- und Hochschulpolitik, praktisch an die Kultusministerkonferenz abgetreten, die aber nur einstimmig entscheidet. Da selbst das kleinste der sechzehn Bundesländer alles blockieren kann, gilt das „Geleitzugprinzip": Das schwerfälligste Schiff bestimmt das Tempo des ganzen Verbandes. Innovationsmangel und Verkrustung sind die Folgen.

c) Entmachtung der Parlamente und Wähler

Das Agieren der Ministerpräsidenten auf Bundesebene im Bundesrat und der anderen Exekutivspitzen in den vielen hunderten von interföderalen Gremien (zum Beispiel eben in der Konferenz der Kultusminister) hat fatale Rückwirkungen auf die Gewichtsverteilung in den Bundesländern: Die Landesparlamente und damit auch die sie wählenden Bürger werden (auch aus diesem Grunde) zunehmend ausgeschaltet.

8. Partizipationsdefizite auf Verfassungsebene

Die Partizipationsdefizite sind auf Verfassungsebene nicht weniger eklatant. Laut Präambel hat das deutsche Volk sich das Grundgesetz gegeben. Tatsächlich war aber selten ein Volk so sehr von der Gestaltung „seiner" Verfassung ausgeschlossen wie das deutsche. Der Parlamentarische Rat war nicht vom Volk gewählt, sondern von den (unter ganz anderen Voraussetzungen gewählten) Landesparlamenten. Und die Westdeutschen durften auch abschließend nicht über das Grundgesetz abstimmen. Das seinerzeitige Argument gegen die Beteiligung des Volkes, man wolle die deutsche Teilung dadurch nicht verfestigen, verlor seine Stichhaltigkeit spätestens, als auch nach der Wiedervereinigung die demokratische Legitimation nicht nachgeholt wurde. In der Gemeinsamen Kommission des Bundestags und des Bundesrats, die das Grundgesetz überprüfen sollte und die ausschließlich aus Vertretern der politischen Klasse zusammengesetzt war, blieb das Volk ebenfalls gänzlich ausgeschlossen.

Ähnliches gilt für die Europaebene. Die (fundamental wichtige) Abstimmung über den Maastricht-Vertrag erfolgte ohne lange Debatte im Parlament und ohne große öffentliche Diskussion außerhalb des Parlaments. Sie geschah praktisch unter Ausschluss des Volkes, ganz zu schweigen von einer Volksabstimmung wie sie etwa in Frankreich oder Dänemark stattgefunden hat. Auch in der *Europäischen Union* verschwindet der Einfluss der Bürger fast völlig, weshalb alle Welt von riesigen *„Demokratiedefiziten"* auf europäischer Ebene spricht, ohne dass bisher praktische Wege zu ihrer Überwindung sichtbar würden. Hier besteht eine offensichtliche Diskrepanz zu Art. 23 Abs. 1 Satz 1 GG, wonach die Europäische Union dem Grundsatz der Demokratie verpflichtet zu sein hat.

9. Offenheit und Chancengleichheit im politischen Wettbewerb? Willensbildung von oben nach unten statt umgekehrt?

Das Grundgesetz verbrieft die Offenheit des politischen Wettbewerbs und die Chancengleichheit im Kampf um die Macht. Doch was bedeuten diese allen politischen Wettbewerbern verheißenen majestätischen Grundsätze in der Praxis, wenn eine professionalisierte politische Klasse – über die Fraktions- und die föderalen Grenzen hinweg – Kartelle bildet, um ihre eigene Existenz zu sichern und zu verbessern und sich gegen Einwirkungen der Bürger und Wähler zu immunisieren? Läuft das dann in letzter Konsequenz nicht auf die Umkehrung der Richtung der politischen Willensbildung hinaus, die in der Demokratie ja eigentlich von unten nach oben verlaufen sollte?

10. Erinnerungsposten

Die skizzierten Fehlentwicklungen betreffen fast durchweg Bestimmungen, die sich auf das Wirken, das Zusammenspiel und die Konstituierung der Verfassungsorgane beziehen, also den so genannten organisatorischen Teil des Grundgesetzes und die politischen Bürgerrechte, weniger auf die sonstigen Grundrechte, die die verschiedenen Bereiche der Gesellschaft vor staatlichen Eingriffen schützen (mit Ausnahme des mangelnden Schutzes vor staatlichen Abgaben). Auf die Sicherung dieser Schutzrechte der Bürger vor dem Staat hat das *Bundesverfassungsgericht* besonderen Nachdruck gelegt. Hier erscheinen Abweichungen von Verfassungsrecht und Verfassungswirklichkeit weniger ausgeprägt, und die grundgesetzliche Bilanz scheint hier insgesamt erheblich besser zu sein. Es spricht allerdings manches dafür, dass die Verfassungsrechtsprechung bisweilen des Guten zuviel getan und damit dem ohnehin im Gang befindlichen Trend zur Individualisierung noch Vorschub geleistet hat. In diesem Zusammenhang wäre auch die Rechtsprechung zu den Leistungs- und zu den Organisations- und Verfahrensgrundrechten kritisch zu sichten. Zu überprüfen wäre auch, was in der Praxis aus der Presse- und Rundfunkfreiheit (Art. 5 Abs. 1 Satz 2 GG) und aus der ebenfalls grundgesetzlich garantierten Autonomie der Kirchen bei gleichzeitiger Anerkennung ihres öffentlich-rechtlichen Status geworden ist (Art. 140 GG in Verbindung mit den fortgeltenden Art. 136 – 139 und 141 der Weimarer Reichsverfassung). Diese Aufzählung offener Fragen ist keineswegs vollständig; sie können hier – sozusagen als Erinnerungsposten – nur angedeutet werden.

III. Die Schlüsselrolle der Berufspolitiker

1. Berufspolitiker als entscheidende Akteure in den Parteien

Die im Abschnitt II skizzierten Fehlentwicklungen hängen – das ist die zentrale These dieses Beitrags – mit den Eigeninteressen von Berufspolitikern zusammen, also mit ihren Interessen an Macht, an Posten und an Geld. Die Existenz solcher Eigeninteressen gehört für jeden in der Politik erfahrenen Beobachter zu den Selbstverständlichkeiten, und sie ist ja auch keinesfalls auf die Politik beschränkt.

Daß es innerhalb der Parteien ganz unterschiedliche Gruppen mit unterschiedlichen Perspektiven und Interessen gibt, wurde besonders in der Auseinandersetzung um die *Weizsäckersche* Parteienschelte im Jahre 1992 deutlich. Da die Kritik des damaligen Bundespräsidenten sich nicht ausdrücklich gegen die Führungsschicht der Parteien richtete, sondern in herkömmlicher Weise gegen die Parteien insgesamt, gab sie *Helmut Kohl*, der sich (als seinerzeitiger Bundeskanzler und Vorsitzender der CDU) getroffen fühlte, die Möglichkeit, zu seiner Entlastung die zwei Millionen Menschen anzuführen, die in den Parteien ehrenamtlich tätig sind, ohne für sich persönlich etwas zu erstreben. Und diese Feststellung *Kohls* war im Kern ja auch durchaus zutreffend. Die Kontroverse zwischen *Weizsäcker* und *Kohl* verdeckte damit das eigentlich Zentrale: Es ist die „Klasse" der Berufspolitiker, die für viele Fehlentwicklungen verantwortlich ist, und die große Mehrheit der Parteimitglieder übt daran oft am heftigsten Kritik, ist aber meist in einer ganz ähnlichen Ohnmachtssituation wie die Bürger insgesamt.

In Wahrheit geht es also gar nicht so sehr um „die Parteien" als Ganze, sondern um eine zahlenmäßig kleine, machtmäßig aber sehr gewichtige Gruppe *innerhalb* der Parteien, die Berufspolitiker. Sie sind in den Parteien die eigentlichen Akteure und haben eine Art „demokratische Fürstenherrschaft" errichtet. Sie sind es, die die Verfassung in den Jahrzehnten der praktischen Handhabung ihren Bedürfnissen angepasst und sie dabei in weiten Teilen in ihr Gegenteil verkehrt haben. Die überkommene Kritik, die nur pauschal auf „die Parteien" abhebt und den inhaltlichen Wandel der Verfassungsbestimmungen ihrem Wirken zurechnet, ist, mit Verlaub, auf einem überholten wissenschaftlichen Diskussionsstand stehen geblieben. Sie sieht das Problem darin, dass Parteien nicht nur an der politischen Willensbildung des Volkes *mit*wirken, wie es in Art. 21 Abs. 1 GG heißt, sondern das Spiel der politischen Kräfte dominierten. Diese Auffassung ist inzwischen natürlich nicht ganz falsch geworden, aber eben nur ein Teil der Wahrheit. In dem Maße, in dem die Professionalisierung der Politik fortgeschritten ist, sind es tatsächlich weniger die Parteien als Ganze, als vielmehr deren Berufspolitiker, die innerhalb der Parteien weitgehend das Sagen haben und deren Interessen und Motive die parteiinterne Wirklichkeit und die Struktur der politischen Willensbildung insgesamt entscheidend prägen (und damit auch das geschilderte Auseinanderklaffen von Normativ- und Realverfassung bedingen). Sich dies wirklich klarzumachen, ist zentral sowohl für die problemadäquate Realanalyse als auch für die rechts- und verfassungspolitische Therapie. Nur wem es gelingt, die eigentlich treibenden politischen Kräfte in den analytischen Blick zu bekommen, vermag die im Gang befindlichen strukturellen Wandlungsprozesse zu verstehen und zugleich fruchtbare Überlegungen zur Entwicklung von Reformen und deren politischer Durchsetzung anzustellen.

2. Machtinteresse und Versorgungsinteresse von Berufspolitikern

In der von Berufspolitikern beherrschten Verfassungswirklichkeit sind zwei Motive elementar: das eine ist das Interesse an der Mehrheit und damit an der Macht, um welche Regierung und Opposition konkurrieren. Das andere vitale Interesse ist, *von* der Politik leben zu können, und zwar möglichst gut und möglichst auf Dauer. In diesen Zusammenhang gehören beispielsweise die Doppelbezüge, die überzogenen Altersrenten von Politikern und die vielfältigen Methoden, mit denen sie ihre Abwahl erschweren und möglichen Konkurrenten wenig Chancen lassen.

Das Versorgungsinteresse unterscheidet sich dadurch vom Machtinteresse, dass nicht nur *eine* Seite, also die Spitzenpolitiker der jeweiligen Regierungsparteien es befriedigen können, sondern gleichzeitig alle Berufspolitiker, auch die der parlamentarischen Opposition. Das Versorgungsinteresse ist also – fraktionsübergreifend – *allen* hauptberuflichen Politikern gemeinsam, so dass sie es am wirkungsvollsten nicht durch Konkurrenz, sondern durch Kooperation und Kollusion befriedigen können, und genau das geschieht in der Praxis auch. Bei Hinterbänklern ist das Streben nach finanzieller Absicherung vielleicht sogar besonders ausgeprägt, weil sie – anders als die politische Elite in den vorderen Rängen – dieses Interesse nicht gegen das Interesse an Macht und Mehrheit abwägen müssen, weil sie ohnehin nicht als Minister oder Inhaber anderer hoher Ämter in Frage kommen. Für sie persönlich ändert sich also auch dann, wenn ihre Partei die Wahlen gewinnt und (mit)regiert, nicht allzu viel, jedenfalls nicht so viel, dass der Wunsch, Regierungsfraktion zu werden, in ihrem Kalkül die Dominanz des eigenen Versorgungsinteresses erschüttern könnte. Das Zusammenwirken der Berufspolitiker bei der Sicherung ihrer übereinstimmenden Interessen (und daraus resultierende politische Kartellierungstendenzen) sind das zentrale Phänomen, das eine moderne Richtung der Politikwissenschaft heute unter dem Begriff „politische Klasse" thematisiert und zu dem in den letzten zehn Jahren eine Vielzahl von Abhandlungen erschienen ist.

3. Entscheidung von Berufspolitikern in eigener Sache

Die Eigeninteressen von Berufspolitikern sind eine Realität, von der sine ira et studio auszugehen ist. Sie werden nicht unbedingt schon dadurch zum Problem, dass sie existieren, sondern, genau genommen, erst dadurch, dass die Interessenten selbst an den Schalthebeln der staatlichen Macht sitzen und ihre Interessen deshalb direkt in Gesetze oder Haushaltstitel umsetzen können, zum Beispiel beim Wahlrecht, bei der staatlichen Finanzierung von Parteien, Fraktionen und Parteistiftungen, bei der Versorgung von Politikern, bei der parteipolitischen Vergabe von Posten und, was in der bisherigen wissenschaftlichen Diskussion meist noch übersehen wird, bei der Prägung der Struktur der politischen Willensbildung insgesamt und der dafür relevanten Institutionen. Da Regierungsmehrheit und Opposition gemeinsam auch über die für Verfassungsänderungen nötigen Mehrheiten verfügen, drohen die Verfassungen als Barrieren gegen eigeninteressenbedingte Missbräuche der Machthaber stumpf zu werden. Der Politikwissenschaftler *Michael Greven* spricht deshalb davon, die Souveränität sei vom Volk auf die Parteien – richtiger: auf die politische Klasse – übergegangen, eben weil diese in der Gemeinsamkeit ihrer Interessenlage über die Spielregeln von Macht und Einfluss verfügen.

4. Einfluss auf die herrschende Ideologie

In Wahrheit ist der langfristig-hintergründige Einfluss der politischen Klasse noch viel intensiver und geht weit über die Macht zur Festlegung der formalen Regelungen hinaus: Wer den Staat beherrscht, hat Einfluss auf die gültigen ideologischen Grundvorstellungen und bestimmt, wie der französische Soziologe *Pierre Bourdieu* überzeugend dargelegt hat, letztlich die Denkkategorien mit, nach denen Politik überhaupt wahrgenommen und beurteilt wird. Die politische Klasse hat die Einrichtungen, die das Denken prägen, insbesondere die gesamte politische Bildung, fest im Griff. Die Bundes- und Landeszentralen für politische Bildung, die Parteistiftungen und die meisten Volkshochschulen sind in ihrer Hand. Kaum ein Schulleiter, der nicht auch unter parteipolitischen Gesichtspunkten berufen wird, Führungskräfte der öffentlich-rechtlichen Medien werden nach Parteibuch bestellt. Die politische Klasse vergibt Ämter mit dem höchsten Ansehen bis hin zu den Bundes- und Landesverfassungsrichtern. Sie verleiht alle Arten von Orden und Ehrenzeichen und verpflichtet sich so fast alle zur Dankbarkeit, die öffentlich etwas zu sagen haben. Das erleichtert es ihr umgekehrt, diejenigen, die gegen den Stachel löcken und an die Wurzel gehende Kritik an den Verhältnissen äußern, als politisch inkorrekt zu brandmarken, sie notfalls auch persönlich zu diffamieren und ins politische Abseits zu stellen. Und wenn dann doch einer vom inneren Kreis der Berufspolitiker sich aufrafft, etwas Kritisches zu sagen, wie *Richard von Weizsäcker* mit seiner Parteienkritik, wird das von der politischen Klasse und (fast) allen ihren unzähligen Zuarbeitern als Ausdruck von Undankbarkeit, ja von Verrat hingestellt.

5. Verfügung über die Bedingungen der eigenen Existenz

Berufspolitiker verfügen damit – als einzige Berufsgruppe überhaupt – nicht nur über die gesetzlichen und wirtschaftlichen, sondern weitgehend auch über die ideologischen Bedingungen ihrer eigenen Existenz. Von daher wird die von *Richard von Weizsäcker* beschworene Gefahr, die politische Klasse drohe sich den Staat zur Beute zu machen – mit tiefgreifenden Rückwirkungen auf das politische System und die politische Kultur – immer realer. Es ist eine „Verfassung hinter der Verfassung" entstanden. Die realen Machtverhältnisse sprechen der geschriebenen Verfassung vielfach Hohn und verändern allmählich auch den Charakter der Parteien selbst. Wie die Politikwissenschaftler *Richard Katz* und *Peter Mair* beobachtet haben, entwickeln die ehemaligen Volksparteien sich allmählich zu „Kartellparteien", in denen Berufspolitiker das Sagen haben und deren zentrales Kennzeichen darin liegt, dass sie ihre Position durch Nutzung staatlicher Macht-, Personal- und Geldmittel (fast) unangreifbar machen und sich gegen Herausforderer, also gegen die Konkurrenz durch neue, noch nicht etablierte politische Kräfte, möglichst abschotten.

IV. Stärkung der Volksrechte

Gegen das Wuchern der Eigeninteressen der politischen Klasse nutzen wohlfeile Appelle, wie sie zum 50-jährigen Geburtstag des Grundgesetzes überall geäußert wurden, wenig. Es gibt letztlich nur ein wirksames Gegenmittel, die Aktivierung des Volks selbst als des eigentlichen Souveräns in der Demokratie: Das ganze System ist für den Willen der Bürgerschaft durchlässiger zu machen, das heißt, der Common Sense der Bürger muss den ihm in der Demokratie zukommenden Einfluss erhalten. Nur dann kann der Bürger wirklich mitbestimmen. Nur dann können die verkrusteten Strukturen aufgebrochen werden, nur dann kann die Handlungsfähigkeit der Politik und ihre Fähigkeit, auf neue Herausforderungen zu reagieren, wiederhergestellt werden. Die Erkenntnis, dass letztlich allein das Volk als wirksames Gegengewicht gegen Fehlentwicklungen der repräsentativen Demokratie in Betracht kommt, folgt aus der inneren Logik der Demokratie und war in früheren Zeiten durchaus intellektuelles Gemeingut. Die zwischenzeitliche Verschüttung dieser Erkenntnis beruht auf den ideologischen Selbstschutz- und Immunisierungsstrategien der politischen Klasse. Denn die hier angesprochenen urdemokratischen Mechanismen könnten ihrer kaum beschränkten Monopolherrschaft wirklich gefährlich werden.

1. Das ungeklärte Verhältnis von Volkssouveränität und Repräsentation

Daß diese elementaren Zusammenhänge bisher verschleiert werden konnten, hängt mit der ungeklärten Bedeutung zweier Grundprinzipien unserer Verfassung und ihrem ungeklärten Verhältnis zueinander zusammen: der Volkssouveränität (verstanden als Selbst- oder Mitentscheidung des Volks) und der Repräsentation, und dem Ausspielen des einen Grundsatzes gegen den anderen – ohne zu überprüfen, ob ihre ideal postulierten Voraussetzungen in der Realität wirklich gegeben sind. Der fiktive Charakter von Volkssouveränität und Demokratie ist teilweise geradezu offensichtlich: Daß das Volk sich eine Verfassung gegeben habe (wie es in der Präambel des Grundgesetzes heißt) und dass das Volk die Abgeordneten und politischen Programme wähle, trifft (wie oben aufgezeigt) nur in sehr eingeschränktem Umfang und nur bei formal-vordergründiger Betrachtung zu. Doch wäre das vielleicht hinzunehmen, wenn auf der anderen Seite wirkliche Repräsentation bestände. Und in diese Richtung geht ja auch die übliche Argumentation: Gegen einen Abbau des Demokratiedefizits und gegen ein näheres Heranrücken der Politik an den Common Sense der Bürger (etwa durch Neuerungen im Bereich des Wahlrechts und direktdemokratischer Elemente zur Aktivierung des politischen Wettbewerbs) pflegt immer wieder der Repräsentationsgedanke ins Feld geführt zu werden, der den Repräsentanten einen Freiraum gewähren soll, um ihnen auch unpopuläre politische Entscheidungen zu ermöglichen. Zugrunde liegt die ideale Vorstellung vom „repräsentativen", das heißt uneigennützigen und am Wohl der Gemeinschaft orientierten Amtsträger und Staatsmann, wie sie das Grundgesetz und die Landesverfassungen in der Tat postulieren (und auch postulieren müssen). Doch darf man das verfassungsrechtliche Gebot nicht mit der Wirklichkeit verwechseln, in der selbstverständlich auch Politiker Eigeninteressen haben, denen sie im Falle der Kollision mit Gemeinwohlerfordernissen meist Vorrang geben. Das eigene Hemd ist auch den meisten Politikern näher als der gemeinwohlorientierte Rock. Auch unter Berufspolitikern dominiert (wie regelmäßig unter „Professionals") Eigennutz statt Gemeinnutz. In dieser realistischen Perspektive kann der den Repräsentanten gewährte Freiraum unter der Hand seine Qualität völlig verändern: Statt zur Sicherung des Gemeinwohls droht er zum Instrument unkontrollierter Durchsetzung von Eigeninteressen der politischen Klasse zu werden, zur Sicherung ihrer Macht und ihres Einflusses und zur Aufrechterhaltung der „oligarchischen Strukturen", auf denen diese beruhen? Damit erweist sich aber auch die von den Verfassungen vorausgesetzte repräsentative Grundannahme, die Repräsentanten handelten quasi automatisch für das Volk, in einigem Umfang als Fiktion. Lässt man aber die unwirklich und fassadenhaft gewordenen Idealisierungen und Fiktionen beiseite und greift auf die Verhältnisse durch, so wie sie faktisch nun einmal sind, so ergibt sich eine in unserem Zusammenhang besonders wichtige Konsequenz. Dann lässt sich der Repräsentationsgedanke nämlich nicht mehr ungeprüft gegen die Bemühungen um einen stärkeren Einfluss des Volkes ausspielen. Anders ausgedrückt: Dann lässt sich das so entzauberte und auf seinen realistischen Gehalt reduzierte Repräsentationsprinzip nicht mehr unbesehen zur Rechtfertigung von Demokratiedefiziten anführen. Wir haben – um die *Lincolnsche Formel* aufzugreifen – also nur in eingeschränktem Maße eine Regierung *durch* das Volk und eine Regierung *für* das Volk, und beide Defizite werden durch kunstvolle Fiktionen verdeckt. Was liegt dann aber näher, als auf jene Fiktionen zu verzichten, die staatliche Willensbildung wieder stärker an das Volk heranzuführen und dadurch im Ergebnis nicht nur mehr Regierung durch, sondern auch für das Volk zu erlangen?

2. Zur Therapie

Die Therapie muss dementsprechend in folgende Richtungen gehen:
– Mehr Rechte für den Bürger bei der Wahl der Parlamente,
– Direktwahl auch von Exekutivspitzen (Bürgermeister, Landräte, Ministerpräsidenten, Bundespräsident),

beides mit dem Ziel, auch Personen eine Chance zu geben, die in Wirtschaft und Gesellschaft erfolgreich sind, nicht alles ihrer Partei verdanken und deshalb nicht ängstlich an der Parteilinie kleben,
– Einführung von Volksbegehren und Volksentscheid auch auf der Ebene des Bundes und der Europäischen Union,
– Senken der teilweise prohibitiven Hürden für Volksbegehren und Volksentscheide auf Landes- und kommunaler Ebene und Einbeziehen auch von Finanzfragen, Steuern und Abgaben.

V. Zur Durchsetzbarkeit von Reformen

Die Frage ist natürlich, wie derartige Reformen zum Besseren politisch durchgesetzt werden können. Hier liefert die Reform der Gemeindeverfassung, die in den letzten Jahren in vielen Bundesländern mit Erfolg durchgesetzt worden ist, Anschauungsunterricht. Eingeführt wurden nach süddeutschem Vorbild:

- Die Direktwahl der Bürgermeister in allen und die Direktwahl der Landräte in den meisten Flächenländern,
- das Recht der Bürger, auf kommunaler Ebene wichtige Sachfragen durch Bürgerbegehren an sich zu ziehen und durch Bürgerentscheid endgültig zu entscheiden, auf Gemeindeebene ebenfalls in allen und auf Kreisebene in fast allen Ländern, und
- in den meisten Ländern auch die Möglichkeit für die Wähler, bei der Wahl des Gemeinderats bestimmte Kandidaten (durch das Kumulieren von Stimmen) hervorzuheben und auch Kandidaten unterschiedlicher Listen (durch sogenanntes Panaschieren) anzukreuzen und so ihre Gemeinderatsmitglieder persönlich auszuwählen.

Das Bestechende an diesen Reformen ist, dass sie – jedenfalls der generellen Richtung nach – den Bürgern erheblichen politischen Einfluss geben *und* gleichzeitig auch die Handlungsfähigkeit der von ihnen direkt gewählten Repräsentanten erhöhen.

Am Anfang dieser Reformen stand ein Volksentscheid in Hessen im Jahre 1991, bei dem sich 82 Prozent der hessischen Bürger für die Einführung der Volkswahl von Bürgermeistern und Landräten aussprachen und damit den Startschuss für die Reform der Kommunalverfassungen auch in anderen Ländern setzten. Dort reichte dann schon die glaubwürdige Drohung der jeweiligen Opposition mit Volksbegehren und Volksentscheid aus, um die jeweilige Parlamentsmehrheit zur Reform zu bewegen.

Dieses Verfahren könnte Vorbild sein auch für eine grundlegende Reform der Landesverfassungen, die sich in den meisten Ländern ebenfalls mit Volksbegehren und Volksentscheid durchsetzen ließe. Gelänge eine solche Verfassungsreform auf Landesebene, könnte das wie ein demokratischer Urknall wirken und Reformbestrebungen auch in anderen Ländern und im Bund Flügel verleihen.

Thomas Jefferson, der Verfasser der amerikanischen Unabhängigkeitserklärung von 1776, hat vor über 200 Jahren betont, jede Generation sei aufgerufen, sich ihre Verfassung neu zu geben. Früher meinte man, eine Generation seien 30 Jahre. Heute, nachdem wir länger leben, dürften es 50 Jahre sein, und es ist, im Jahre 50 des Grundgesetzes, höchste Zeit, dass auch die jetzige Generation ihre Verfassung auf den Prüfstand stellt und sie, soweit erforderlich, erneuert. Das ist die Verheißung des Schlussartikels des Grundgesetzes: Art. 146 GG bestimmt, dass das Grundgesetz außer Kraft tritt, wenn sich das wieder vereinigte deutsche Volk in freier Selbstbestimmung eine Verfassung gibt.

Die Berliner Republik

Erwartungen und Herausforderungen

Arnulf Baring

I.

Wir Deutschen müssen uns in erster Linie darum bemühen, unsere Umgebung zu stabilisieren – in ihrem wie im eigenen Interesse. Sobald Parlament und Regierung in Berlin sind, wird vermutlich die alte, neue Nachbarschaft aller Deutschen – Ostmitteleuropa – nach und nach intensiver wahrgenommen werden. Das ist jetzt, neben der Pflege unserer erprobten Westbindungen, unsere vordringliche, zusätzliche Aufgabe. Denn die Oder, früher die Mitte der Monarchie, bildet nun unsere östliche Grenze. Die Polen sind nach den Franzosen unser größter, wichtigster Nachbar.

Weshalb aber sind so wenige bei uns neugierig, wie es dort und weiter östlich aussieht? Schon die Atlanten behandeln den Raum zwischen uns und den Russen stiefmütterlich. Hindert der verdrängte Schmerz über den Verlust vieler Gebiete, in denen die Deutschen einst zu Hause waren, ihre architektonischen Spuren hinterlassen haben, unsere sonst doch unbändige Reiselust? Ist es die Furcht, Landschaften zu betreten, die einst von Deutschen und Juden geprägt wurden? Die einen sind ermordet, die anderen hat man vertrieben. Nur wenn wir uns alles Verlorene vor Augen führen, innerlich aneignen, werden wir imstande sein, uns einen vernünftigen, zuversichtlichen Reim auf unsere alte, schwierige Mittellage zu machen. Das wird, wie gesagt, nach dem Umzug in die neue, alte Hauptstadt verstärkt die Aufgabe Deutschlands sein. Wir haben in der weiten Welt politisch nicht viel zu bestellen. Unser vordringliches Tätigkeitsfeld liegt in Europa. Fest in der Europäischen Union verankert, müssen wir uns tatkräftig um die Stabilisierung Ostmitteleuropas bemühen.

Was bedeutet der Umzug sonst noch? Nicht nur gegenüber Ostmitteleuropa brauchen wir ein neues, einfühlsames Bewusstsein unserer Rolle. Auch uns selbst sollten wir künftig differenzierter wahrnehmen. Die Masse der Westdeutschen wird erst mit der Regierung in der Hauptstadt Berlin überhaupt merken, was sich 1990 ereignet hat. Nach dem Umzug wird man hoffentlich allmählich erfahren, was von der „Berliner Republik" zu halten ist, von der man jetzt so viel hört. Die erste Regierungserklärung des neuen Bundeskanzlers Gerhard Schröder enthielt nur unsichere Hinweise, was er sich unter einer „Republik der Neuen Mitte" vorstellt, die von Berlin aus gestaltet werden soll. Er pries das weltoffene Klima der Stadt, Berlin als Anziehungspunkt für Jugend und kulturelle Avantgarde, sah in Berlin eine „heitere und aufregende Stadt" für jüngere Deutsche und Europäer, „die sie von Fußballspielen und der Love Parade her kennen. Auch und gerade an diesen Traditionen werden wir anknüpfen, wenn wir Berlin zur Hauptstadt einer Republik der Neuen Mitte machen wollen."

Das wird sicherlich nicht reichen. Dieser Ortswechsel fordert mehr heraus, da er zugleich eine Rückkehr in unsere lange Geschichte ist, auf die man sich so oder so neu einstellen muss. Wer einen neuen Stil deutscher Politik entwickeln, sich offener, unbefangener, souveräner geben möchte als im eher kleinstädtisch zugeschnittenen Bonn, muss sich an einem hohen Anspruch messen lassen. Er muss mehr im Blick haben als die letzten fünfzig Jahre. Aber er darf gleichzeitig keinen Augenblick die Tugenden vergessen, die der „alten" Bundesrepublik Respekt und Zustimmung der Welt eingetragen haben: die Bescheidenheit des Auftretens, den kooperativen Arbeitsstil, die Fähigkeit, anderen zuzuhören, ihre Interessen wahrzunehmen, behutsam am Konsens mitzuwirken.

Falls sich jedoch eine selbstbewusste Stillosigkeit durchsetzt, wird das auch die Substanz der Bundesrepublik verändern, obwohl die etablierten Institutionen – das Grundgesetz, die Parteien, die Apparate – natürlich bestehen bleiben. „Berliner Republik" – das sind bisher nur zwei Worte. Aber sie spiegeln eine verbreitete, vage Erwartung. Es fällt auf, dass immer weniger von der „Bundesrepublik" die Rede ist, ihre 50-Jahr-Feier nur müdes Interesse findet. Mehr und mehr wird von „Deutschland", von der „Republik" gesprochen. Schröder hat Recht: Auffällig viele junge Menschen – und nicht nur junge – blicken erwartungsvoll auf Berlin, ziehen dorthin. Massenmedien, Zeitungen, Verlage rechnen mit einer neuen Metropole, stellen sich auf sie ein. Diese breite, mächtige Erwartung ist in sich schon ein Element der Veränderung. Sie wird uns das Bestehende mit anderen Augen wahrnehmen lassen. Sie schafft eine Atmosphäre, in der Neues die Chance erhält, zum Thema zu werden, sich durchzusetzen.

Bonn war immer untypisch für die Bundesrepublik, weil es bürgerlicher, gesetzter, provinzieller war als große Teile des Landes. Man bekam dort wenig von dem mit, was die Deutschen bewegte. Berlin ist der umgekehrte Fall: Es ist schlechter beieinander als alle anderen Großstädte. Es ist arm. Vieles liegt im Argen, muss und wird unbedingt geändert werden. Auf der anderen Seite ist die kulturelle, künstlerische Vielfalt außerordentlich. Soziale Spannungen sind sichtbar, die Ghettobildung in einigen Bezirken ist weit fortgeschritten. Zugleich regt die Stadt an und auf, inspiriert Gespräche, Auseinandersetzungen. Die Geschichte Deutschlands ist hier überall unausweichlich näher als sonst wo. Das wird, wenn jetzt Parlament und Regierung in Berlin sein werden, vor allem das Ausland intensiv vor Augen haben. Kaum jemand dachte in Bonn an das Dritte Reich, niemand fühlte sich dort unmittelbar an den Nationalsozialismus erinnert. In Berlin jedoch werden viele Bilder der Hitler-Herrschaft wieder in der Erinnerung auftauchen – allerdings hoffentlich auch frühere, bessere Phasen unserer Geschichte das Bewusstsein prägen. Ohnehin wird die noch sehr präsente Nachkriegszeit augenfällig sein. Sichtbar leben das alte West-Berlin und die frühere Hauptstadt der DDR immer noch weitgehend nebeneinander her, gehören politisch in verschiedene Welten. Dennoch sieht man nirgendwo in Deutschland so viel Neugier und Wandel.

Berlin als Regierungssitz wird atmosphärisch eine Menge ausmachen, falls sich die Nation, deren Kraft der Kanzler beschwört, nach einer Pause von fünfzig Jahren zu einer richtigen Hauptstadt aufrafft, also nicht länger mit einer bloßen Geschäftsstelle zufrieden ist. Die konservative Union prägte mit Westintegration und Marktwirtschaft den Bonner Staat, dessen Symbol die DM war. Jetzt beginnt die Berliner Republik mit einer Linksunion; die politische, wirtschaftliche und mentale Westverlagerung Deutschlands wird ergänzt werden durch ein umfassend konstruktives Engagement in den Staaten östlich von uns. Sie werden in Berlin ungleich stärker ins Blickfeld rücken als am Rhein. Andererseits hat zu Beginn dieses Jahres das waghalsige westeuropäische Experiment des Euro begonnen, das – wenn es gelingt – die Verschmelzung des Kontinents bewirken könnte, in jedem Falle aber die Europäische Union vor eine große Bewährungsprobe stellt. Deutschland steht also vor einer Reihe neuer, ungewohnter Herausforderungen. Vieles spricht dafür, dass wir zwischen Ost und West, zwischen Freiheit und Gleichheit nach außen und im Innern eine neue Balance finden müssen. Die künftige Synthese, so ist zu vermuten, wird dem neuen, jetzt schon populären Namen der kommenden Berliner Republik Inhalt und Sinn geben.

II.

Vielleicht werden wir sogar eine neue Verfassung brauchen. Es war gut, dass wir ein solches Vorhaben 1990 nicht angepackt haben, denn die Runden Tische damals konnten kaum überzeugen. Aber in Zukunft kann sich die Frage nochmals und anders stellen. Je nach politischem Geschmack wird bei uns Margaret Thatcher oder Tony Blair gepriesen. Jedoch ist in Deutschland vollkommen undenkbar, was erst die eine, dann der andere in den ersten Monaten ihrer Regierungszeit gestaltend zustande gebracht haben. Unser Grundgesetz räumt einer siegreichen Koalition keine vergleichbaren Gestaltungsmöglichkeiten ein, macht tatkräftiges Regieren kaum möglich. Das deutsche Regierungssystem von 1949 entstand unter dem Eindruck der Katastrophe, zu der die Diktatur geführt hatte. Vom Nationalsozialismus geschockt, haben die Verfassungsväter eine ausgewogene Machtbalance ersonnen, die eher der Immobilität und dem Stillstand Vorschub leistet, welche ohnehin in unserer Konsensgesellschaft naheliegen. Das wird sich in Krisenzeiten fatal bemerkbar machen.

Möglicherweise hat das Grundgesetz, unsere verfassungspatriotische Grundlage, seine beste Zeit hinter sich. Beispielsweise bedarf der deutsche Föderalismus einer Neuordnung. Einiges mag inzwischen dafür sprechen, ihn ganz abzuschaffen. Theoretisch könnte man ihn auf Verwaltungsaufgaben und die regionale Traditionspflege mit Fahnen und Landesvätern reduzieren. Das Grundgesetz jedoch verbietet absolut seine Beseitigung, und wir haben in unserer langen Geschichte gute Erfahrungen mit ihm gemacht. Also muss er neu geordnet werden.

Man sollte dem Bund, den Ländern und Kommunen je eigene Aufgabenbereiche und entsprechende eigene Finanzquellen zuweisen, also die volle Verantwortung auf den ihnen eingeräumten Feldern übertragen. Die Konstruktion des Bundesrates, die aus dem Bismarckreich stammt – also unter ganz anderen Voraussetzungen geschaffen wurde –, ist antiquiert. Welche Rechtfertigung soll es auf Dauer dafür geben, dass der Bundesrat der Regierung immer wieder in den Arm fällt, ohne selbst Verantwortung im Gesamtstaat zu übernehmen? Es war beschämend, in welchem Maße sich die Länder bei der Wiedervereinigung verweigert haben. Auch jetzt ist bereits zu sehen, dass die neue Bundesregierung, obwohl die Mehrzahl der Länderregierungen ihrer Couleur ist, mit dem Widerstand der Länder rechnen muss.

Das Verhältnis von Bund und Ländern muss also neu bedacht werden. Aber es geht nicht nur um dieses Thema. Auch eine Direktwahl des Bundespräsidenten und neue Kompetenzen für ihn sind ebenso zu erwägen wie die Einführung des Mehrheitswahlrechts, das starke Kräfte der Union wie der SPD in den sechziger Jahren einführen wollten, die entsprechende Beschlüsse beinahe getroffen hätten. Alle diese verfassungspolitischen Gedanken sind vorerst freilich bloße Theorie. Erst nach einer großen Erschütterung, einer revolutionären Bewusstseinsänderung wird eine grundlegende Umgestaltung der Verfassung denkbar werden. Vielleicht haben wir Glück, und der Druck der Verhältnisse erzwingt eine andere Regierungspraxis. Dann könnten wir beim Grundgesetz bleiben. Goethe, den wir in diesem Jahr nicht grundlos feiern, hatte jedenfalls recht, als er sagte, das größte Bedürfnis der Menschen sei eine mutige Obrigkeit.

III.

Vielleicht fällt es anderen Völkern leichter, ihre Probleme zu lösen, weil sie sich nicht nur geographisch, sondern auch historisch bei sich mehr zu Hause fühlen. Die Rückkehr nach Berlin kann die Heimkehr in die deutsche Geschichte bedeuten. Das erschreckt viele. Aber sie bietet auch Chancen, unserem Lande eine festere Grundlage für ein Selbstgefühl zu verschaffen. Dem Zeitklima entspricht derzeit der Rückblick, während es Perioden gab, in denen sich die Gesellschaft in utopischen Zukunftsentwürfen wiederfand. Wir sind am Beginn einer Phase, in der die deutsche Geschichte neu Gewicht gewinnt.

Es wäre unsinnig zu behaupten, Geschichtskenntnis führe zur Verherrlichung der Vergangenheit. Die Geschichte lehrt, wie es zu Erfolgen und Niederlagen kam, was Fortschritt und Reaktion ausmachen, was bedeutend wurde und was Schwierigkeiten abgerungen ist. Sie gibt Fingerzeige für das eigene Leben, wonach man streben oder was man besser bleiben lassen sollte. Die Kenntnis der Geschichte gerade auch im Kleinen, im lokalen Rahmen, vermittelt Einsichten, die bescheiden werden lassen, von aller Besserwisserei abhalten.

Wer unsere Vergangenheit unvoreingenommen wahrnimmt, wird rasch von der verbreiteten Vorstellung Abschied nehmen müssen, wir seien klüger und tapferer als unsere Vorfahren oder auch nur als die Generation vor uns. Wer sich neugierig und aufgeschlossen (und nicht im Gefühl der Überlegenheit, das immer unberechtigt ist) verschiedenen Phasen der Vergangenheit zuwendet, wird überraschende Entdeckungen machen. Der große Vorteil gegenüber allen spekulativen Visionen und gedanklichen Konstruktionen, die nur Behauptungen sind, ist bei der Geschichte die Gewissheit, dass man im vergangenen Leben frühere Wirklichkeit aufspürt. Man wandert auf Wegen, auf denen vor uns andere sich erprobt haben – auch wenn sie dabei manchmal gescheitert sind.

Die unbefangene Neugier aber, früheres Leben zu entdecken, ist uns seit Jahrzehnten verleidet. Denn deutsche Geschichte wird weithin nur mit jenen zwölf Jahren gleichgesetzt. Im Mittelpunkt deutscher Selbstverständigungsversuche steht bisher monolithisch die NS-Vergangenheit, der Eisblock der Verbrechen jener Zeit. Im zunehmenden zeitlichen Abstand zu jenen Ereignissen sind die dunklen Schatten, die er wirft, immer länger geworden. Vielleicht wären die Nationalsozialisten längst vergessen, wenn sie nicht diese Untaten zu verantworten hätten. Diese Verbrechen sind das Einzige, was wir jetzt noch mit ihrer Ära verbinden. Der Berliner Sozialwissenschaftler Alexander Schuller hat 1998 im Augustheft des „Merkur" unter der Überschrift „Mythos Mord. Über den Totalitarismus" die Frage aufgeworfen, woher die verquere Anhänglichkeit an den Terror komme. Kann es sein, fragt Schuller, dass Nationalsozialismus wie Kommunismus nicht trotz, sondern wegen der vielen Morde faszinieren, die sie auf dem Gewissen haben? Paradoxerweise, schreibt Schuller, rette die weltweite Erinnerung an den Holocaust das Dritte Reich vor dem Abgrund des Vergessens. Das Holocaust-Mahnmal am Brandenburger Tor werde die jüdischen Opfer beklagen, zugleich aber die Wirkungsmacht des Nationalsozialismus feiern. „Der Mythos ist stärker als alle Vernunft."

Welcher Mythos? Welchen geheimnisvollen Sog übt der politische Mord auf die Phantasie gerade von Intellektuellen aus? „Wer mordet, beansprucht historische Legitimität. Damit kann eine neue Elite ihren Anspruch auf Macht dokumentieren und realisieren. Durch Tod zum Leben ist ein biblisches Prinzip, aber dialektisch gewendet enthält es auch den Appell, dass nur derjenige zum Leben kommt, der selbst tötet, das blutige Schwert der Apokalypse führt." Wer andere töte, partizipiere am Mythos der Unsterblichkeit. Der Totalitarismus stelle den Versuch dar, die Vergänglichkeit, die Nichtigkeit des Menschen manifest zu machen. In diesem Sinne sei das Morden des Totalitarismus ein mythischer Akt. „Wer Kommunist ist oder Faschist, den kümmert die Realität nicht. Jedenfalls nicht die empirische. Kommunisten und Faschisten leben in einer anderen Welt, mitten im Mythos, in einer uns unzugänglichen geschichtlichen Leidenschaft."

Alle Forschung, alles Nachdenken und Debattieren, Bücher, Filme oder Fernsehserien werden uns nicht von dieser düsteren Vergangenheit befreien. Sie lastet auf unserem Land. Nichts wird uns von ihr erlösen. Das müssen wir hinnehmen. Die Deutschen werden immer fragend vor diesem riesigen, schweigenden Berg stehen, diesen Eisblock ratlos umkreisen, nicht verstehen, wie es dazu kommen konnte. Sie werden keinen Trost daraus schöpfen können, dass auch unsere damaligen Gegner während des Zweiten Weltkrieges furchtbare Verbrechen an deutschen Frauen, Kindern und Greisen begangen haben. Der Vergleich entlastet nicht; er nimmt nichts weg von deutschen Untaten. An Auschwitz, an dem, wofür diese Chiffre steht, ist nichts zu retten. Es bleibt an uns haften, so lange es Deutsche gibt. Wenn das Land mit sich selbst ins reine kommen will, muss es sich mit dieser Tatsache abfinden. Die untilgbare Erinnerung muss hingenommen werden.

Nachdrücklich möchte man gleichwohl auch späteren Generationen die Einsicht ans Herz legen, die der Publizist Sebastian Haffner in seinem Buch „Von Bismarck zu Hitler" formuliert hat: „In einer Geschichte des Deutschen Reiches dürfen wir die Judenverfolgung und die versuchte Judenausrottung nicht verschweigen. Sie ist geschehen, und sie ist ein ewiger Schandfleck auf dieser Geschichte. Aber wir können sie andererseits nicht zu den Elementen zählen, die, wie so vieles andere im Führerstaat, in der Geschichte des Deutschen Reiches von vornherein angelegt waren. Auch ohne Hitler hätte es nach 1933 wahrscheinlich eine Art Führerstaat gegeben. Auch ohne Hitler wahrscheinlich einen zweiten Krieg. Einen millionenfachen Judenmord nicht." Wenn die Deutschen irgendwann in der Zukunft ihren Frieden mit sich selbst machen, werden sie ihn in solchen Sätzen finden.

So schrecklich die Erinnerungen an Untaten der Vorfahren unauslöschlich auf uns lasten, so deutlich ist zugleich, dass sie nicht die ganze deutsche Geschichte ausmachen, die fast ein Jahrtausend umfasst. Es ist falsch zu glauben, unsere Geschichte müsse und könne nur im Schatten der Vernichtungslager gesehen werden. Wir sollten uns wieder dazu ermuntern, auch an vielen anderen Orten nach unseren Wurzeln zu suchen, tiefer in unseren Vergangenheiten zu graben. Dabei wird, wer unvoreingenommen ist, durchaus viel Positives finden. Welch kulturellen, geistlichen und geistigen Reichtum finden wir seit der Reformation im Raum zwischen Wittenberg und Weimar! Was hat das mitteleuropäische Deutschland allein im achtzehnten und neunzehnten Jahrhundert in Philosophie und Wissenschaft, in Musik, Literatur und bildender Kunst, in Technik und Ökonomie der Welt gegeben! Es wäre ein großer Selbstbetrug, dies alles vergessen oder relativieren zu wollen.

Im einzelnen wird selbstverständlich jeder die Akzente anders setzen. Es kann kein einheitliches Geschichtsbild geben. Viele wichtige Erinnerungen sind überdies regional geprägt. Es ist sogar immer wieder gefragt worden, ob es überhaupt eine deutsche Geschichte gibt oder nicht vielmehr verschiedene, eher unverbundene Geschichten. Wie viele Dynastien – die Sachsen, Salier, Staufer, Habsburger, Hohenzollern, um nur einige besonders wichtige zu nennen –, wie viele Hauptstädte! Vielleicht ist die Vielgestaltigkeit Deutschlands, die Europa im Kleinen, Nationalen nachbildet, unser wichtigstes Kennzeichen. Nur Gleichgültigkeit uns selbst gegenüber kann dazu führen, diesen Reichtum angesichts von Auschwitz für irrelevant zu halten. Es ist eine bedauerliche Verkümmerung, sich als Deutscher nichts aus der Vergangenheit positiv anrechnen zu wollen. Wir sollten uns nicht die Menschenfeindlichkeit und den Vernichtungswillen Hitlers und seiner Bewegung zu Eigen machen. Wir dürfen seinen Nihilismus nicht verinnerlichen, nicht auf unsere ganze Geschichte anwenden. Sie kann sich doch insgesamt sehen lassen. Die Deutschen haben über Jahrhunderte hinweg in Europa konstruktiv gewirkt.

Goethe hatte im Zeichen der Hellas-Begeisterung gefordert: „Jeder sei ein Grieche auf seine Weise, aber er sei's." Das gilt auch für uns Deutsche heute. Jeder sollte sich vergegenwärtigen, was ihm aus der deutschen Vergangenheit wichtig ist, und vermitteln und weitertragen, was er an unserem Volke wertvoll findet. Dabei wird immer vieles auch aus anderen Völkern ins Deutsche einfließen. Es macht unseren Reichtum aus, dass wir stets ein Transitland, ein Ort der Begegnungen und Einflüsse aus allen Himmelsrichtungen gewesen sind, eine leuchtende Farbe im großen europäischen Teppich.

IV.

Eine aufgeschlossene Grundeinstellung, die Bejahung unseres Volkes durch die Deutschen, wird befreiend wirken. Sie wird keinesfalls heißen, obwohl das manche fürchten, wir würden dann den großen, schweigenden Berg vergessen. Das Gegenteil wird der Fall sein. Sobald sich die Deutschen als das erkennen, anerkennen, was sie über lange Strecken ihrer Geschichte gewesen sind – ein bescheidenes, menschenfreundliches, tüchtiges, auch friedliches Volk -, werden sie Auschwitz nicht mehr für das zentrale Datum, nicht für die Essenz unserer Geschichte halten und es damit leichter ertragen können.

Dafür bedarf es auch öffentlicher Emotionen. Die Bundesrepublik war lange Zeit aus guten Gründen stolz darauf, ein ganz und gar rationales Gebilde zu sein. Alle Politik, aller Erfolg wurden nur daran gemessen, wie viel Geld „gemacht" und bewegt wurde, was finanziell den Bürgern angeboten werden konnte. Selbst die unerhörte Begebenheit der Wiedervereinigung wurde nicht als das Glück einer Rückkehr kulturell reicher Gebiete in das gemeinsame Land gesehen, sondern vor allem unter dem Gesichtspunkt betrachtet, was sie kostet. Diese Reduzierung unserer Lebenseinstellung ist ebenso bedauerlich, wie sie erklärlich war als Reaktion auf den Missbrauch aller Emotionen im Dritten Reich.

So, wie Gefühle für jeden Einzelnen unerlässlich sind, wenn er nicht krank werden soll, spielen öffentliche Emotionen für jedes Land eine wesentliche Rolle. Von ihnen hängt die innere Balance, Festigkeit und Ausstrahlung ab. Wer sich als Einzelner nicht bejahen kann, ist für seine Umgebung kein Vergnügen, sondern eine Last. So lange die Deutschen sich mit ihrem negativen Nationalgefühl, ihrem Selbsthass quälen, werden sie für andere unberechenbar sein. Wir werden für uns wie für unsere Nachbarn erfreulicher, wenn wir lernen, ohne negative Selbstüberhebung gern Deutsche zu sein.

Man hat gesagt, dass eine Nation an ihrer Überzeugung zu erkennen sei, große Dinge in der Vergangenheit getan zu haben, und an der Entschlossenheit, sie auch in Zukunft zu tun. Sind wir eine Nation, wollen wir Großes tun? Es gibt seit langem ein seltsames Schwanken bei uns zwischen einer jedenfalls rhetorisch weltweiten Beglückungsbereitschaft und einer kleinmütigen, zerknirschten Selbstverleugnung. Die Deutschen wissen im Grunde nicht, was sie wirklich wollen sollen in dieser Welt. Sie besaßen nie eine eigene zivilisatorische Idee, wussten nie, in welche Formeln sie das, was ihnen als wertvoll vorschwebte, kleiden sollten, um es anderen Völkern nahezubringen, sie für uns einzunehmen. Die Russen hatten den Panslawismus, die Franzosen ihre Revolution von 1789, Briten und Amerikaner ihre langen demokratischen Traditionen. Bei uns nichts dergleichen, sondern Orientierungsschwierigkeiten, Unberechenbarkeiten. Das macht uns haltlos, erschwert auch alle Diskussionen über Einbürgerungen und Staatsangehörigkeiten. Was meinen wir mit Integration? Welche Werte sollen gelten? Was erwarten wir von neuen Mitbürgern? Welche Kenntnisse müssen sie nachweisen, welche Leistungen erbringen?

Wenn unser Deutschland nur eine Versorgungsgemeinschaft und Umverteilungsagentur von Geldern und Chancen wäre, würde es keinen Bestand haben, könnte es Selbstgefühl und Würde nicht zurückgewinnen. Jeder weiß aus seinem eigenen Leben, dass man nicht allein von materiellen Leistungen leben kann. Seelische Kräfte spielen eine entscheidende Rolle. Was wollen wir aus den letzten fünf Jahrzehnten in das Erbe der Menschheit einfließen lassen? Gibt es Leistungen der DDR, die in das Gedächtnis der Welt eingehen können? Kaum. Und die Bundesrepublik? Im Wahlkampf von 1972 betonte Willy Brandt den Stolz auf das eigene Land, auf das Modell Deutschland, unter dem man damals wohlfahrtsstaatliche Errungenschaften, Mitbestimmungsmodelle, weit geöffnete Bildungssysteme verstand. Heute betrachten wir all dies nicht ohne Skepsis. Aber die Bundesrepublik kann stolz darauf sein, dass sie über ein halbes Jahrhundert hinweg – die längste gute Phase, die wir in der neueren Geschichte gehabt haben – eine weltweit geachtete, lebendige Demokratie, eine kraftvolle Wirtschaft, umfassenden Rechtsschutz und ein leistungsfähiges Sozialsystem entwickelt hat. Diese Pfeiler unseres Selbstvertrauens sind fest in den Köpfen und Herzen der Mitbürger verankert.

Was bisher noch fehlt, hat der Ungar György Konrád, der Präsident der Berlin-Brandenburgischen Akademie der Künste, im März 1998 angedeutet. Bei der Eröffnung einer Ausstellung im Deutschen Historischen Museum über die Mythen der europäischen Nationen fragte er: Was hält Gemeinschaften zusammen, was Regionen und Familien, Nationen und Parteien? Es seien die gemeinsamen Märchen, das, was wir lesen, worin wir unterwiesen werden, was wir auf Schritt und Tritt hören, etwa im Radio, wovon in der Familie oder der Kneipe die Rede sei, was wir uns durch Bildung aneigneten. Der Mensch habe das Bedürfnis, irgendwohin zu gehören: „Jede Nation braucht eine Abstammungssage, ruhmreiche Anekdoten und Erinnerungen an gemeinsame Leiden. Wenn wir keine Geschichte haben, existieren auch wir selbst nicht." Zu den religiösen Festen, sagt Konrád, gesellten sich die nationalen. Die Erzählungen, die an sie anknüpfen, hätten emotionale Wirkungskraft. An den Loyalitäten gegenüber dem Mythos lasse sich die Loyalität der Bürger zum Staat ablesen. Offenbar gebe es das Bedürfnis, vom gemeinsamen Selbst gelegentlich ergriffen zu sein. Man brauche erhebende Feste, bei denen man die Alltäglichkeit hinter sich lasse. „Die sonntäglichen Hochgefühle sind wichtig. Nötig sind nicht nur Wein und Fleisch, sondern auch das Pathos." Was die Kirche früher war, wurde später das Vaterland. „Die kollektiven Mythen sind unvermeidlich. Lediglich ihr Äußeres wandelt sich." In der erwähnten Ausstellung wurden die Mythen der Völker an Beispielen illustriert. Für die Deutschen des neunzehnten Jahrhunderts waren wichtig u.a. die Schlacht im Teutoburger Wald, der Tod Barbarossas, die Reformation als nationalgeschichtliches Ereignis, die Befreiungskriege und die Reichsgründung. Heute sähe die Auswahl sicher etwas anders aus.

V.

Selbst wer nicht weit in die Vergangenheit zurück möchte, findet in der Mitte unseres zwanzigsten Jahrhunderts zwei Ereignisse in Deutschland, die „mythenfähig" sind, Vorbildcharakter haben und Anlass zur Freude, Gelegenheit zu gemeinsamem Stolz bieten. Der 3. Oktober, unser jetziger Nationalfeiertag, gehört nicht dazu. Er ist nichts sagend, inhaltsleer, nicht überhöhungsfähig. Kaum jemand weiß, weshalb wir gerade diesen Tag feiern. Wer herumfragt, wird selten eine richtige Antwort hören. Die Benennung dieses Tages war ein Missgriff. Kein Wunder, dass jede öffentliche Diskussion vermieden wurde.

Der frühere Nationalfeiertag der Bonner Republik, der 17. Juni, war bis zur Wiedervereinigung problematisch. Denn die Westdeutschen feierten etwas, was die DDR-Deutschen acht Jahre nach dem Kriegsende getan hatten. Seit die beiden Teile des Landes wieder zusammengekommen waren, fiel dieser Einwand weg. Im Gegenteil sprach – und spricht immer weiter – viel dafür, diesen Tag jetzt gesamtdeutsch zu begehen und dabei den Heroismus der Ostdeutschen zu feiern. Es wäre nur gerecht gewesen, wenn die Zivilcourage unserer Landsleute auf diese Weise dauerhaft gewürdigt worden wäre. Obendrein hätte man damit den Herbst 1989 in die richtige historische Perspektive gerückt. Denn was 1953 an den sowjetischen Panzern gescheitert war, wurde ohne das Eingreifen der Russen 36 Jahre später zum Erfolg.

Unser Volk quält sich zu Recht mit seinem nationalsozialistischen Erbe. Um so unverständlicher ist, dass es sich auch schwer tut mit erhebenden Erinnerungen seiner Geschichte, auf die es stolz sein könnte, über die es glücklich sein müsste. Was haben die Franzosen aus dem Sturm auf die Bastille gemacht, einem – historisch genau betrachtet – bescheidenen, risikoarmen Ereignis! Und wir? Unser Land ist nicht so reich an eindrucksvollen Freiheitsbewegungen, dass es sich Vergesslichkeit erlauben dürfte und leisten könnte.

Ein großer Augenblick unserer Geschichte waren tatsächlich die Tage und Taten des 16./17. Juni 1953. Erstmals im damaligen Ostblock, drei Jahre vor den Ereignissen in Polen und Ungarn 1956, fünfzehn Jahre vor dem tschechoslowakischen Frühling 1968, kam es in jenen Junitagen im sowjetisch besetzten Teil Deutschlands zu einer machtvollen Erhebung. Innerhalb weniger Stunden wuchs ein Demonstrationszug, mit dem Bauarbeiter der Stalin-Allee gegen die administrativ verordnete Lohndrückerei des SED-Regimes aufbegehrten, zu einem wirklichen Volksaufstand in der gesamten DDR an. Der 16./17. Juni war eine Revolte aus dem Volke – spontan, ohne eigentliche Führung, von anrührender Humanität. Denn man hat damals, vielleicht naiv, statt Bahnhöfe, Postämter, Rundfunksender zu besetzen, als erstes unschuldig eingesperrte Landsleute, politische Gefangene, zu befreien versucht. Im Laufe weniger Stunden beteiligten sich in Hunderten von Orten viele Hunderttausende von Menschen. Höhepunkt waren überall Massenkundgebungen, bei denen spontan die Einheit und Freiheit Deutschlands gefordert wurde: Menschenrechte, freie Wahlen, Demokratie.

Seit 1945 hatte die Sowjetunion gewaltsam die Umgestaltung ihrer Zone vorangetrieben, seit Sommer 1952 die rücksichtslos forcierte, sozialistische Verformung unerträgliche Ausmaße angenommen. Über eine Million Menschen waren in den Westen geflohen. Unter denen, die blieben, wuchs die Empörung, die sich nach Stalins Tod explosionsartig Luft machte. Hätten damals die Russen nicht gewaltsam eingegriffen, wäre das Regime, dessen Führer die Hauptstadt bereits fluchtartig verlassen hatten, schon im Sommer 1953 und nicht erst im Herbst 1989 von dieser elementaren Volksbewegung hinweggefegt worden. Was vor einem Jahrzehnt glücklich gelang, endete 1953 in Erschießungen, in langen Einkerkerungen. Tausende mussten in Gefängnissen ihren Freiheitswillen büßen.

Der 17. Juni war und ist – seit 1989 erst recht – für immer ein Anlass stillen deutschen Stolzes. Der Mut, die Entschlossenheit der Männer und Frauen unseres Volkes, die für die Ziele dieses Tages viele Jahre der Haft, ja in mehr als hundert Fällen ihr Leben hingegeben haben, müssen im Gedächtnis der Nation bewahrt werden. Denn wofür sie eintraten, bildet heute und in Zukunft die Grundlage unseres gemeinsamen, jetzt glücklich wieder vereinten Staates: Deutschlands Einheit in Freiheit, der Menschlichkeit verpflichtet, eine wirkliche Demokratie.

Das andere der beiden großen erinnerungswürdigen Ereignisse unserer jüngsten Geschichte ist der 20. Juli 1944. An diesem Tage explodierte wenige Meter von Hitler entfernt bei der Lagebesprechung im Führerhauptquartier nahe Rastenburg eine Bombe, die dort unter dem Kartentisch von dem jungen, schwer kriegsverletzten Oberst Claus Schenk Graf von Stauffenberg, Vater von vier kleinen Kindern, deponiert worden war. Als Generalstabsoffizier gehörte er zu den ganz wenigen, die Zugang zum Führer hatten. Hitler blieb unverletzt. Noch am Abend des gleichen Tages wurde Stauffenberg im Hof des Berliner Bendlerblocks zusammen mit drei Mitverschwörern erschossen. Mit dieser Tat hat Stauffenberg ein rascheres Kriegsende herbeizuführen und die Ehre Deutschlands zu retten versucht.

Bei der Opposition gegen Hitler handelte es sich um eine Ansammlung höchst ungleichartiger, nach Herkunft, Denkungsart und politischer Richtung in vieler Hinsicht voneinander verschiedener Einzelner. Im Grunde wußte jeder, dass der Staatsstreich ohne ernsthafte Erfolgschance war. Selbst ein gelungenes Attentat hätte das Land nicht aus dem Würgegriff der Machthaber befreit. Der Kampf um Hitlers Erbe im Inneren hätte dann erst begonnen, sein Ausgang wäre ungewiss gewesen. Es gab außerdem keinerlei Aussicht, an der bedingungslosen Kapitulation vorbeizukommen, auf die sich die Kriegsalliierten verständigt hatten. Insofern ist immer wieder argumentiert worden, es sei gut gewesen, dass der Anschlag auf Hitlers Leben in der ostpreußischen „Wolfschanze" scheiterte. Denn er hätte zum Bürgerkrieg führen können, hätte vor allem mit einer neuen Dolchstoßlegende den Beginn der späteren Bundesrepublik schwer belastet. Auf der anderen Seite steht solchen Erwägungen gegenüber, dass eine immerhin denkbare frühere Beendigung des Krieges nach dem Tode Hitlers Millionen Menschen das Leben gerettet, anderen unsägliches Leid erspart, auch die weitere Zerstörung vieler unserer historischen, wunderschönen Städte verhindert hätte.

Aber bei der Würdigung dieses Tages kommt es auf solche Erwägungen nicht an. Der 20. Juli war vor allem eine symbolische Tat. Darin lag sein Sinn, seine Rechtfertigung. Gerade die Aussichtslosigkeit des Unternehmens hat ihm seine moralische Größe gegeben. Ohne Rückhalt im eigenen Volk und ohne Ermutigung des Auslands haben die Verschwörer im Grunde aus Selbstachtung gehandelt, aus Verantwortungsgefühl unserem Volk gegenüber. Deutsche Soldaten wollten unter Einsatz ihres Lebens ein Beispiel geben. Der 20. Juli war eine heroische Tat, die Tausende unserer besten Köpfe mit dem Leben bezahlt haben.

VI.

Schon diese beiden Daten unserer jüngsten Vergangenheit zeigen, dass auch unser Volk Anlass hat, stolz zu sein. Im einen Falle waren es Angehörige der Elite aller politischen Richtungen, die sich gegen die Tyrannei erhoben haben, im anderen war es eine spontane Massenbewegung. In beiden Fällen ging es um die Würde des Menschen, um Gerechtigkeit, Verantwortung für das Gemeinwesen. Man muss also gar nicht weit zurückgehen, dann findet man auch in Deutschland bewundernswerte Beispiele des Freiheitswillens und des Mutes. Dazu gehört auch die spätere Opposition in der DDR, die von der Staatssicherheit verfolgt wurde; dazu gehört das Datum des 9. November 1989 in Berlin.

Traditionen verstehen sich nicht von selbst. Sie können auch nicht beliebig geschaffen werden. Andererseits hat uns der Historiker Eric Hobsbawm belehrt, wie viele ehrwürdige Traditionen, die wir für althergebracht halten, relativ jung sind, etwa in England erst im neunzehnten Jahrhundert erfunden wurden. Auch die eindrucksvolle Kontinuität der französischen Nationalgeschichte von Karl dem Großen oder Ludwig dem Heiligen über Heinrich IV., Ludwig XIV., Napoleon und Charles de Gaulle bis hin zu Jacques Chirac ist nicht naturwüchsig, sondern eine bewusste Konstruktion. Sie postuliert eine Folgerichtigkeit, die die Zeitläufe nicht unbedingt besaßen.

Trotz der Probleme, die wir mit der deutschen Geschichte haben – ab und an wehleidig übertreibend –, sollten wir uns an den Franzosen in dieser Hinsicht ein Beispiel nehmen. Ohne die Brüche zu verschweigen, die auch andere Länder immer wieder erlebt haben, könnten wir einen sinnvollen, folgerichtigen Zusammenhang finden und begreifen. Man muss die Vielgestaltigkeit, Vieldeutigkeit und Offenheit unserer Geschichte annehmen. Sie ist nicht nur beunruhigend, nicht nur Anlass zur Sorge. Man kann gleichzeitig aus ihr Mut schöpfen. Unsere Vergangenheit hat viele große Momente. Auch wir haben Anlass zu Selbstvertrauen, Würde und bescheidenem Stolz. Was uns im letzten halben Jahrhundert gelungen ist, war nach dem Vorangegangenen nicht selbstverständlich. Es ist, alles in allem, eine großartige Leistung. Das sollte uns zuversichtlich stimmen für die Aufgaben, die vor Deutschland liegen.

Totalitarismus und Sprache

Christian Bergmann

I. Einleitung

Das zu Ende gehende Jahrhundert ist gekennzeichnet durch das Entstehen und Erstarken sowie das Zusammenbrechen totalitärer Systeme. Besonders der Osten Deutschlands ist diesen Prozessen nachhaltig ausgesetzt gewesen. Dort wurde die nationalsozialistische unmittelbar durch die kommunistische Diktatur abgelöst; und 1989 fand der real existierende Staatssozialismus ein jähes Ende, begleitet von einem nahezu weltweiten Zusammenbruch kommunistischer Ein-Parteien-Staaten.

Totalitäre Systeme sind wesentlich auch dadurch gekennzeichnet, dass sie eine homogene Gesellschaft anstreben. Pluralismus ist ihnen nicht nur wesensfremd, sondern gilt ihnen als etwas geradezu Verabscheuungswürdiges. Ein Blick in das in Ost-Berlin herausgegebene Wörterbuch der deutschen Gegenwartssprache bestätigt diese Feststellung. In der DDR wurde eine staatlich gelenkte Vereinheitlichung angestrebt, die darauf abzielte, alle kulturellen und weltanschaulichen Unterschiede einzuebnen. Es wurde dem Einzelnen versucht vorzugeben, was er zu denken habe; und dieses aufgestellte Gedankengebäude sollte er annehmen. Es gab für ihn auch keine Möglichkeit des Vergleichs mit anderen Theorien. Das wurde durch eine Abschirmung nach außen, durch die Abkapselung in einer künstlichen Wirklichkeit erreicht, bewirkt durch Reiseverbot, scharfe Zensur und offizielle Verdikte im Bereich der Massenmedien. Mit diesen Maßnahmen wurde letztlich eine festgesetzte Denkweise angestrebt.

Die vorgeschriebenen Gedanken konnten auch nur in einer gleichfalls regulierten Sprache ausgedrückt werden. Diese wurde dadurch als Instrument der Macht genutzt. Die Sprache war eine der tragenden Säulen des Staates. Denn sie wurde zum Sprachrohr der Ideologie, die mit Hilfe eines ausgebauten Netzes der Propaganda verbreitet wurde, dadurch allgegenwärtig war und Tag für Tag breiten Bevölkerungsschichten ins Bewusstsein gedrückt werden konnte. Totalitäre Regime sind nicht zuletzt Diktaturen der Sprache.

II. Strukturen der Kommunikation

Das politische System der DDR war hierarchisch streng gegliedert, straff organisiert und folgte dem Prinzip des demokratischen Zentralismus, das auf Lenin zurückging. In der gleichen Weise war das Informationssystem der DDR strukturiert. Es war dem in allen kommunistischen Parteien geltenden zentralistischen Organisationsprinzip angepasst und wies einen vertikalen Aufbau auf, in dem die mittleren und unteren Gliederungseinheiten voneinander abgeriegelt waren. Ihre Informationen erhielten sie von der jeweils vorgeordneten Instanz.

Genauso bestand ein Zusammenhang zwischen System- und Kommunikationsstruktur. In der Massenkommunikation ist generell die Gefahr der Einseitigkeit gegeben. Die Möglichkeiten, eine Rückkopplung zum Empfänger vorzunehmen, sind eng begrenzt. In der DDR war dieses Prinzip der Ungleichheit verabsolutiert, denn es fehlte eine parlamentarische Opposition, es gab keine Widersprüche aus staatlichen Organisationen, und ebenso existierte keine unabhängige Presse. Auch das Kommunikationssystem war von der SED monopolisiert. Es diente ebenfalls der Repräsentation von Macht und zugleich ihrer Stabilisierung. Dazu trug gleichermaßen bei, dass die Gesellschaft in ihrer Totalität zur Übernahme der in der Partei geltenden Sprachgebung angehalten wurde.

Dieses Kommunikationssystem veranschaulichen geometrische Modelle: Das pyramidale demonstriert die Unterdrückung der Basis durch die Spitze, das kreisförmige die geschlossene totalitäre Gesellschaft, aus der niemand ausbrechen kann. Vorschläge vonseiten der Kommunikationstheorie, durch horizontale und zirkulare Kommunikation Verbindungen zur Basis und zur Peripherie herzustellen, wurden von der Parteiführung abgewiesen. Kurt Hagers Kritik an der Anwendung kybernetischer Selbstregulierungsmodelle in der Parteiarbeit und in der staatlichen Verwaltung auf der Konferenz der Gesellschaftswissenschaften im Oktober 1971 sorgte dafür, dass sich nichts veränderte. Damals erfolgte die endgültige Abschottung der Partei, die glaubte, dass „reformistisches" Gedankengut aus den Naturwissenschaften in ihre Ideologie eindringen und ihre Machtstellung „aufweichen" könnte.

III. Ritualisierung der Kommunikation

Dass sprachliche Handlungen ritualisiert werden, ist typisch für totalitäre Systeme. In der NS-Schule hatte am Anfang jeder Stunde ein „Klassenführer" „Meldung" zu erstatten. Er erklärte, dass die Klasse zum Unterricht angetreten sei, und teilte mit, wer fehlte. Dann erfolgte die Sprachhandlung des Begrüßens, und zwar in einer formulativ und gestisch genau festgelegten Weise. Bereits das gedankliche Durchspielen einer Abweichung von diesen Festlegungen, die verhängnisvoll für die Beteiligten gewesen wäre, verweist auf den wahren Charakter des Rituals. Mit ihm fügte sich der einzelne in das System ein.

Das Begrüßungszeremoniell der DDR wies sehr viele Ähnlichkeiten mit dem der NS-Schule auf. Auch hier gab es spezielle Grußformeln. Die jüngeren Schüler, die fast ausnahmslos dem Verband der Jungen Pioniere angehörten, wurden zu bestimmten Anlässen wie dem wöchentlichen Fahnenappell mit „Für Frieden und Sozialismus seid bereit!" oder verkürzt „Seid bereit!" begrüßt, worauf sie „Immer bereit!" zu antworten hatten. In den höheren Klassenstufen, in denen Zugehörigkeit zur Organisation der Freien Deutschen Jugend vorausgesetzt wurde, lautete die Grußformel „Freundschaft!". Sie wurde sogar in Fremdsprachen übersetzt. Auch hier ging dem Gruß eine quasi paramilitärische Meldung voran, bei den Pionieren war er von einer gestischen Handlung begleitet.

Um die heranwachsende Generation dem Einfluss der Kirche zu entziehen, wurde von der NSDAP parallel zu oder als Ersatz für Konfirmation und Kommunion eine „Verpflichtung der Jugend" eingeführt. Auf diesen feierlichen Akt, der in einem „Handschlag" durch einen Parteifunktionär seinen Höhepunkt erreichte, wurde durch eine Reihe von Schulungsveranstaltungen vorbereitet.

Als damit vergleichbare Einrichtung gab es in der DDR die „Jugendweihe". Sie gipfelte in einem „Gelöbnis", in dem unter anderem das Bekenntnis abgelegt wurde, „für die große und edle Sache des Sozialismus zu arbeiten und zu kämpfen". Es brauchte von den Teilnehmern nicht auswendig gelernt zu werden, sondern wurde von dem Festredner vorgesprochen; und die Jugendweihlinge hatten lediglich zustimmend zu bestätigen: „Ja, das geloben wir." Auch diesem Akt ging eine Anzahl von Jugendstunden voraus.

Bei all diesen Veranstaltungen zeigte sich der Handlungscharakter der Sprache. Hier wurden mit Worten Handlungen vollzogen - wie die eines feierlichen Versprechens. Die sprachlichen waren Bestandteil anderer Handlungen, in die sie eingebettet waren. So sollte der Händedruck besiegeln, dass der zur Verpflichtung Angetretene nun aus seiner Kindheit heraus und in die Gemeinschaft der Jugendlichen eingetreten war. Die Verzahnung dieser Handlungen war genau geplant und folgte einem exakt vorgegebenen Muster; ihr lag eine ausgeprägte Institutionalisierung zugrunde.

Bei rituellen Kommunikationshandlungen gewinnt die Sprache, die dort häufig einen expressiven Charakter aufweist, eine ganz spezielle Funktion. Sie teilt nichts mehr mit, wie es sonst in der Kommunikation üblich ist. Stattdessen übt sie eine vereinnahmende Kraft aus. Dadurch wirkt die Sprache verhaltenssteuernd, und das macht sie außerordentlich wichtig.

So wurde das Leben in der DDR durch einen ständigen Ablauf ritualisierter Handlungen überlagert. Bereits ein Pioniernachmittag und eine FDJ-Versammlung unterlagen einem genau festgesetzten Handlungszeremoniell ebenso wie eine Parteiversammlung und eine Rechenschaftslegung der Gewerkschaft oder einer der gesellschaftlichen Organisationen; und es gipfelte schließlich in den vor der internationalen Öffentlichkeit sorgfältig inszenierten Parteitagen der SED mit ihren Aufmärschen uniformierter Kinder, mit den fahnenschwenkenden Jugendlichen und den akklamationsgesteuerten Teilnehmern.

Das Ritual ist bedroht und kann leicht zur Farce verkommen. Das ließ sich in der DDR besonders an den Demonstrationen zum 1. Mai beobachten. Ihr Ablauf folgte einem streng regulierten, sich jährlich wiederholenden Schema, in dem kein Handlungssinn mehr zu erkennen war, was aber kaum als Verlust empfunden wurde, allenfalls noch von in der DDR studierenden Ausländern wie Palästinensern, die voller Begeisterung mit selbst gefertigten Fahnen ihrer Organisation, die sie dann nicht entrollen durften, zur Demonstration kamen und bitter enttäuscht waren, dass sie nicht die erwartete Resonanz auf ihr revolutionäres Pathos erlebten, sondern stattdessen an der technisch perfekten Organisation einer nichtssagenden Pflichtübung teilnahmen.

IV. Klischeehaftigkeit der Sprache

Rituelle Handlungen folgen stets dem gleichen Muster. Davon sind die in sie eingebetteten kommunikativen Tätigkeiten ebenso betroffen wie deren sprachliche Ausformung. Diese ist gekennzeichnet durch Schematisierung im Satzbau und durch Stereotypie im Wortschatz.

Auf die Formelhaftigkeit der nationalsozialistischen Sprache hat bereits der Romanist Victor Klemperer hingewiesen. Er war an der Technischen Universität Dresden tätig und wurde dort als Jude entlassen und von der Gestapo verfolgt. Darüber geben seine Tagebücher Auskunft, die er bis zum Ende seines Lebens gewissenhaft führte. Auch seine Studien zur Sprache des Dritten Reiches, zur Lingua Tertii Imperii (LTI), heißen mit dem Untertitel „Notizbuch eines Philologen". Dort verweist er auf die von der Goebbels-Propaganda gehandhabte Methode: „Durch Einhämmern des immer Gleichen" soll Wirkung erreicht werden.

Die sozialistische Agitation folgte demselben Prinzip. Ihm lag ein einfältiges Quantitätsdenken zugrunde, dem jegliche Sensibilität für das Aufnahmeverhalten des an der Kommunikation Beteiligten fehlte. Tatsächlich bewirkt das fortgesetzte Wiederholen des immer Gleichen keinen Umschlag in eine neue Qualität, sondern das Gegenteil. Der Aufnehmende wird des ständig Gesagten überdrüssig; und das immer wieder verwendete Wort nutzt sich ab.

Niemand erkennt das besser als ein Schriftsteller. Zu dem ersten Gesichtspunkt äußert sich Vaclav Havel, wenn er von dem Wort „Frieden" sagt: „40 Jahre lang lese ich es in unserem Land auf jedem Dach und in jedem Schaufenster. 40 Jahre bin ich so, wie alle meine Mitbürger, zur Allergie gegen jenes schöne Wort erzogen worden." Der zweite wird von Uwe Johnson hervorgehoben: „Der dauernde Gebrauch eines Wortes in Rundfunk, Presse, Plakat kann es seiner ursprünglichen Bedeutung vollkommen entfremden und es – zur Phrase machen."

Der Schablonisierung unterlag auch der Aufbau von Texten. An ihrem Beginn hatte eine bekenntnishafte Formel zu stehen, am besten eine Verneigung vor der Partei, auf deren letzten Parteitag verwiesen wurde, von dessen Beschlüssen man ausging, bevor der eigentliche Gegenstand zur Darstellung kam; und schablonisiert war auch die Reihenfolge der sprachlichen Elemente: Marx wurde vor Engels genannt, die Partei vor der Regierung. Diese Formeln wurden durch sprachliche oder außersprachliche Reize aktiviert und stellten sich dann wie Orwells „Kavalleriepferde beim Hornsignal" in immer der gleichen Reihenfolge auf. Originalität und Kreativität galten nicht als Werte. Vorgeprägte Muster wurden aneinander gefügt, bereits fertige Äußerungsteile als Versatzstücke übernommen.

Die Ursache für die Klischeehaftigkeit der Kommunikation war in der ihr zugrunde liegenden Zielstellung zu sehen. Einerseits war die kommunikative Handlung nicht vom Überzeugungswillen getragen, sondern in ihr drückte sich die Absicht aus, Macht zu repräsentieren. Andererseits wurde die Akzeptanz dieser Macht erwartet. Die formelhafte Sprache bekundete das Ausschalten eines anderen Denkens.

Diese äußere Gleichschaltung bedeutete nichts anderes als einen Eingriff in die Selbstbestimmung des Individuums. Zu dessen psychischer Verformung wurde die Sprache als Mittel eingesetzt. Diese erwies damit ihre Zugehörigkeit zu dem für den poststalinistischen Totalitarismus typischen Instrumentarium. In den sechziger Jahren war der brutale Terror der Nachkriegszeit „leiseren Formen" gewichen, die sich der Psychologie der Angst bedienten. Diese konnten ohne Sprache nicht auskommen, entfremdeten sie damit allerdings ihrem eigentlichen Auftrag: der kommunikativen Ethik.

V. Uniformität der Sprache

Uniformität gilt als ein Wesenszug des Totalitarismus. Er prägt die Sprache wie das sprachliche Gestalten. „Es ist bei der Sprache der SED auch ganz unergiebig, zwischen Sprache und Sprachgebrauch zu unterscheiden. Bei einer genormten Sprache ist beides identisch." Vergleichende Textanalysen zeigen diese Gleichheit der Redeform.

In seiner Autobiographie gebraucht Honecker dieselbe Sprache, mit der er vor Funktionären spricht. Die SED hat nur einen Ton, und den gab die Wissenschaft des Marxismus-Leninismus vor, ganz gleich, in welcher Umgebung, aus welchem Anlass und in welcher Absicht zu reden oder zu schreiben war. Eine Untersuchung von drei Reden, die auf dem IX. Pädagogischen Kongress 1989 in Berlin gehalten wurden, ergibt, dass sie, obwohl unterschiedlichen Textsorten zugehörig, die gleichen Sprachhandlungen aufweisen und über den gleichen Wortschatz verfügen, so dass sie gegeneinander austauschbar werden.

Ebenso wie Übereinstimmung darüber bestand, was in welcher Weise darzustellen war, gab es auch eine Übereinstimmung hinsichtlich thematischer Verbote. Bestimmte Phänomene waren prinzipiell aus der Kommunikation ausgegrenzt. Dazu gehörte die Staatssicherheit. Ebenso war es untersagt, sich speziellen Themen humoristisch zu nähern. Ein Lustspielfilm über die Nationale Volksarmee, ein Kabarettprogramm über die Kampfgruppen wären undenkbar gewesen. Nicht erlaubt war die Kritik an der Partei- und Staatsführung, nicht anzutasten war die führende Rolle der Partei der Arbeiterklasse, und nicht angezweifelt werden durfte die Wahrheit des Marxismus mit seinem historischen Determinismus und der Endgültigkeit der kommunistischen Gesellschaftsformation. Das hatte zur Folge, dass die prinzipiellen Gegner des Regimes, die keinen „verbesserten", sondern gar keinen Sozialismus wollten, sich in Diskussionen – im Gegensatz zu den Reformsozialisten – zurückhielten, weil ihre Einwände grundsätzlicher Art waren und das System als solches in Frage stellten.

Insbesondere bei den inszenierten Massenaufmärschen zeigte sich die Vermassung des Individuums durch den totalitären Staat. Der Totalitarismus zielt darauf ab, den Menschen zu verstaatlichen und zu vergesellschaften. Die total verfasste Gesellschaft unterwirft sich die Bereiche des Persönlichen und Privaten und betreibt rigoros deren Beseitigung.

VI. Verdinglichung des Menschen in der Sprache

Von der Entpersönlichung des Individuums in der Masse zu seiner Verdinglichung ist es nur ein kleiner Schritt. Die Sprache des Totalitarismus bekundet, dass er vollzogen wurde: „Wir werden in absehbarer Zeit auf einer Reihe von Gebieten wieder zu vollen Touren auflaufen", wird Goebbels im Tagebuch Victor Klemperers zitiert; und die philologisch exakte Deutung stellt heraus: „Sich selber und all seine Getreuen vergleicht der sprachgewaltige Prediger nicht etwa, nein, identifiziert er mit Maschinen."

Der Mensch soll zum Automaten und es soll erreicht werden, dass er „unabhängig von äußeren Eindrücken, unabhängig von inneren Erwägungen, unabhängig von jeder Instinktregung, dem Befehl des Vorgesetzten genauso gehorcht, wie eine Maschine vom Druck auf den auslösenden Knopf in Gang gesetzt wird". Aus dieser Einstellung ergibt sich das Übermaß der LTI-Wendungen auf dem Gebiet der Technik, die Masse der mechanisierenden Wörter, die zum Ausdruck des Versklavens und Entpersönlichens werden.

Dieselbe Haltung findet sich bei den führenden Ideologen des sowjetischen Totalitarismus. In seiner Schrift „Parteiorganisation und Parteiliteratur" verlangt Lenin, der Schriftsteller müsse mit seiner Tätigkeit „zu einem Teil der allgemeinen proletarischen Sache, zu einem ‚Rädchen und Schräubchen' – des einen einheitlichen, großen sozialdemokratischen Mechanismus werden". Und Stalin sieht in ihm „den Ingenieur der menschlichen Seele". Zu dieser Formulierung notiert Victor Klemperer: „Auch das ist doch ein technisches Bild, ja eigentlich das allertechnischste. Ein Ingenieur hat es mit Maschinen zu tun, und wenn er als der rechte Mann für die Pflege der Seele angesehen wird, dann muss ich also daraus schließen, dass die Seele als Maschine gilt." Weiter in seinen Schlussfolgerungen geht er allerdings nicht.

Mit der „Liquidation der menschlichen Person", die sich in der Sprache verrät, befassen sich auch die Herausgeber des Wörterbuchs des Unmenschen. Sie interessieren sich vor allem für die Verben, die ein Akkusativobjekt verlangen, und stellen fest, dass diese in der Sprache totalitärer Staaten auffällig häufig begegnen. Eine Verdinglichung des Menschen bewirken sie allerdings nicht von sich aus; sie tritt vielmehr erst dann ein, wenn in dem geforderten Objekt eine Personenbezeichnung anstelle einer erwarteten, weil eigentlich üblichen Sachbezeichnung verwendet wird.

Diese Erscheinung lässt sich besonders häufig im Sprachgebrauch des Ministeriums für Staatssicherheit der ehemaligen DDR beobachten. Sie bleibt dort auch keineswegs auf die transitiven Verben beschränkt, sondern begleitet gleichsam den „operativen Vorgang" von seiner Eröffnung bis zu seinem Abschluss. Denn die Akte wird angelegt, wenn eine Person „operativ angefallen" ist; dann wird ein Inoffizieller Mitarbeiter (IM) zu ihrer „konkreten Bearbeitung" eingesetzt; und auch einem IM kann es widerfahren, dass der Führungsoffizier vorschlägt, ihn „abzulegen" oder „zur Archivierung zu bringen". Dadurch findet ein Übertragungsprozess statt, bei dem das Element „menschlich" getilgt wird. Menschen werden zu Objekten. Es tritt eine Enthumanisierung ein, die im Wesen totalitärer Systeme liegt.

VII. Aushöhlung der Sprache in den Wortbedeutungen

Das Eröffnungskapitel seines Buches „Begleitumstände" nennt Uwe Johnson „Zwei Bilder". In ihm werden „zwei Personen der Zeitgeschichte" vorgestellt, die als Bilder in seiner Kindheit und Jugend allgegenwärtig waren: Hitler und Stalin. Beide, sagt er, haben vorgeführt, „wie man Sprache falsch benutzen kann, sogar mit dem Vorsatz zu betrügen". Das geschieht weniger dadurch, dass die Gestalt der Wörter verändert wird, vielmehr werden Eingriffe in ihre Bedeutung vorgenommen.

Das beginnt mit einer Umwandlung ihrer Fähigkeit zu werten. So wurden die Bezeichnungen „Fanatismus" und „fanatisch" in der LTI positiv aufgeladen, denn innerhalb des NS-Wertekanons benannten sie Vorbildliches und Beispielhaftes; und in der Sprache des realen Sozialismus wurde der negativ besetzte „Hass" zu einer erstrebenswerten menschlichen Regung; „seine Stärkung und Vertiefung" war „Aufgabe und Ziel der klassenmäßigen Erziehung".

Neben den Umwertungsprozess tritt die Bedeutungsnivellierung. Unterschiede in den Wortbedeutungen werden beseitigt. Das geschieht im Rahmen einer ideologischen Simplifikation und führt zum Beispiel zur Gleichsetzung von politischem „Gegner" und militärischem „Feind". Die entstandene Bedeutungsidentität hat zur Folge, dass zwischen den Benannten nicht mehr differenziert werden muss; und die Bezeichnungen können in das auf einen primitiven Dualismus reduzierte Weltbild eingeordnet werden.

Die Bedeutungsentleerung hat einen weitgespannten Wortinhalt zur Folge, der Unschärfe aufweist und Vieldeutigkeit ermöglicht. Im totalitären Staat kann diese Undeutlichkeit in mehrfacher Weise missbraucht werden. Zum einen ermöglicht sie die willkürliche Zuordnung zu bewusst nicht exakt festgelegten Begriffen. Wer den „subversiven Kräften" zugerechnet wird, das ist letztlich eine Ermessensfrage der Staatssicherheit, der die Vagheit der Bedeutung verhängnisvolle Handlungsräume eröffnet. Zum anderen fungieren die Leerformen auch als Tarnwörter, eben weil sie viele Deutungsmöglichkeiten zulassen. Das „Liquidieren" eines Menschen kann vieles bezeichnen – bis hin zu seiner physischen Vernichtung. Diese Bedeutungseigenschaft kann der Verschleierung vor anderen ebenso nutzbar gemacht werden wie dem Betrug vor sich selbst.

Bei der Bedeutungsveränderung wird der gesamte Wortinhalt verfälscht. Als Paradebeispiel für diese Technik gilt „Demokratie", auch „Wahl" lässt sich anführen, und das „Reale" ist für den kommunistischen Agitator keineswegs das „Wirkliche". Die Bedeutung von „Frieden" schließt (gerechten) „Krieg" ein; und was „solidarische Hilfe" bedeutet, das erfuhr das tschechische Volk im August 1968 bei der Niederschlagung seiner freiheitlichen Bestrebungen.

In geradezu beispielloser Weise verfährt bei diesen Bedeutungsverfälschungen die Staatssicherheit. Das zeigt die Eintragung zu dem Stichwort „Vertrauensverhältnis" in dem von Mielkes Ministerium herausgegebenen Wörterbuch. Die weitschweifige Definition spricht von einer „Qualität zwischenmenschlicher Beziehungen, die auf Grund komplexer, individuell verschiedenartiger psychischer Erscheinungen zu einer einseitigen oder beiderseitigen Bevorzugung und besonderen Anerkennung in bestimmten Lebensbereichen führt. Ein V. entwickelt sich vor allem aus Kenntnissen über den Partner, gefühlsmäßiger Zuwendung zu ihm und einstellungsmäßigem Verlassen auf ihn. In der politisch-operativen Tätigkeit wird in der Regel von V. zwischen operativem Mitarbeiter und IM gesprochen, wobei anzustreben ist, dass der IM dem operativen Mitarbeiter volles Vertrauen entgegenbringt, während der operative Mitarbeiter in seinem Verhältnis zum IM den Sicherheits- und Kontrollaspekt nicht außer Acht lassen darf. Zwischen IM und operativ interessierender Person wird in der Regel von vertraulichen Beziehungen gesprochen, die ausdrücken sollen, dass die operativ interessierende Person zum IM volles Vertrauen hat, während der IM ihr gegenüber ein Vertrauen vortäuscht."

Mit Recht kann man hier davon sprechen, dass Wörter missbraucht werden. Indem er ihre Bedeutung verändert, stellt sie der Unrechtsstaat in seine machterhaltenden Dienste. Dieses Verfahren gilt als die perfideste und zugleich gängigste Variante ideologischer Sprache. Denn sie wird, indem sie das allen Bekannte sich selbst entfremdet, zum Mittel der Manipulation, und das Vertrauen in sie geht verloren.

Das Benannte ist anders, als man es von der Benennung her vermutet. Es kommt zu einem Auseinanderfallen von Sprache und Welt. Das bleibt für die Zeichenbenutzer nicht folgenlos. Sie haben keine Sprache mehr, die die Welt hereinholen könnte; und so beginnen sie – als Gefangene ihrer Sprache –, in einer fiktiven Welt zu leben. Die Phrase tritt an die Stelle des tatsächlichen Seins. Das verhindert letztlich dessen Bewältigung.

VIII. SED-Sprache und LTI in ihrer Gegensätzlichkeit

Neben den dargestellten Gemeinsamkeiten gab es auch gravierende Unterschiede zwischen der Sprache des Dritten Reiches und der des realen Sozialismus. Diese Unterschiede gelten auch für die Politik generell. Nur einer davon soll hier herausgehoben und näher beleuchtet werden. Er liegt auf der stilistischen Ebene, beruht auf unterschiedlichen Bewusstseinshaltungen und verweist auch auf entgegengesetzte Zielstellungen der Sprecher.

Anstatt von der Weimarer Republik sprachen die NS-Historiker von der „Systemzeit". Die Verächtlichkeit, die in dem Bestimmungswort mitschwingt, ist nicht zu überhören. Sie resultiert aus einer Ablehnung des Systembegriffs; und diesem Phänomen geht Victor Klemperer „sprachgedanklich" nach. Ein „System" ist für ihn „eine Konstruktion", „ein logisch geknüpftes Gedankennetz zum Einfangen des Weltganzen". Damit erweist sich seine Nähe zur Philosophie. Denn eigentlich „heißt philosophieren: systematisch denken. Gerade das aber ist es, was der Nationalsozialist aus dem Innersten seines Wesens heraus ablehnen, was er aus dem Trieb der Selbsterhaltung verabscheuen muss." „Deshalb liebt die LTI das Wort Philosophie beinahe noch weniger als das Wort System. Dem System bringt sie negative Neigung entgegen, sie nennt es immer mit Missachtung, nennt es aber häufig. Philosophie dagegen wird totgeschwiegen, wird durchgängig ersetzt durch ‚Weltanschauung'."

Dass die LTI diese und nicht die Bezeichnung „Weltansicht" verwendet, ist für Victor Klemperer kein Zufall. Denn „Anschauen ist niemals Sache des Denkens." Es „ist im Deutschen einem selteneren, feierliche'ren, ahnungsvoll verschwommenen – ich weiß nicht, sage ich Tun oder Zustand vorbehalten: es bezeichnet ein Sehen, an dem das innere Wesen des Betrachtenden, an dem sein Gefühl beteiligt ist."

Der Nationalsozialismus war philosophisch nicht fundiert. Dementsprechend fehlte der LTI der intellektuelle Zuschnitt. Sie sollte nicht zum Denken anregen; ihr Ziel bestand vielmehr darin, Massen in einen rauschhaften Zustand zu versetzen.

Im Gegensatz dazu fehlte der Sprache des realen Sozialismus jede Emotionalität. Diese Gefühlsarmut war historisch bedingt. Bekanntlich hatte Marx seine Vorgänger als „utopische Sozialisten" bezeichnet und für sich in Anspruch genommen, einen „wissenschaftlichen Sozialismus" entwickelt zu haben. Engels hatte diese Auffassung gestützt in seiner Schrift „Die Entwicklung des Sozialismus von der Utopie zur Wissenschaft". Sie galt für die Wissenschaftspolitik der SED als unumstößlich; und demgemäß gab es an Universitäten und Hochschulen der DDR ein Lehrgebiet „Wissenschaftlicher Kommunismus".

Mit dieser Gleichsetzung von Wissenschaft und Politik sowie der Auffassung, allein im Besitz einer absolut gültigen Wahrheit zu sein, hatte sich die Partei selbst eine verhängnisvolle Schlinge gelegt. Denn nun musste jede Äußerung zur aktuellen Politik als eine wissenschaftliche Darlegung verstanden werden. Wie sie einmal festgelegt war, so hatte sie zu bleiben. Um diese Formulierungen wurde häufig bei ihrer Ausarbeitung mühselig gerungen. „Jeder nichtige Satz wurde mit ideologischer Akribie erarbeitet. Es gab einen Formulierungskult, der mit Formulierungskunst nichts zu tun hatte. Denn die entstehenden Sätze waren so unbeholfen wie nichtssagend." Waren sie schließlich „festgeschrieben", so galten sie als unumstößlich. Eine Abweichung davon konnte nur noch als unwissenschaftlich und falsch eingeordnet werden. Die Angst vor Fehlerhaftigkeit führte dazu, dass diese bis ins Detail exakt formulierten Äußerungen in ihrem genauen Wortlaut abgelesen werden mussten, was jene emotionale Armseligkeit zur Folge hatte, mit der niemand erreicht wurde.

Darüber hinaus erwies es sich als notwendig, jedes Element des politischen Wortschatzes als Terminus zu verstehen und entsprechend exakt zu definieren. So wird im Vorwort zum 4. Band des Wörterbuches der deutschen Gegenwartssprache erklärt, dass man von nun an „den gesamten Wortschatz konsequent auf der Grundlage der marxistisch-leninistischen Weltanschauung darstellen" wird. „Mit seinen lexikographischen Mitteln will es zur Festigung des sozialistischen Bewusstseins der Menschen in der DDR beitragen." Damit wird deutlich, dass die Partei versuchte, sich hier ein weithin reichendes Bildungsmittel für das Lehren und für das Erlernen ihres Dogmas zu schaffen.

Andererseits ließ die begriffliche Starrheit der Wörterbucheintragungen keine Freiheit für Spielräume. Nur wer die Normen gesetzt hatte, konnte sie verändern. Diejenigen, die sie sich angeeignet hatten und gebrauchten, konnten sie nur in der vorgegebenen Weise verwenden und wurden zu Gefangenen ihrer eigenen Terminologie.

So sehr sich die Sprachen der beiden totalitären deutschen Staaten voneinander unterscheiden, am Ende resultieren ihre Divergenzen aus der gleichen Ursache. Empathisches Pathos und Pseudowissenschaftlichkeit misstrauen beide der Kreativität des kritischen Intellekts und wurzeln letztlich in der gleichen Geistfeindlichkeit der totalitären Systeme.

IX. Schluss

SED-Sprache und LTI sind zusammen mit den Systemen, in denen sie entstanden waren und die sie repräsentierten, untergegangen. Sprachliche Untugenden, die heute die kritische Aufmerksamkeit des Sprachwissenschaftlers herausfordern, sind mit ihnen nicht vergleichbar. Der Blick in die sprachliche Vergangenheit kann dazu beitragen, zeitgeschichtliches Wissen zu vertiefen; der jungen Generation kann er verdeutlichen, was ihr erspart geblieben ist. Außerdem darf man nicht übersehen, dass vieles der Vergangenheit Zugehörige in Vergessenheit gerät, so dass sich nostalgische Verklärungen einstellen. Manche Politikwissenschaftler halten das für eine gesetzmäßige Erscheinung nach dem Untergang von Diktaturen. Damit kann man sich nicht abfinden. Gerade diese Vergesslichkeit macht eine Kultur des Erinnerns dringend erforderlich.

Die alterslose Gesellschaft

Norbert Bolz

Ich werde im Folgenden unsere Gesellschaft als eine beschreiben, die mit dem Kultwert „Jugend" zaubert und das Problem des Alterns geschickt verdeckt. Um diesen Schein der Alterslosigkeit stabil zu halten, muss diese Gesellschaft zu einem neuen Umgang mit den ältesten Ärgernissen finden – nämlich Krankheit und Tod.

Die Idole unserer Zeit, der Sportler, der Rockstar und das Model, haben eines gemeinsam: nach 30 ist Schluss. Gleichzeitig aber können wir beobachten, dass sich unsere Gesellschaft heute als alterslose Gesellschaft beschreibt – die gerade deshalb Jugend und Alter als Kultwerte inszenieren kann. Versuchen wir einmal, dieses eigentümliche Verhältnis von Jung und Alt genauer zu analysieren. Alt ist nicht nur der Gegensatz zu jung, sondern auch zu neu. Während Alter und Erfahrung in vormodernen Zeiten Qualitätssiegel waren, hat die Neuzeit hier eine radikale Umwertung der Werte gebracht. Die Neuzeit ist nämlich die Zeit einer Neubewertung des Neuen. Seither hatte das Neue einen positiven Index. Und seither war der Geist der Jugend immer auch die Geburtsstätte der Innovationen. Die Alten waren die Konservativen. Sie waren nun nur noch hässliche Störfaktoren der gesellschaftlichen Dynamik.

Dieses für die moderne Welt charakteristische Unterscheidungsschema kollabiert heute. Immer häufiger trifft man auf innovative Alte und wertkonservative Junge. Das hat gravierende Auswirkungen bis in die Politik hinein. Das kritische Bewusstsein hat die Fronten gewechselt – es verteidigt heute das scheinbar bessere Alte gegen das riskante Neue. So verteidigen die Grünen die alte Natur gegen die artifizielle Welt der Technik; die Geisteswissenschaftler verteidigen die alte heile Welt der Bildung gegen die Sintflut der elektronischen Bilder; die linken Wohlfahrtsstaatler verteidigen die sozialen Errungenschaften der Gewerkschaftswelt gegen die Notwendigkeiten einer sich globalisierenden Wirtschaft. Und die aufgeklärten Künstler verteidigen die Kulturfestung Schiller-Theater gegen die Wogen der Popkultur.

Erik Erikson hat schon vor Jahrzehnten beobachtet, dass in den westlichen Ländern gerade die wohlhabenden, gebildeten Jungen in einem „psychosozialen Moratorium" leben. Psychosoziales Moratorium meint, dass sich Menschen, die sehr lange Ausbildungswege durchlaufen (Gymnasium + Universität), eine „Auszeit" von der Gesellschaft nehmen. Sie müssen in dieser langen Zeit der Bildung weder soziale noch politische Verantwortung übernehmen: Sie leben meist als Singles und auf Kosten des Staates oder Elternhauses. Diese Ferne von der harten gesellschaftlichen Realität führt leicht zu verzerrten Weltbildern, die aufgrund der differenzierten Bildung oft extrem intellektualisiert sind und deshalb vom gesunden Menschenverstand nicht erschüttert werden können. Kurzum: Den Bildungsprozessen fehlt die Realitätskontrolle: Sie produzieren extrem intelligente, aber unreife Menschen. Man könnte von sozialer Blindheit auf höchstem Niveau sprechen. Das ist, wie gesagt, schon eine alte These über die Jungen, die aber seit Eriksons ersten Beobachtungen in der amerikanischen College-Kultur nichts von ihrer Aktualität eingebüsst hat. Im Gegenteil, Buchtitel wie „Die infantile Gesellschaft" signalisieren, dass sich das Verhältnis von Jung und Alt in der gesamten Ersten Welt amerikanisiert. Man könnte resümieren: Es gibt heute keine Reifungsprozesse mehr.

Was Du ererbt von deinen Vätern, erwirb es, um es zu besitzen – das war der Bildungsgeist der Goethe-Zeit. Heute wird der Versuch der kulturellen Vererbung immer sinnloser. Die Zukunft hat nichts mehr mit der Herkunft zu tun. Erfahrung spielt heute kaum mehr eine Rolle. Das heißt aber, dass die Jungen nichts mehr von ihren Eltern lernen können. Die Orientierungsleistung der Tradition verfällt. Und es ist vollkommen unklar, was an ihre Stelle treten könnte. Die Entwertung von Tradition, Vergangenheit und der Weisheit des Alters beginnt natürlich schon mit dem Take-off der Neuzeit im 17. Jahrhundert. In unserer Gegenwart hat sich das Problem aber entscheidend verschärft. Es ist nicht nur so, dass das Neue das Alte entwertet, sondern das Neue gerät selbst unter den Druck des raschen Veraltens. Mit anderen Worten: Das Neue altert immer schneller. Das ist der Kern des Sachverhalts, den man unter dem Titel „Beschleunigung" diskutiert. Das Neue steht im Bündnis mit der Geschwindigkeit. Nur was eilig ist, zählt. Nur das, was auf den Nägeln brennt, wird überhaupt noch wahrgenommen. Und nur deshalb, weil unsere moderne Gesellschaft ganz selbstverständlich einen zwingenden Zusammenhang zwischen dem Neuen, dem Schnellen und dem Wertvollen unterstellt, kann es heute zu polemischen Gegentrends kommen – Stichwort: Entdeckung der Langsamkeit.

„Forever young" kommt in die Jahre. Das gilt für die Weltrevolutionäre genauso wie für die Sprengkommandos der Popkultur. Die, die hofften zu sterben, bevor sie alt würden, leben heute sehr gut von ihrer medialen Unsterblichkeit. Die Dinosaurier der Musikszene gehen erneut auf Tour. Zum Beispiel Modern Talking oder die Rolling Stones. Wir haben es hier mit interessanten Paradoxien zu tun: Fünfzigjährige intonieren den Jugendprotest, Multimillionäre verklären das Leben im Ghetto. Der Street-Fighting-Man ist heute Herr eines Medienimperiums. In diesem Recycling der Pop-Revolution wird „Forever young" dann als Lebensgefühl frei transportierbar und übergreift die Generationen. Papa und Mama gehen mit den Töchtern gemeinsam ins Konzert von Paul McCartney.

Ähnliches gilt für die politische Jugendbewegung. Die 68er, die die kulturelle Assoziation jung-kritisch-innovativ in unser aller Bewusstsein gehämmert haben, sind heute alt, etabliert und kulturpessimistisch – aber sie missverstehen sich sehr erfolgreich als „ewig jung". Sie besetzen heute die Schlüsselpositionen in der Politik, den Medien und Universitäten. Das führt u.a. dazu, dass alte Leute den Jungen „Politikverdrossenheit" und mangelndes „kritisches Bewusstsein" vorwerfen. Im Klartext: Die Alten (68er) halten den Jungen mahnend das alte

Idealbild des kritischen, politisierenden Jugendlichen entgegen. Doch darauf reagieren die Jugendlichen heute meist nur mit einem mitleidigen Lächeln; sie tun den Alten noch nicht einmal den Gefallen, sie zu hassen.

Die alterslose Gesellschaft ist eine Reaktionsbildung auf die allgemeine Angst vor dem Alter und dem Altern. Seit sich das Leben des Einzelnen nicht mehr „rundet", erscheint die Endlichkeit des Lebens ohne Sinn. Nichts ist uns ferner als das Abrahamsche Glück, „alt und lebenssatt" zu sterben. Die Prokreation, also die Fortzeugung einer Familie, überzeugt als Lebenssinn schon lange nicht mehr. Die religiösen Antworten auf das Problem des Lebenssinns überzeugen aber auch nicht mehr. Der Tod wird zum Ärgernis. Er ist ja nicht mehr das Tor zu einer besseren Welt; der Sterbende lebt auch nicht mehr in seinen Kindern fort; und er kann sich heute auch nicht mehr als edles Opfer für eine bessere Gesellschaft fühlen. Dass wir sterblich sind, ist heute der peinliche Skandal schlechthin. Deshalb arbeiten die Alten gegen die eigene Endlichkeit an. Doch wie kann man am Nicht-alt-sein im Alter konkret arbeiten? Hier setzen alle Techniken an, die darauf zielen, den Körper zu überlisten – also Face-Lifting, Schönheitschirurgie, Prothesen. Die Zeichen des Alters werden getilgt oder verdeckt, Mensch-Maschine-Synergien halten die Hinfälligkeit des Körpers in Schach.

Denselben Effekt hat heute aber auch das Vergessen des Körpers im Cyberspace. Unter Computerfreaks heißt der Körper nicht umsonst verächtlich Wetware – ein Wassersack, der beim Navigieren in virtuellen Welten nur stört. Und in der Tat ist im Cyberspace das Alter des Körpers so unwichtig wie sein Geschlecht. Sherry Turkle hat in diesem Zusammenhang vom Cyrano-Effekt gesprochen: In virtuellen Welten kann jeder Versionen seines Selbst entwerfen. Self fashioning, wie die Amerikaner sagen. Und da ist es gleichgültig, ob ich weiblich, schwarz, behindert oder ein 68er bin. Leben als Romanfigur, Ästhetisierung der Wirklichkeit, verwirklichte Kunst – der Cyberspace macht das technisch möglich. Mein Name sei Gantenbein.

Jugend als Kultwert emanzipiert sich vom Lebensalter. Das ist nicht ganz neu. Schon in den klassischen Jugendbewegungen des Jahrhundertanfangs traf man oft genug auf Repräsentanten der „Jugend", die schon recht alt waren. Jugend wird also zum spirituellen Wert, zur inneren Haltung, zum Emotional Pattern. Deshalb ist der Begriff der „alten Jungen" oder „jungen Alten" ganz konsequent entwickelt. Den lebensalterlich Jungen droht heute nicht nur das Schicksal der ewigen Unreife, sondern auch der Verlust ihres natürlichen Vorrechts – eben „jung" zu sein. Mein Fazit lautet deshalb: Die Alten rauben den Jungen die Jugend. Zurück bleibt dann tatsächlich, was die Popgruppe The Prodigy auf den Begriff „the jilted generation" gebracht hat: die Generation der Sitzengelassenen.

Die Weigerung, erwachsen zu werden, wird vor allem von der Kunst prämiert. Gerade die ästhetische Erfahrung kann einer besonders verführerischen Variante des psychosozialen Moratoriums Vorschub leisten, sie prämiert Naivität. Express yourself: Diesem Kitsch der Kindlichkeit entspricht der Kult des Klassischen. Mit anderen Worten: Der postmoderne Kunstbetrieb operiert in einer prästabilierten Harmonie von Infantilität und Senilität. Mit „Verstehen" hat das nichts zu tun. Die Jungen rezipieren Alter und Altes als exotischen Reiz, und die Alten besetzen das Emotional Pattern „Jugend".

Mick Jagger hat schon vor Jahrzehnten (vor Jahrzehnten!) das Geheimnis der postmodernen Kultur ausgesprochen: Rock'n'Roll is only recycled past. Recycling ist nicht nur die Technik, aus Altem Neues zu machen (Ich war eine Blechdose), sondern eben auch das Alte selbst als neu zu präsentieren. Wir sind ja schon seit Jahrzehnten (seit Jahrzehnten!) mit der Technik ästhetischer Altbausanierung vertraut – Hamlet im Frack, Siegfried in SS-Uniform und demnächst „Faust" auf der Expo 2000 (natürlich nostalgiebewußt mit Bruno Ganz unter der Regie von Peter Stein). Doch die alterslose Gesellschaft geht heute einen ästhetischen Schritt weiter. Recycling, Sampling, Copyleft, Zitat, Nostalgie – das sind nur verschiedene Namen für denselben Grundgedanken. Hier kehrt wieder, was noch gar nicht verdrängt wurde; hier wird „erinnert, was gar nicht vergessen wurde" (Odo Marquard). Das schnelle Altern der Kunst macht alte Künstler aktualisierbar. Im Klartext: Der alte Künstler ist interessant, nicht seine Kunst. Erstaunt und erfreut nimmt man in Talkshow und Lifestylemagazin zur Kenntnis, dass die Klassiker der Moderne noch leben. Günter Grass oder Robin Gibb. „Den gibt's ja immer noch!" Oder: „Der ist schon sechzig" – so wird man sich selbst historisch.

Die alterslose Gesellschaft wird sich fragen: Warum sollen die Menschen in Zukunft nicht genau so viel für Gesundheit ausgeben wie für den Urlaub? Gesundheit ist das große, noch unausgelotete Geschäft der Zukunft. Alle medizinischen Berufe operieren auf einem krisenfesten Wachstumssektor, nämlich dem Leiden. Dafür gibt es einen massiven soziologischen Grund: Je moderner unsere Gesellschaft wird, desto sensibler werden die Menschen. Dabei ist entscheidend, dass nur der Patient Zugang zum eigenen Erleben hat. Dem Satz „ich fühle mich krank" kann man genau so wenig widersprechen wie dem Satz „Ich habe Angst" oder „Ich bin glücklich". Man könnte geradezu sagen: Das moderne Individuum entsteht in der Selbstbeobachtung seiner Leiden – doch das will gelernt sein. Zum Individuum gehört deshalb der Therapeut, der Berater der Leiderfahrung, der Trainer der Selbsterlösung. Er sorgt dafür, dass sich die Individualität als Dauertherapiebedarf, als permanente Heilungsbedürftigkeit deutet. In der therapeutischen Gemeinschaft wird jeder stimuliert, über sich selbst und seine Probleme zu sprechen – unter der Voraussetzung, dass man nicht nicht verstanden werden kann. So werden wir alle immer sensibler. „Symptomenstolz" hat Karl Kraus das genannt.

Sensibilisierung heißt ja, dass man mehr leidet, obwohl man weniger Grund dazu hat. Leiden ist also ein Wachstumssektor. Das setzt den keineswegs selbstverständlichen Sachverhalt voraus, dass unsere Kultur das bloße Leben als höchsten Wert anerkennt. Höchste kulturelle Priorität hat es deshalb, das Leid der Seele zu erkunden und dem Körper Leid zu ersparen. In diesem Gesundheitskult geht es im Kern um Selbsterlösung durch Selbstmedikation: Wellness, Trennkost oder Urschrei. Einziges Kriterium ist auch hier die Unantastbarkeit der Grenzen des Individuums: Buddhisten, Scientologen oder die PDS kann man tolerieren – aber keine Raucher!

Die Sorge um sich selbst bewegt sich zwischen den Polen der medizinischen Praxis mit ihrer Negativ-Aura der Krankheit und der diätetischen Praxis, die das gute Leben zwischen häuslichem Ernährungsbewusstsein und Wellness im Sportstudio zelebriert. Bekanntlich ermöglicht der Vorrang des Rituellen den Placebo-Effekt. Und man weiß heute, dass das effektivste Medikament das Placebo ist. Es wirkt mit der Macht des Scheins. Was im Placebo wirkt, sind

Glaube, Ritual und Kommunikation. Und damit stehen wir mitten in der Welt des Marketing. Denn Marketing ist die Erfindung von Bedürfnissen – es setzt eine Wunschspirale in Gang. Gerade auch für medizinische Dienstleistungen gilt deshalb das Marktgesetz unserer modernen Kultur: Man muss Wünsche erfüllen; wenn das aber nicht geht, muss man therapieren; und wenn das nicht geht, muss man trösten.

Unsere moderne Kultur scheint sich auf die Anerkennung des bloßen Lebens als höchstem Wert geeinigt zu haben. Und daraus folgt zwingend: Dem Körper Leid zu ersparen hat top priority. Die kultische Inszenierung der Gesundheit ist also eminent modern. Der Heilkundige tritt als Sinnstifter im Reich der Symptome auf. Wie der Priester ist der Therapeut jemand, der Heil verspricht. Und wie der Priester seine Kommunikation nur an die Sünde anschließen kann, so lässt sich die medizinische Kommunikation offenbar nur an Krankheit anschließen. Gesundheit bleibt dagegen ein leerer Begriff. Auch hier lohnt es sich, eine scheinbare Trivialität zu bedenken: Die medizinische Behandlung schafft nicht Gesundheit, sondern eliminiert Krankheitsursachen. Der Patient muss dann selbst entscheiden, wann er gesund, d.h. nicht mehr Patient ist. Gesundheit ist also medizinisch gesehen nicht instruktiv. Sie ist das, was fehlt, wenn jemand krank ist. Aus der Perspektive der Medizin leidet der Gesunde an Krankheiten, die man noch nicht entdeckt hat.

Gesundheit ist ein ideologiefreier und deshalb unkontroverser Höchstwert, von dem wir in kritischen Lagen unterstellen, dass er Vorrang vor allen anderen hat. So wünscht man zum Geburtstag ja nicht Geld, Recht oder Macht – sondern eben Gesundheit. Es handelt sich hierbei aber um einen maßlosen Maximalwert – ähnlich wie Bildung (im Erziehungssystem) und Gerechtigkeit (im System des Rechts). Alle wollen es, aber keiner weiß, was es ist. Mit Gerechtigkeit ködert man den Sozialneid, mit Bildung ködert man die Jugend, mit Gesundheit ködert man die Alten. Die Ansprüche an Gesundheitsvorsorge sind so unbegrenzt wie die an Ausbildung und Umverteilung.

Bekanntlich hat die Weltgesundheitsorganisation der Vereinten Nationen, um ihrem Namen gerecht werden zu können, definiert, was Gesundheit ist: uneingeschränktes körperliches, seelisches und soziales Wohlbefinden. „Health is a state of complete physical, mental and social wellbeing and not merely the absence of disease or infirmity." Folglich sind wir alle krank und behandlungsbedürftig. Das produziert die allen bekannte Anspruchsinflation: Weltweit geht man nun auf die Suche nach möglichen Störquellen des Wohlbefindens. Vom Prinzessin-auf-der-Erbse-Syndrom spricht in diesem Zusammenhang der Philosoph Odo Marquard. Das Übel wird zur knappen Ressource – und damit steigt sein Entrüstungswert. Hier spielen natürlich die Massenmedien eine Schlüsselrolle; sie stützen auch die Herrschaft der Betreuer, die ständig Therapiebedarf schaffen.

Man kann die Empörung über die Restübel und Restrisiken aus einer Erfahrung ableiten, die Aaron Wildavsky auf die Formel gebracht hat: „wealthier is healthier." Wenn aber Gesundheit der unbestrittene Maximalwert ist, gibt es kaum mehr eine politische Chance, ökonomische Argumente ins Feld zu führen. Deshalb kommt es seit Jahren zu einer Überlastung des Krankheitsbehandlungssystems durch eine Anspruchsinflation: Das Mögliche muss auch getan werden. Wenn man weiß, dass es gefiltertes Blut gibt, ist es unerträglich, dass es nicht jeder bekommt. Ähnlich wie sichere Renten und kostenlose Ausbildung gehört die optimale Heilbehandlung zu den selbstverständlichen Erwartungen des Wohlfahrtsstaats, in dem die „Einstellung, Lebenschancen in Empfang zu nehmen" (Gehlen), gepflegt wird. Die staatliche Fürsorge und Vorsorge steigert das, was der Staatsrechtler Ernst Fortshoff den „effektiven Lebensraum" genannt hat, auf Kosten des selbständig beherrschten. Das hat Margaret Thatcher damals wohl mit ihrem bösen Wort vom nanny state gemeint.

Zivilisationskrankheiten nennen wir Krankheiten, an denen die ganze Lebensführung schuld ist. Damit wird aber die Umwelt, die Gesellschaft und der Lebensstil eines Menschen zum Problem der Medizin. Medizinische Beratung muss sich damit auf das weite Feld der Lebensführung vorwagen – zumeist mit der Empfehlung von Vorbeugemaßnahmen (2x täglich Zähneputzen, 3x wöchentlich joggen, wenig Fett essen; zum Glück hört man zuweilen auch: täglich ein Glas Rotwein trinken). Medizinisch kann man Gesundheit eben nur als bedrohte verkaufen. Mit anderen Worten: In der vorbeugenden Beratung behandelt man Gesunde als künftig Kranke.

Gerade auch der Gesundheits- und Körperkult zeigt jedoch, dass sich unsere Kultur auf der Suche nach Gesundheit immer wieder in der Sei-glücklich-Paradoxie verfängt. Don't worry, be happy. Bitte bleiben Sie gesund – aber eben das kann man nicht verschreiben. Doch man kann den Wunsch ködern, indem man die Alten, die sich selbst einmal geraten haben, niemandem über 30 zu trauen, als die Sieger des Lebens feiert. So heißen die 60jährigen auf der Harley Davidson oder auf dem Surfbrett im Jargon der „Hör zu" the winning generation. Statt in Würde alt zu werden, beweisen sie, dass es heute unmöglich ist, sich unmöglich zu machen.

Doch auch die alterslose Gesellschaft muss sterben. Und dann? Das Internet, das allen etwas bietet, lädt uns in virtuelle Friedhöfe ein. Die Stadtfriedhöfe sind überfüllt, die Kosten der Grabpflege sind Ihnen zu hoch, der rituelle Besuch am Grab zu zeitaufwendig? Kein Problem: Der unendliche Datenraum des Cyberspace hat für jeden Toten Platz. Nur dass die Erinnerung an die Toten nicht mehr in Stein gemeißelt, sondern als Bit-Folge abgespeichert wird. Virtualisierung markiert das eine Extrem der postmodernen Bestattungspraxis, Anonymisierung das andere. Viele empfinden offenbar das eigene Fortleben in einer rituell verpflichtenden Erinnerung schon als Zumutung für die Nachkommen. So konnte man am 24.2.1988 in der FAZ lesen: „Immer mehr Bürger wollen im Tod anonym bleiben". Man will den eigenen Kindern die Kosten und Mühen ersparen, die ihnen das Gedenken an die verstorbenen Eltern auflastet – so, wie man sie sich selbst wohl gerne erspart hätte. Die Friedhöfe des 21. Jahrhunderts gewähren den Toten die Ewigkeit der Information am Un-Ort des Cyberspace. So findet man unter http://www.grn.es/Welcome_Place: Here is an epitaph for everybody: your absence is enormous.

Dem entspricht das postmoderne Management des Todes. So unterscheiden B.G.Glaser und A.L.Strauss in ihrer Beschreibung des professionellen Umgangs mit Todgeweihten in amerikanischen Krankenhäusern einen „acceptable style of facing death" von einem „embarrassingly graceless dying". Hier greift die Ästhetisierung des Todes auf das Sterben über, das weder Scham noch Irritation auslösen soll. Deutlicher gesagt: Es geht auf dieser letzten Stufe der Ästhetisierung des Todes um die Ausschaltung der Trauer. Der Ritualschwund provoziert die

Geschmacklosigkeit. So trifft man bei Beisetzungen immer häufiger auf die Peinlichkeit eines „persönlichen Rituals". Da ist es nur konsequent, dass sich ein neues Berufsprofil herausbildet: der Ritualberater. Er versorgt seine Klienten mit maßgeschneiderten kultischen Vollzügen. Auch auf dem Friedhof ersetzt dann der Service die Zwischenmenschlichkeit. Das Gedenken wird zur Dienstleistung.

Es kommt also nicht von ungefähr, wenn heute virtuelle Friedhöfe im Cyberspace angelegt werden – in Amerika natürlich vor allem Virtual Pet Cemeteries, in denen man die geliebten Hundchen verewigen kann. „Verewigen" heißt dann konkret: die Eintragung besteht, solange sich die Web-Site im Internet hält. So lautet das Versprechen des digitalen „Welcome_Place": Eternally remembered. Die postmoderne Hommage ist eine Homepage.

Rückblick auf Bonn

Karl Dietrich Bracher

I.

Fünfzig Jahre nach Gründung der Bundesrepublik Deutschland in Bonn ist die zweite deutsche Demokratie dabei, unter mancherlei Bedenken und tönenden Schlagworten wie dem einer künftigen „Berliner Republik" aus der länger als zunächst erwartet provisorischen in die nun betont definitive Hauptstadt umzuziehen. Sie folgt also nicht der Abneigung fast aller föderalistischen Staaten, die größte Metropole auch noch zum Sitz von Parlament und Regierung samt Präsident zu machen (Ausnahme: Wien). Es geht auch um mehr als den Streit über Nomenklaturen und Selbstbezeichnungen, wie ihn wohl kein anderer Staat führt; Bezeichnungen wie „Weimarer Republik" wurden ja erst nachträglich für die erste deutsche Demokratie verwendet – und dann leider eher als Abschreckung denn als ehrende Erinnerung an den historischen Verfassungsort von 1919.

Es geht heute vielmehr um die 50jährige Dauer und die erwarteten Veränderungen in der Bundesrepublik, nachdem die Verfassung des Grundgesetzes sowie Parlamente und Regierungen eines freien Westdeutschland mit Sitz in Bonn dieser zweiten deutschen Republik über vier Dezennien bis zur Wiedervereinigung und dann noch ein weiteres Jahrzehnt bis heute auch Gesamtdeutschland das Gepräge gegeben haben. Dabei hoben scharfsinnige Betrachter auch von außen schon früh den betonten Unterschied oder Gegensatz der „Bonner Demokratie" zur Weimarer Republik hervor (wie u.a. etwa Alfred Grosser) und prägten die klassische Kurzformel: „Bonn ist nicht Weimar" (Fritz René Allemann 1956).

Nicht zuletzt war es die Geschichte einer geteilten Nation, die sich im Westen mit dem Aufbau einer neuen Demokratie erfolgreicher als das erste demokratische Experiment von Weimar in der verhängnisvollen Zwischenkriegszeit Europas von 1918 bis 1939 zu behaupten wusste, in der Parlamentspolitik weithin mit Krise und Scheitern gleichgesetzt und darum auch das Kommen der ersten deutschen Diktatur hingenommen oder gar erstrebt wurde. Doch wurde nun im selben Jahr 1949 auf sowjetisches Geheiß eine gegensätzliche „Volksdemokratie" in Ostdeutschland gegründet: die DDR, die über 40 lange Jahre unter faktischer Einparteiherrschaft der SED eine zweite deutsche Diktatur war.

In dieser Doppelheit deutscher Zeitgeschichte nach der totalen Niederlage von 1945 lag eine tiefe Spannung und Problematik beschlossen, die den so unerwartet raschen Staatsbildungen wesentlich wurde. Sie war Nachkriegsgeschichte, die aus der „deutschen Katastrophe" des Hitlerregimes herausführte, und zwar in steter Auseinandersetzung mit der Grunderfahrung der „deutschen Diktatur" von 1933 bis 1945. Aber sie erhielt einen starken zusätzlichen Antrieb aus der höchst aktuellen Konfrontation zwischen den Supermächten in Ost und West – und aus den so gegensätzlichen politischen Werten, die sie vertraten: diktatorische Einparteiherrschaft oder freiheitliche Demokratie. Dieses Spannungsgefüge hat die Begründung und Entwicklung von zwei so unterschiedlichen Regierungssystemen auf dem Boden des durch Vertreibung und Besetzung verkleinerten deutschen Nationalstaats bestimmt, und es wurde noch kompliziert und verschärft durch die militärischen und ökonomischen Strategien eines „Kalten Krieges", der in seinen Grundzügen trotz aller Beteuerungen der Entspannung bis ans Ende der achtziger Jahre reichte.

Zumal die Bundesrepublik Deutschland war aber nicht nur Objekt, sondern zunehmend auch Subjekt jener Entwicklung, die binnen weniger Jahre zu scheinbar unumstößlichen Entscheidungen geführt hat. Die Abhängigkeit deutscher Politik von der internationalen Machtlage trat vor allem in den großen Weichenstellungen von 1948/49 klar zutage. Von Anfang an hingen die Bewältigung der Kriegsfolgen, die Organisation des Wiederaufbaus und die Sicherung der dafür notwendigen Kooperation mit den westlichen Alliierten aufs engste mit der Einordnung des besetzten Deutschland in die bipolar gespaltene Europa- und Weltpolitik zusammen. Die Handlungsfähigkeit deutscher Politik gewann dadurch aber bald wieder an Gewicht.

Das galt vor allem für die politische Orientierung und demokratische Entfaltung der Bundesrepublik Deutschland. In ihr erfuhr man den wesentlichen Unterschied zur sowjetisch bestimmten Gründung der DDR und ihrer politisch-gesellschaftlichen Form als einer diktatorisch gesteuerten „Volksdemokratie". Beide Staaten standen zwar im Zeichen der Blockbildung und unter der Kontrolle der Siegermächte, doch trat der grundlegende Unterschied von Anfang an aufs deutlichste hervor: Im Osten kam es anstelle der in den ersten Nachkriegsjahren proklamierten „Demokratisierung" zur Durchsetzung einer von der Sowjetunion abhängigen kommunistischen Parteidiktatur, im Westen hingegen wurde die stufenweise Änderung des Besatzungsregimes in ein System der internationalen Kooperation erreicht – mit dem historisch so bedeutsamen Ziel, die negative Kontrolle Deutschlands in eine positive Integration mit europäischer und atlantischer Ausrichtung zu verwandeln.

Diese Zielsetzung war denn auch die zukunftsträchtige Substanz der Verhandlungen und Verträge, die vom Marshall-Plan über die Westeuropäische Union, den Europarat, die Europäische Gemeinschaft für Kohle und Stahl schließlich zu den Deutschlandverträgen und zur Europäischen Gemeinschaft geführt haben. Und hier lag auch der fundamentale Unterschied zur Nachkriegszeit von 1918/19, als der Rückfall in ein Europa der Nationalstaaten die tödliche Krise der Demokratie und den diktatorischen Aufstieg aggressiv-revisionistischer Bewegungen und Systeme, voran des italienischen Faschismus und dann des deutschen Nationalsozialismus, ermöglicht hatte. Nun aber eröffnete diesseits des sowjetischen Machtbereichs eine Politik der engen europäischen Zusammenarbeit in Anlehnung an die USA mit der Zielvorstellung ökonomisch-politischer Integration, die sich auf Pläne der Widerstandsbewegungen im Kriege und eine Vielfalt von Europa-Bewegungen in der frühen Nachkriegszeit berufen konnte, auch konkretere Perspektiven für eine übernationale, eine „postnationale" Lösung des deutschen Staatsproblems. Sowohl mit Blick auf die Wirtschafts- und Sicherheitspolitik wie besonders auf die Stabilisierung der neuen deutschen Demokratie gewann die Europa-Idee eine machtvolle Funktion: Sie bot ein neues, weiter gefasstes Bezugsystem, nachdem der übersteigerte Nationalimperialismus des NS-Regimes nationalstaatliches Denken als letzte Instanz in schwerste Krisen geführt hatte.

II.

Es gibt keine einfache Antwort auf die Frage, welcher der zahlreichen Faktoren in erster Linie für die letztlich so viel glücklichere Bundesrepublik, verglichen mit der kurzlebigen Weimarer Demokratie oder gar mit der allzu langdauernden zweiten deutschen Diktatur in der DDR, namhaft zu machen ist. Außen-, Wirtschafts- und Innenpolitik sind gleichermaßen beteiligt. Der Verfassung, ihrer Anerkennung und Realisierung, sowie der Abwehr diktatorischer und radikaler Tendenzen kommt ebenfalls hohe Bedeutung zu. Grundlegend ist und bleibt aber schließlich die Einfügung zuerst West-, dann Gesamt-Deutschlands in den übernationalen Rahmen der Europapolitik; ferner der Verzicht auf eine in der Vergangenheit so verhängnisvolle nationalistische Machtpolitik, statt dessen das Streben nach Partnerschaft mit den Nachbarn und das Bewusstsein der wechselseitigen Abhängigkeit auf wirtschaftlichem wie auf politischem Gebiet.

Diesen supranationalen Erfordernissen hat die Verfassung der Bundesrepublik in besonderer Weise Rechnung getragen, indem sie eine Selbstbeschränkung der nationalstaatlichen Hoheitsrechte „zugunsten zwischenstaatlicher Einrichtungen" sowie „zur Wahrung des Friedens" und zur Unterbindung eines Angriffskrieges (Artikel 24 bis 26 des Grundgesetzes) vorsieht. Dies ist ein Novum in der Geschichte der modernen Staaten. Es entspricht – unabhängig von den Konsequenzen aus der jüngsten deutschen Geschichte – aber durchaus der Lage eines Landes in der Mitte Europas, das von den Entwicklungen im Osten und der Nord-Süd-Problematik nach wie vor in besonderem Maße betroffen ist. Die übernationale Offenheit, die auch die Verfassung zeigt, kommt der Europapolitik und den dafür grundlegenden deutsch-französischen Beziehungen zugute, die den tiefen Wandel gegenüber der früheren Geschichte besonders eindringlich demonstrieren. „Verfassungspatriotismus" (Dolf Sternberger) lautete denn auch ein Stichwort, das neben dem problemreichen Bemühen um eine Wiederherstellung des deutschen Nationalstaats zum Kern des Staatsverständnisses erhoben wurde.

Die Politik des ersten Bundeskanzlers Konrad Adenauer, der von 1949 bis 1963 unerwartet lange (73- bis 87jährig) an der Regierung blieb, stützte sich von Anbeginn voll auf jenen supranationalen Aspekt der Europapolitik. Angesichts der machtpolitischen Verhältnisse in Osteuropa am Ausgang der vierziger Jahre wurde die nationalstaatliche Argumentation der sozialdemokratischen Opposition unter Führung Kurt Schumachers von der Mehrheit der westdeutschen Bevölkerung nicht als realisierbare Alternative angenommen. Das proklamierte Ziel einer Wiedervereinigung rückte immer weiter in die Ferne, während die Stabilisierung der Kooperation mit dem Westen dem unmittelbaren Bedürfnis nach Wiederaufbau und Sicherheit entsprach. Adenauer folgte der sogenannten „Magnettheorie", der zufolge die wachsende Anziehungskraft des westlichen Lebensstandards letztlich zur Überwindung der Teilung Deutschlands und Europas führen würde (nur in der Dauer täuschte er sich). Unter diesem Vorzeichen stand auch die Entscheidung für eine liberal-demokratische, marktwirtschaftlich-soziale Staats- und Gesellschaftsordnung. Zwangswirtschaft und Sozialismus waren mit dem Odium der Diktatur, des Kriegs- und Nachkriegselends belastet, und die aktuelle osteuropäische Zwangssozialisierung, die ökonomische Dauerkrisen zur Folge hatte, wirkte in unmittelbarer Nachbarschaft besonders wenig attraktiv, wie auch die unaufhörlichen Flüchtlingsströme von Ost nach West bewiesen.

Im Hinblick auf die Herausbildung einer demokratischen politischen Kultur wirkte überzeugend die liberal-demokratische Erscheinung eines Theodor Heuss, der von 1949 bis 1959 erster Bundespräsident war. Die Bundesrepublik vermied verfassungspolitische Schwächen, die der Weimarer Republik schon früh zum Verhängnis geworden waren: Die Stellung von Kanzler und Regierung wurde gestärkt, das politische Gestaltungsvermögen des Präsidenten hingegen begrenzt, der parlamentarische Prozess wurde gefestigt, indem der Sturz eines Kanzlers von der Wahl eines neuen abhängig gemacht wird – „konstruktives Misstrauensvotum" –, ein Verbot antidemokratischer Parteien durch das Bundesverfassungsgericht wurde ermöglicht, schließlich die Zersplitterung des Parteienfeldes durch eine Fünf-Prozent-Klausel in den Wahlgesetzen erschwert. Der Sinn all dieser Bestimmungen war, eine Zerstörung der Demokratie mit pseudodemokratischen Mitteln zu verhindern, wie dies 1933 geschehen war; die modifizierte, wehrbereite Demokratie von Bonn sollte dem prinzipiellen Gegner nicht die unbeschränkte Toleranz gönnen, an der die Weimarer Republik zugrunde gegangen war.

Die Erfahrungen mit einem besser funktionierenden Parteiensystem führten – neben der Leistungsfähigkeit des Systems der Sozialen Marktwirtschaft – zu einer zunehmend positiven Bewertung der Demokratie selbst, an der es zwischen 1918 und 1933 gefehlt hatte. Über das Kanzlerregime eines großen alten Mannes mit fast patriarchalischer Autorität wurde eine Brücke von der obrigkeitsstaatlichen Tradition Deutschlands zur stabilen pluralistischen Demokratie geschlagen. Die historische Zersplitterung des Parteienwesens wurde durch eine Konzentration der politischen Gruppierungen auf zwei fast gleich große Parteien abgelöst – die alte SPD und die neue CDU –, neben denen sich als kleinere dritte Partei auf Dauer nur die Liberalen (FDP) und im letzten Jahrzehnt die „Grünen" behaupten konnten. Das Bonner System vermochte sich von den Problemen zu lösen, die für die zerklüfteten kontinentaleuropäischen Parteisysteme typisch waren und es zum Teil noch sind. Es war das Ergebnis eines längeren Prozesses der Entideologisierung und Pragmatisierung der Parteien, der im Godesberger Programm von 1959 die Liberalisierung der SPD und schließlich – wie in den Ländern so auch im Bund – den Test eines vollen Regierungswechsels von der CDU zur SPD ermöglichte, wie dies zuerst 1969 durch die Bundestagswahl geschah.

Seit Mitte der sechziger Jahre – nach dem Ende der Ära Adenauer –, im Zeichen eines Wechsels der Generationen und der Veränderung der internationalen Situation gegen Ende des Kalten Krieges, kamen freilich auch die fortdauernden deutschlandpolitischen Probleme, das Unfertige des Bonner Staates stärker zum Vorschein, besonders dann im Zeichen der Entspannungspolitik der siebziger und achtziger Jahre. Gewiss hat das Bundesverfassungsgericht immer erneut das Offenhalten der deutschen Frage als verfassungspolitisches Gebot bestätigt. Von einer Schaukelpolitik zwischen West und Ost konnte dabei nicht die Rede sein. Die Bundesrepublik blieb angewiesen auf ihre Zugehörigkeit zu Westeuropa und auf Fortschritte der europäischen Integrationspolitik, der sie ihre Existenz und Entwicklung verdankte. Doch wenn die Möglichkeit einer gesamteuropäischen Kooperation im Zeichen der KSZE seit 1975 konkrete Formen gewann, musste sich auch die Frage einer politischen Annäherung der zwei Staaten in Deutschland und ihrer Wiedervereinigung neu stellen. Dies setzte freilich Änderungen der weltpolitischen Konstellation voraus, die sich erst 1989 als Folge der Perestroika in der Sowjetunion ergaben.

III.

Wie zwangsläufig war nun die deutsche Wiedervereinigung von 1989/90? Der Begriff „Wiedervereinigung" setzt ja voraus, dass eine solche der beiden Staaten historisch begründet ist. Wie stark war die Forderung nach staatlicher Einheit im Laufe der letzten 150 Jahre wirklich? Tatsächlich hat sich der Wille zu einem deutschen Nationalstaat als Reaktion auf die Französische Revolution und den Imperialismus Napoleons erst relativ spät entwickelt. Die Bemühungen um eine deutsche Staatsbildung waren von Anfang an geprägt vom Konflikt zwischen zwei schwer zu vereinbarenden Forderungen: dem Ruf nach Freiheit und dem Verlangen nach Einheit. Dieser Konflikt, der in seiner Komplexität hier nicht weiter zu erörtern ist, wurde schließlich nach langen, auch revolutionären Auseinandersetzungen erst im Krieg gegen Frankreich 1870 zugunsten der Einheit entschieden.

Unter dem Eindruck der Niederlage der Hitler-Diktatur und der sowjetischen Dominanz im Osten Deutschlands und Europas rangierte in der Bundesrepublik nach der Spaltung von 1949 die Forderung nach Freiheit vor dem Ruf nach Einheit. Die Forderung nach staatlicher Einheit ist denn auch 1989 konkret eher politisch als historisch begründet worden: gerichtet gegen die Unterdrückung und Diktatur im Osten Deutschlands und Europas.

Die westdeutschen Parteien spielten bei dieser Auseinandersetzung eine wichtige, doch unterschiedliche Rolle. Die Christdemokraten gingen mehrheitlich vom Primat der Freiheit durch Westbindung aus (Adenauer), während die Sozialdemokraten anfänglich (unter Schumacher) dadurch die Einheit gefährdet sahen. In der SPD war man der Meinung, die Partei habe nach 1918 zu wenig für die nationalen Bedürfnisse getan. Nach der Rückkehr aus der Emigration hatten führende Sozialdemokraten auch die Sorge, die SPD könne wiederum als „un-national" gelten. Die Folge waren heftige Konflikte mit der CDU: So nannte der erste Oppositionsführer Kurt Schumacher den ersten Bundeskanzler Konrad Adenauer im Bundestag einen „Kanzler der Alliierten", während dieser im Wahlkampf von 1957 einen eventuellen Sieg der SPD ebenso polemisch als „Untergang Deutschlands" bezeichnete. Die Position der SPD zur Einheitsfrage hat sich seitdem noch mehrfach gewandelt. In den letzten zwei Jahrzehnten tendierte sie, wie immer mehr Menschen, angesichts der Sowjetmacht zur Hinnahme der faktischen Zweistaatlichkeit, wobei die SPD noch kurz vor der Wende die Bewahrung einer gesamtdeutschen Staatsbürgerschaft überhaupt in Frage stellte.

Aber war der Konflikt zwischen Freiheit und Einheit für die Bevölkerung im Westen nicht eher theoretisch? Die Tatsache, dass die SPD bei den Wahlen in den fünfziger Jahren nie über dreißig Prozent hinauskam, zeigt in der Tat, dass die Mehrzahl der Westdeutschen unter dem Druck des Kalten Krieges vor allem auf die Sicherung der Freiheit, auf den Wiederaufbau und auf den ökonomischen Aufstieg setzte. Die Forderung nach Wiedervereinigung trat immer mehr in den Hintergrund, als die Westeinbindung der Bundesrepublik in NATO und EG erfolgt war und vor allem dann gegen den Bau der trennenden Mauer keine Hilfe kam.

Unter den großen Parteien gab es nach den heftigen Auseinandersetzungen um die Deutschlandpolitik seit Ende der fünfziger Jahre eine Art „nationalen Konsens": Die Bundesrepublik war Teil der westlichen Allianz. Sie spielte in der Europapolitik eine aktive Rolle. Die Sicherheit der Bundesrepublik war völlig angewiesen auf die Westbindung, der ihre demokratische Wertbindung entspricht.

Fragt man, ob 1989 nicht eine deutsche Konföderation eine echte Alternative zum im Ausland befürchteten „großdeutschen" Einheitsstaat gewesen wäre, so ist doch offensichtlich, dass von „großdeutsch" bei dieser Vereinigung nicht die Rede sein kann. Eine Konföderation war in der ersten Phase der „Wende" sehr stark im Gespräch. Dann aber überholte die aktuelle Entwicklung diese theoretische Möglichkeit. Das war allerdings nicht allein eine Folge des politischen Willens der Bundesrepublik, sondern lag vor allem an der inneren Schwäche der DDR, deren Bevölkerung aus der politisch-ökonomischen Not so rasch wie möglich herauswollte und an das Zusammengehörigkeitsgefühl aller Deutschen appellierte. Besonders aber hatte Bundeskanzler Kohl den Blick dafür, dass das „Zeitfenster" für das „unerhörte Ereignis" der staatlichen Einheit vielleicht nicht unbegrenzt lang geöffnet war.

Angesichts dieses raschen Drängens nach staatlicher Einheit dürfen wir historische Erfahrungen mit früherem deutschem Nationalismus nicht überbewerten. Es ging den Menschen in der DDR zuallererst darum, eine Diktatur durch ein freiheitlich-demokratisches Staatswesen zu ersetzen. Dieses Ziel war ihnen viel wichtiger als die nationale Komponente. Heute stehen wir – anders als in früheren Perioden – unter dem Eindruck einer primär demokratischen Entwicklung. Bereits 1953 versuchte die Bevölkerung der DDR den Aufstand gegen ein undemokratisches System. Die Ereignisse von 1953 und 1989 sind also durchaus vergleichbar. Der Unterschied besteht darin, dass 36 Jahre zuvor die sowjetischen Truppen eingriffen und im November 1989 nicht. Der Motor war bei beiden Entwicklungen die Befreiung von einem totalitären Regime und die Aufhebung der künstlichen Trennlinie zwischen den beiden deutschen Staaten. Vor allem der Wunsch nach Befreiung und Selbstbestimmung und nicht zuerst die Sehnsucht nach nationaler Einheit hat die Menschen in der DDR auf die Straße getrieben. Die nationale Sehnsucht kam erst danach hinzu. Zunächst hieß es: „Wir sind das Volk", dann: „Wir sind ein Volk". Das Wesentliche war die Ablehnung des eigenen, diktatorischen Staatswesens.

Die damalige Wiedervereinigungsstimmung in beiden Teilen Deutschlands erweckte den Eindruck, dass die nationale Einheitskomponente wieder stärker geworden war. Aber weder in der DDR noch in der Bundesrepublik gab es eine große nationalistische Welle. Die Parolen und Transparente in Leipzig waren weniger national als menschenrechtlich und ökonomisch begründet: Die Vereinigung wurde als Weg zu einem menschenwürdigen Leben verstanden. Die freiheitliche Komponente war – wie schon im Juni 1953 – auch im November 1989 der dominierende Faktor. Es war in der Tat „ein Aufstand gegen Zwang und Lüge", wie Helmut Schmidt sagte. Wiedervereinigungsforderungen fanden dann vollen Widerhall, nachdem der Umfang der Wirtschaftsmisere sich immer stärker abzeichnete und der gigantische Unterdrückungsmechanismus des eigenen Staates immer mehr offenbar wurde.

IV.

Auch nach den Ereignissen von 1989/90 und nach der wiedergewonnenen staatlichen Einheit befindet sich Deutschland weiterhin auf dem Weg zu einer supranational orientierten Demokratie, in der eine wünschenswerte Relativierung des Nationalstaatsprinzips gelingt. Gewiss besteht auch im größer gewordenen demokratischen Europa erneut die Gefahr eines Rückfalls in nationalistische Interessenkonflikte. Diese Gefahr scheint mir aber im deutschen Fall nicht sehr groß, da unsere europapolitische Einbindung überaus stark ist und auch die „Wiedervereinigung" seit je an konkrete Vorbedingungen geknüpft war: Wir wollten unsere Bindungen zur Europäischen Gemeinschaft, zu unseren westlichen Nachbarn, zu den USA nie in Frage stellen und entschieden uns deshalb stets eindeutig gegen ein „neutrales" Deutschland. Wir wollten nicht einfach heraus aus diesem Beziehungsgeflecht oder gar aus den Westverträgen. Das vereinigte Deutschland wird, wie bis 1989 die Bundesrepublik, weiterhin eine föderale, supranational orientierte Demokratie sein. Auch die so rasch mögliche Einbeziehung der DDR mittels einer Wiederherstellung ihrer Länder lief klar auf eine föderalistische Lösung hinaus.

Wir sind uns dabei bewusst, dass Deutschland keine Großmacht ist und dies auch nicht mehr anstrebt. Es ist ein Gebilde entstanden, das nicht als Machtstaat auftritt, sondern das mit vielen Aufgaben und Belastungen behangen ist, wobei die zentralen Fragen der Europa- und Sicherheitspolitik vorrangig sind. Eines aber ist mit aller Deutlichkeit zu sagen: Der Europäische Binnenmarkt und die Europäische Union sind für Deutschland von erstrangiger

Bedeutung. Die Wiedervereinigung ist uns aus Gründen der nationalen Solidarität wie der demokratischen Verfassung, aber auch unserer europäischen Loyalität unmittelbar zugewachsen. Wir leben in einem interdependenten europäischen Staatensystem, in dem die nationalstaatliche Souveränität zunehmend relativiert wird. Auch der Entspannungs- und Abrüstungsprozess ist in Gang gekommen. Dass die Bundesrepublik durch eine nationalistische Wende zur neuen Gefahr werden könnte, ist faktisch ausgeschlossen.

Inzwischen zeigte sich freilich auf schmerzhafte Weise, so auf dem Balkan, dass auch die ältere Weltgeschichte durchaus weitergeht, und damit die Gefahr einer Wiederkehr nationalstaatlicher Konflikte auf Kosten funktionsfähiger Demokratien. Es besteht die Möglichkeit einer Störung demokratischer Rekonstruktion durch nationalfundamentalistische Bewegungen, also eines Rückfalls in die Zwischenkriegszeit mit dem Vorrang nationalistischer vor demokratischer Politik.

Den alt-neuen Problemen des Nationalstaats kann auf Dauer nur durch eine Föderalisierung Europas mit abgestuften Formen politischer und ökonomischer Integration begegnet werden. Dies ist die Aufgabe, vor der wir heute vor allem stehen. Dafür bietet das Vorbild der Europäischen Gemeinschaft, der Europarat sowie der KSZE-Prozess institutionell bessere Voraussetzungen denn je zu einer Modifizierung sowohl des Nationalstaats- wie auch des Souveränitätsprinzips. Nur so kann es auch zu einer Entschärfung der historischen Minderheiten- und Regionalprobleme kommen, sowohl in menschenrechtlicher wie in ökonomisch-sozialer Hinsicht. Diese geschichtliche Aufgabe, an der das 20. Jahrhundert bislang gescheitert war, ist auch mit dem Jahr 1989 nicht gelöst, vielmehr erneut bewusst und aktuell geworden. Zumal der plötzliche Übergang von diktatorischer Plan- zu sozialer Marktwirtschaft ist allenfalls europäisch zu verkraften. Nur soweit es gelingt, diesen Prozess zu fördern und zu befestigen, ist die Wende Europas zur Demokratie von Dauer, sind die Gefahren neuer Machtkonflikte zu bannen, in denen das vereinigte Deutschland erneut in die problematische Lage einer Zwischenmacht zwischen West und Ost hineingedrängt werden könnte.

Eine solche Perspektive bietet keinen Grund für Pessimismus, aber um so mehr für eine entschieden fortschreitende Politik der europäischen Einigung und Föderation, in steter Verbindung mit der bewährten atlantischen Gemeinschaft. Ein deutscher Parteiführer hat dies in einer für die meisten Politiker repräsentativen Weise vor dem Deutschen Bundestag erklärt: „Wir wollen nicht in Europa stark sein, wir wollen für Europa stark sein" (Graf Lambsdorff am 2. April 1992).

Thomas Mann, der nach zwei Jahrzehnten des Exils zu Beginn der fünfziger Jahre aus den USA zurückkehrte, entwarf 1953 in einer Ansprache vor Hamburger Studenten eine auch heute wieder aktuelle Vision für die Deutschen in Europa, als er sagte: „Uns ist nicht bange, daß die wirkende Zeit nicht ein geeintes Europa mit einem wiedervereinigten Deutschland in seiner Mitte bringen wird. Wir wissen nicht, wie es geschehen, wie das unnatürlich zweigeteilte Deutschland wieder eins werden soll. Es ist uns dunkel, und wir sind auf den Glauben angewiesen, daß die Geschichte schon Mittel und Wege finden wird, das Unnatürliche aufzuheben und das Natürliche herzustellen: ein Deutschland, als selbstbewußt dienendes Glied eines in Selbstbewußtsein geeinten Europas – nicht etwa als sein Herr und Meister...

Täuschen wir uns nicht darüber, daß zu den Schwierigkeiten, die die Einigung Europas verzögern, ein Mißtrauen gehört in die Reinheit der deutschen Absichten, eine Furcht anderer Völker vor Deutschland und vor hegemonialen Plänen, die seine vitale Tüchtigkeit ihm eingeben mag ... Sache der heraufkommenden deutschen Generation, der deutschen Jugend ist es, dies Mißtrauen, diese Furcht zu zerstreuen, indem sie das längst Verworfene verwirft und klar und einmütig ihren Willen kundgibt – nicht zu einem deutschen Europa, sondern zu einem europäischen Deutschland."

Die aus den Katastrophen zweier Weltkriege entstandene Leitidee eines neuen Europas bietet zum ersten Mal konkret und praktikabel nach Jahrhunderten der Kriege und Unterdrückung der Welt ein Modell der übernationalen Konfliktlösung und Zusammenarbeit zur Sicherung sowohl der Freiheit wie des Friedens und des wirtschaftlichen Wohlstands. Uns, den Deutschen, bleibt die Erfahrung und Verantwortung einer Epoche mit so schrecklichen Folgen für die Völker Europas; es bleibt die Verpflichtung auf die Grundwerte europäischer Kultur, voran die Bewahrung und Verteidigung der Menschenrechte. Und so versteht sich das Vermächtnis der politischen Kultur der Bundesrepublik (die Kurt Sontheimer jüngst in seinem lesenswerten Buch: „So war Deutschland nie. Anmerkungen zur politischen Kultur der Bundesrepublik" gegen überzogene, realitätsferne Kritik verteidigte) auch für die kommende Zeit einer Bundeshauptstadt Berlin – mit einer Bundesstadt Bonn.

Von der Spaltbarkeit des Unteilbaren

Atomphysik und Kernenergie im Spiegel der Literatur von Bertolt Brecht bis Christa Wolf

Rudolf Drux

Dem Abdruck seines Stücks über den Renaissance-Mathematiker Galileo Galilei in Heft 14 der *Versuche*, das 1955 in Frankfurt a. M. bei Suhrkamp erscheint, schickt Bertolt Brecht die Bemerkung voraus: „Das Schauspiel Leben des Galilei wurde 1938/39 im Exil in Dänemark geschrieben. Die Zeitungen hatten die Nachricht von der Spaltung des Uran-Atoms durch den Physiker Otto Hahn und seine Mitarbeiter gebracht". Diese Mitteilung erweckt den Eindruck, als sei das Stück als Reaktion auf die „Atomzertrümmerung" entstanden, die Otto Hahn, Lise Meitner und Fritz Straßmann durch den Beschuss von Uranteilen mittels Paraffin gebremster Neutronen gelang. Tatsächlich aber konnte Brecht von der Atomkernspaltung bei der ersten Niederschrift seines Dramas 1938 noch nichts wissen, über deren Zeitraum wir gut informiert sind. Während seine Mitarbeiterin Margarete Steffin über den Beginn seiner Arbeit an dem Stück in ihrem Brief vom 17. November 1938 an Walter Benjamin berichtet: „Brecht fing vor zehn Tagen an, den Galilei, der ihm ja schon länger im Kopf spukte, herunterzudramatisieren", hält der Autor selbst in seinem Journal am 23. November fest, dass er Leben des Galilei abgeschlossen habe: „Brauchte dazu drei Wochen".

Im November 1938 stand die Entdeckung von Otto Hahn und seinen Kollegen jedoch noch keineswegs in den Zeitungen, auf die sich Brecht beruft, vielmehr erfolgte ihre Veröffentlichung erst in der Fachzeitschrift *Naturwissenschaften* am 6. Januar 1939, bevor sie dann in Presse und Rundfunk verbreitet und diskutiert wurde. Auch über seine guten Kontakte zum Kopenhagener „Institut des großen Physikers Niels Bohr", das am 27. Februar 1939 vom dänischen Rundfunk „über die neue Entwicklung der Atomphysik" interviewt wurde, konnte Brecht nichts erfahren haben, teilte doch Otto Hahn der erstaunten Fachwelt das Ergebnis seiner Experimente erst am 22. Dezember 1938 mit. Und das hätte auch ein erfinderisches Genie nicht antizipieren können; denn die gewaltige Energiemassen freisetzende Kernspaltung hatte sich von den Experimentatoren selbst beinahe unbemerkt, jedenfalls auf nicht vorhergesehene Weise vollzogen, war aber am Geiger-Müller-Zähler auf Hahns „Experimentiertisch" zweifelsfrei abzulesen.

Offensichtlich leistet sich Brecht mit dem Hinweis von 1955 zur Entstehung seines Stücks (im Nov. 1938) einen Anachronismus, d.h. er lässt mit dessen Abfassung ein technikgeschichtliches Ereignis zusammenfallen, das in Wirklichkeit erst später (im Dez. 38) stattfand. Was ihn dazu bewogen hat, ist der „Vorrede zur amerikanischen Fassung" seines *Galilei (Galileo,* 1947) zu entnehmen, die er in Kooperation mit dem Schauspieler Charles Laughton erstellte: „Das ‚atomarische Zeitalter' machte sein Debüt in Hiroshima in der Mitte unserer Arbeit. Von heute auf morgen las sich die Biographie des Begründers der neuen Physik anders. Der infernalische Effekt der Großen Bombe stellte den Konflikt des Galilei mit der Obrigkeit seiner Zeit in ein neues, schärferes Licht. Wir hatten nur wenig Änderungen zu machen, keine einzige in der Struktur"- weil, so wäre das Zitat zu ergänzen, Galilei von Anfang an als Paradigma des modernen Naturwissenschaftlers konzipiert war, dessen Dilemma an der fatalen Entwicklung der Atomphysik von der hoffnungsvoll begrüssten Kernspaltung bis zu ihrem schrecklichsten Resultat, der Atombombe, klar zutage tritt.

Dass die Arbeit des Wissenschaftlers (als Produktivkraft) von den Produktionsverhältnissen abhängig ist, wird gleich in der ersten Szene des *Galilei* deutlich: Der Kurator der Universität Padua, an der Galilei lehrte, betont, dass die Republik Venedig zwar „die Freiheit der Forschung" garantiert (in Padua würden „sogar Protestanten als Hörer" zugelassen und promoviert), als Handelsmetropole aber nicht in „eine brotlose Kunst" wie die Mathematik investieren darf; da sich deren Erkenntnisse nicht amortisierten, könne Galilei keine Gehaltserhöhung erwarten: „Skudi wert ist nur, was Skudi bringt". Den ökonomischen Zwängen gehorchend, wartet Galilei mit etlichen Erfindungen auf, die die Konkurrenzfähigkeit der venezianischen Kaufleute steigern, und schrickt sogar vor dem Betrug nicht zurück, der Signoria das in Holland längst im Handel befindliche Teleskop als „ein vollkommen neues Instrument" zu präsentieren, wie er auch gegen jedes pädagogische Ethos auf Kosten des begabten, aber mittellosen Andrea den zahlungskräftigen Ludovico unterrichtet, obwohl der „keinen Kopf für die Wissenschaften" hat. Von vornherein wird so die neue Zeit, in der „eine große Lust aufgekommen [ist], die Ursachen aller Dinge zu erforschen", als „ein verrottetes Zeitalter" relativiert, in dem eben diese Grundlagenforschung mit sittlichem Fehlverhalten erkauft werden muss. Dazu passt, dass sich Galilei in der Hoffnung, ungestört seine „Beweise auszuarbeiten", an den Großherzog von Florenz wendet; denn er verkennt, dass in der höfischen Welt, und gerade zur Zeit der Gegenreformation, Künstler und Wissenschaftler dafür besoldet werden, dass sie zur Repräsentation der diese legitimierenden Ordnung beitragen, auf der auch die Macht der Kirche beruht – die aber durch Galilei erschüttert wird, wenn er das Weltbild des Kopernikus, das dieser 1643 in seiner Schrift *De revolutionibus orbium coelestium* beschrieb, quasi empirisch bestätigt und den „tausend Jahre" alten Glauben der Menschheit abweist, dass „die Sonne und alle Gestirne des Himmels sich um sie drehten".

Auf den Funktionszusammenhang zwischen den Bewegungen der Himmelskörper und denen in Staat, Gesellschaft und Wirtschaft hat Brecht in allen Fassungen seines Stücks abgehoben. So erklärt Galilei in der ersten Szene dem jungen Andrea den allgemeinen Aufbruch in „eine neue Zeit" mit dem Bild der „großen Fahrt", zu der sich die Menschen aufmachten, die „durch zweitausend Jahre" annahmen, „unbeweglich in dieser kristallenen Kugel zu sitzen". Da aber „eine neue Astronomie nun auch die Erde sich bewegen läßt [...], die Erde rollt fröhlich um die Sonne, und die Fischweiber, Kaufleute, Fürsten und die Kardinäle und sogar der Papst rollen mit ihr", hat „das Weltall [...] über Nacht seinen Mittelpunkt verloren, und am Morgen hatte es deren unzählige. So daß jetzt jeder als Mittelpunkt angesehen wird und keiner". Wenn Bewegung als universelles Prinzip erkannt ("Denn alles bewegt sich, mein Freund") und die Umwälzung (lat.: revolutio) der Erde selbst wesens- oder besser: naturgemäß ist, dann muss jede Position im Himmel und auf Erden als ungesichert bzw. ein einmal eingenommener Standort als veränderbar gelten.

Das ist auch der Gegenseite bewusst; der Inquisitor gibt sich verwundert über das große öffentliche „Interesse [...] an einer so abliegenden Wissenschaft wie der Astronomie" und vermag seine eigene rhetorischen Frage: „Ist es nicht gleichgültig, wie diese Kugeln sich drehen?" schnell zu beantworten: „Aber niemand in ganz Italien [...] denkt nicht zugleich an so vieles, was in den Schulen und an anderen Orten für unumstößlich erklärt wird und so sehr lästig ist". So wird der eigentlich auf physikalische Gegebenheiten bezogene Satz, dass „Oben und Unten" nicht mehr unterscheidbar sind, für die Kirche, die Brecht ausdrücklich als Obrigkeit verstanden wissen will, dadurch gefährlich, dass ihm eine theologische und politisch-soziale Bedeutung zukommt. Wie vielschichtig (polyvalent) seine physikalischen Beobachtungen sind, macht Galilei noch im Moment seiner Selbstkritik klar; gerade ihre oft als übertrieben empfundene Schärfe zeugt von dem Bewusstsein, einen notwendigen historischen Prozess durch seinen Widerruf aufgehalten zu haben: „Diese selbstischen und gewalttätigen Männer, die sich die Früchte der Wissenschaften [z.B. Sternkarten und Webstühle] gierig zunutze gemacht haben, fühlten zugleich das kalte Auge der Wissenschaft auf ein tausendjähriges, aber künstliches Elend gerichtet, das deutlich beseitigt werden konnte, indem sie beseitigt wurden." Das revolutionäre Potential seiner Studien trägt entscheidend zur Popularität des „Herrn Hofphysikers" bei, dessen Geschichte ein Balladensänger dem Volk auf dem Marktplatz zur Fastnacht 1632 im derben Bänkelliedton zu Gehör bringt:

„Auf stund der Doktor Galilei / (Schmiss die Bibel weg, zückte sein Fernrohr, / warf einen Blick auf das Universum) / Und sprach zur Sonn: Bleib stehn! / Es soll jetzt die creatio dei / Mal andersrum sich drehn. / Jetzt soll sich mal die Herrin, he! / Um ihre Dienstmagd drehn".

Bezeichnenderweise wird der soziale Aufruhr ausgelöst durch ein technisches Gerät, das den „Blick auf das Universum" ermöglichende Fernrohr, das die Bibel ersetzt – und das meint: die spirituelle Sicht der Dinge, die geistige Deutung der Welt, wird von der physikalischen Beobachtung verdrängt, die die kopernikanische Hypothese von der Sonne als Fixstern verifiziert und zum kirchlicherseits verbotenen Beweis erhebt. Wenn aber Lehrsätze der Astronomie über die Anordnung der Gestirne korrigiert werden müssen, dann droht mit dem Zerbröckeln dieses Ecksteins das ganze Gebäude der Glaubens- und Gesellschaftslehre einzustürzen. „Es sind nicht die Bewegungen einiger entfernter Gestirne, die Italien aufhorchen machen", erläutert Galilei Ihrer Hoheit Cosimo de Medici, „sondern die Kunde, dass für unerschütterlich angesehene Lehren ins Wanken gekommen sind, und jedermann weiß, dass es deren zu viele gibt" – in der Physik wie in der Politik.

Zur Darstellung seines *Galilei* hat Brecht als ästhetisches Mittel der Verfremdung vornehmlich die „Historisierung" gewählt; sie ist seinen eigenen Worten nach dann gegeben, wenn „ein bestimmtes Gesellschaftssystem vom Standpunkt eines anderen Gesellschaftssystems aus betrachtet" wird. Dazu wertet er Galilei als Forscher und, was besonders der gestischen Anlage seines Theaters entgegenkommt, als Lehrer auf, der seinen Schülern auf der Bühne und damit den Zuschauern die kosmischen Zusammenhänge als wissenschaftlich beschreibbare Gesetzmäßigkeiten vor Augen führt (er selbst spricht von „planetarischen Demonstrationen").

Ein besonders hohes Maß an „Historisierung" weist Galileis Selbstverurteilung auf, die manchen Kritikern als unvereinbar mit dem sympathisch vitalen, seine Forschung mit Lust betreibenden barocken Wissenschaftler erschien. Tatsächlich aber habe, so Brechts Replik auf allzu einfühlende Deutungen, „Galilei die Astronomie und Physik bereichert, indem er diese Wissenschaften zugleich eines Großteils ihrer gesellschaftlichen Bedeutung beraubte". Um zu verdeutlichen, warum Galilei vor der Geschichte versagt, bringt Brecht in der amerikanischen Fassung die Figur des Eisengießers Vanni ins Spiel, eines Vertreters des neuen nicht mehr in Zünften organisierten, vielmehr am Markt orientierten Bürgertums, der Galilei versichert, „dass wir von der Manufaktur auf ihrer Seite sind"; er habe „Freunde in allen Geschäftskreisen" der „oberitalienischen Städte". Für deren wirtschaftliche Potenz und damit politische Stärke seien neue Technologien unabdingbar, die ein neues Denken voraussetzten. Das eben verkörpere Galilei. Der aber habe sich diesem Angebot entzogen und so aus einer Disziplin, die „den revolutionären sozialen Strömungen der Zeit Vorschub leistete, [...] eine scharf begrenzte Spezialwissenschaft" gemacht. Durch „ihre ‚Reinheit', d.h. ihre Indifferenz zu der Produktionsweise", hätten enorme Fortschritte auf ihrem Gebiet gemacht werden können, brauchten „reine" Forscher doch nicht die Folgen ihrer Resultate zu bedenken. Darüber verfügten dann allerdings „selbstsüchtige Machthaber". In der Berliner Fassung von 1955/56 wird Galilei angesichts der Erfahrungen seines Autors mit der Atombombe – sie sei, insofern die Kernspaltung militärischen Zwecken unterstellt worden sei, „das klassische Endprodukt seiner wissenschaftlichen Leistung und seines sozialen Versagens", während ihre amerikanischen Konstrukteure zu jenem „Geschlecht erfinderischer Zwerge, die für alles gemietet werden können", zählten – Galilei wird für „die Naturwissenschaftler etwas wie den hippokratischen Eid der Ärzte" verlangen, nämlich „das Gelöbnis, ihr Wissen einzig zum Wohle der Menschheit anzuwenden".

Mit dieser Forderung taucht aber ein neues Problem auf, über das sich im Sinne des epischen Theaters der Zuschauer, dem Drama nachsinnend, selbst im Klaren werden muss: Unter welchen Bedingungen kommt der wissenschaftlich-technische Fortschritt der Menschheit zugute, bzw. nach welchen Kriterien ist er als wohltätig oder zerstörerisch zu bewerten? Brecht hat sich außerhalb der Bühne dazu geäußert, z.B. in seiner *Rede anläßlich der Verleihung des Lenin-Preises* (1955): „Die Völker, die sich eine sozialistische Wirtschaft erkämpft haben, haben eine wunderbare Position bezogen, was den Frieden betrifft. [...] Der Fortschritt hört auf, ein Vorsprung zu sein, und die Erkenntnisse werden niemandem mehr verheimlicht, sondern allen zugänglich gemacht. Die neuen Erfindungen können mit Freude und Hoffnung empfangen werden, anstatt mit Entsetzen und Furcht." „Die Bourgeoisie" hingegen, heißt es in einem seiner *Entwürfe für ein Vorwort* zum amerikanischen *Galileo*, „isoliert im Bewusstsein des Wissenschaftlers die Wissenschaft, stellt sie als autarke Insel hin, um sie praktisch mit ihrer Politik, ihrer Wirtschaft, ihrer Ideologie verflechten zu können". Die arbeitsteilige kapitalistische Gesellschaft isoliert den Forscher „als Spezialisten, der nur den Arbeitsteil bewältigen darf", und gebraucht ihn, „da ihm kein Einfluss auf die Geschehnisse eingeräumt ist", als willfährigen Handlanger für ihre Zwecke. Im Klartext: mit der Beseitigung entfremdeter Arbeit in der sozialistischen Gesellschaft ist die Gefahr des Missbrauchs wissenschaftlicher Entdeckungen und technischer Errungenschaften gebannt. Das werden wenige Jahre später Dramatiker der DDR wie Peter Hacks von den Bühnen des realexistierenden Sozialismus voller Überzeugung verkünden.

Um diese kurze Betrachtung zu Brechts langer Arbeit am *Galilei* auf den Begriff zu bringen: Die große theatergeschichtliche Leistung des Stückeschreibers besteht darin, die historisch-gesellschaftliche Vermitteltheit naturwissenschaftlicher Forschung am Fall Galilei aufgezeigt zu haben. Dessen neue Sicht der Gestirne war für die Kirche unterbar, weil die theologisch dominierte Astronomie die bestehenden Herrschaftsverhältnisse zu begründen half bzw., wie es Brecht ausdrückt, „den Grundbesitzern und Fürsten ihre Privilegien als gottgewollte und somit natürliche verteidigte". Politische Wirkung erzielte er somit durch seine Studien auf dem Gebiet der „reinen Forschung". Die Verwertung ihrer Ergebnisse war, salopp gesagt, Brechts Problem, das ihn spätestens seit dem „infernalischen Effekt der großen Bombe" intensiv beschäftigte. Als angewandter Physiker, gar als Techniker, der für die Schiffer hilfreiche „Sternkarten" anfertigt, wäre Galilei ideologisch ohne weiteres zu integrieren gewesen; außerdem ist auch im 17. Jahrhundert das Modell ‚Leonardo', wonach der Naturwissenschaftler sein theoretisches Wissen in technologische Praxis überführt, noch so akzeptiert, dass diese kaum eine Ladung vor das Gericht der Heiligen Inquisition veranlasst hätte, die mit Fragen des Glaubens, also der christlichen Lehre befasst war und sich durch die neue Lehre von den Bewegungen der Himmelskörper provoziert fühlte. Indem nun Brecht Galileis Widerruf zur „‚Erbsünde' der modernen Naturwissenschaft" erklärt, lastet er seiner widersprüchlichen Titelgestalt ein Versagen an, das die (damals noch nicht problematische) Trennung von reiner und angewandter Forschung voraussetzt und nur von einem Forscherindividuum vermieden werden kann, das seine Forschung an ihren Folgen orientiert.

Dass ein derartiges Verantwortungsbewusstsein angesichts der Entwicklung der Atomphysik überhaupt noch „zum Wohle der Menschheit" beitragen kann, wagt Friedrich Dürrenmatt glatt zu bezweifeln. In seinem 1962 uraufgeführten Drama *Die Physiker* begibt sich der Physiker Johann Wilhelm Möbius freiwillig in ein Nervensanatorium, um das von ihm entdeckte „System aller möglichen Erfindungen", quasi den Stein der Weisen im technischen Zeitalter, mit dem „das Problem der Gravitation gelöst" und „die einheitliche Feldtheorie" entwickelt ist, als Ausgeburt eines kranken Hirns, nämlich als Offenbarung des weisen Königs Salomon auszugeben und damit vor Missbrauch zu schützen. Aber auch seine beiden Mitinsassen, die sich für Newton und Einstein halten (die beiden größten Physiker vor Möbius), simulieren ihren Wahnsinn, damit sie sich im Auftrag ihrer jeweiligen Geheimdienste für ihr Land die

Weltformel aneignen können. Diesem Ziel mussten sogar die sie pflegenden Krankenschwestern geopfert werden; d.h., sie wurden, da sie „Verdacht geschöpft" hatten, von den Agenten umgebracht. Da diese selbst ausgewiesene Kernphysiker sind – „beide untersuchten radioaktive Stoffe", so dass laut ärztlicher Diagnose bei ihnen die „Veränderung des Gehirns durch Radioaktivität nicht auszuschliessen sei" –, sind sie in der Lage, die Genialität ihres Kollegen Möbius zu erkennen, von der auch die ihn betreuende Schwester Monika überzeugt ist. Sie strebt mit dem Geliebten eine bürgerliche Existenz außerhalb der Anstalt an, verspricht ihm hingebungsvolle Unterstützung auf seinem unvermeidlichen Weg in die Öffentlichkeit, „den das Wunder befiehlt", – und wird erdrosselt. Denn, sagt Möbius, „sie begriff nicht, dass es heute Pflicht eines Genies ist, verkannt zu bleiben. Töten ist etwas Schreckliches. Ich habe getötet, damit nicht ein noch schrecklicheres Morden anhebe".

Aber „je planmäßiger die Menschen vorgehen, desto wirksamer vermag sie der Zufall zu treffen", heißt es im achten der „21 Punkte", die Dürrenmatt zu den *Physikern* formuliert hat, und der grausame Zufall, mit der die Geschichte „ihre schlimmstmögliche Wendung" nimmt, verkörpert sich in der Gestalt der Irrenärztin Mathilde von Zahnd, die sich als die eigentlich Verrückte erweist: Ihr, „einer alten, buckligen Jungfrau", sei „an einem Sommerabend" Salomon, „der goldene König" erschienen und habe ihr „den Befehl gegeben, Möbius abzusetzen und an seiner Stelle zu herrschen". Ihre Stellung als Leiterin des Sanatoriums ausnützend, habe sie ihm jahrelang Betäubungsmittel verabreicht und dadurch ohne Schwierigkeiten seine ganzen Aufzeichnungen kopieren können. Jedes Aufbegehren der Physiker ist vergeblich; ihre Morde haben nicht nur zu ihrer starken Sicherheitsverwahrung geführt, sondern auch zum Verlust ihrer Glaubwürdigkeit, da sie in der Öffentlichkeit als gefährliche Irre gelten. Damit ist der Gipfel einer Paradoxie erreicht, die die Geschichte des genialen Physikers Möbius von Anfang an bestimmt: In der Absicht, sein Wissen vor der weiten Welt zu verbergen, flieht er in den abgeschlossenen Raum einer Nervenheilanstalt; aus der vernünftigen Überlegung heraus, dass seine Erkenntnisse den „Untergang der Menschheit" beförderten, tut er so, als sei er wahnsinnig, also der Vernunft beraubt; indem er mordet, um die Aufdeckung seiner Entdeckungen zu verhindern, gibt er sie ungehinderter Verwertung preis; und dass er im Bewußtsein, dass seine „Wissenschaft an die Grenzen des Erkennbaren gestoßen" ist, verantwortungsvoll sein „Wissen zurücknehmen" will, setzt dessen unverantwortliche Weiterentwicklung zum Zweck einer grenzenlosen „Weltherrschaft" in Gang.

Gewiss, diese paradoxe Geschichte kann die Zeichen der Zeit, in der sie verfasst wurde, nicht leugnen wie z.B. den Kalten Krieg mit der bedrohlichen Konfrontation der politischen Blöcke und ihren hyperaktiven Geheimdiensten oder die ständige Besorgnis um das viel beschworene „Gleichgewicht des Schreckens"; aber über solche Symptome seiner Geschichtlichkeit hinaus beschreibt Dürrenmatts *Physiker* – Schauspiel ein für den modernen technologischen Fortschritt charakteristisches Merkmal, das in der Anlage seiner skurrilsten (der großen Schauspielerin Therese Giehse zugedachten) Rolle, der Mathilde von Zahnd, sichtbar wird. Die Anstaltsleiterin bezieht sich nämlich von ihrem ersten Auftritt an auf bedeutende Mitglieder ihrer „mächtigen autochthonen Familie", die ihr eine stattliche Ahnengalerie vergegenwärtigt. Deren Porträts pflegt sie, die „letzte Normale", wie sie meint, bisweilen auszutauschen, z.B.

das ihres Onkels, des Kanzlers Joachim von Zahnd, gegen das Bild ihres Vaters. Der Geheimrat August von Zahnd war „Wirtschaftsführer", der „alle Menschen wie die Pest" hasste. („Wohl mit Recht, als Wirtschaftsführer taten sich ihm menschliche Abgründe auf, die uns Psychiatern auf ewig verschlossen sind".) Dieser wird schließlich durch ihren Großvater Leonidas von Zahnd ersetzt, einen „Generalfeldmarschall"; der hat zwar einen Krieg verloren, aber „er sieht immer noch großartig aus, der alte Haudegen, trotz seines Basedows. Er liebte Heldentode, und so was hat in diesem Haus ja nun stattgefunden". Was sich wie ein harmloser ‚running gag' ausnimmt, ist wirksam in den Funktionszusammenhang der Groteske eingelassen: Das Umhängen der Bilder verweist auf die fortwährende Orientierung der Ärztin an der Macht, die sie in Politik, Wirtschaft und Militär als altes Erbteil ihrer Familie abgebildet sieht. Und auch der Heldentod, der sich in ihrer Villa ereignet habe, lässt sich mit Bezug auf die Poetik des Dramas verstehen: tot ist der heroische Einzelkämpfer, und wenn ein Held, der sich als verantwortlich Handelnder behauptete, nicht mehr denkbar ist, dann bleibt dem Dramatiker als Gattung nur noch die Komödie, deren Handlung der bloße Zufall regiert. Dieser liefert den moralisch integeren Wissenschaftler einer mächtig Verrückten aus, die in ihrem planvollen Wahn der Wirklichkeit viel näherkommt als die um Rationalität ringenden Physiker:

„Ich bin behutsam vorgegangen. Ich beutete zuerst nur wenige Erfindungen aus, das nötige Kapital anzusammeln. Dann gründete ich Riesenwerke, erstand eine Fabrik um die andere und baute einen mächtigen Trust auf. Ich werde das System aller möglichen Erfindungen auswerten, mein Herren".

Frl. Doktor von Zahnd überführt die Theoreme physikalischer Grundlagenforschung in die gesellschaftliche Praxis, dabei einer strengen Logistik folgend, und es ist, was die Interpreten gerne übersehen, die so entstandene Techno-Logie, die den Verantwortungsbereich des Einzelnen erheblich verkleinert, gleichsam atomisiert, um beim Thema zu bleiben. Und das besagt, um noch einmal aus Dürrenmatts „21 Punkten" zu zitieren: „Jeder Versuch eines Einzelnen, für sich zu lösen, was alle angeht, muss scheitern".

Indem sein Stück diese Einsicht auf durchaus unterhaltsame Weise in einer fiktiven Handlung und damit genuin literarisch vermittelt, trifft er die reale Position der Kernphysiker tendenziell genauer als Heinar Kipphardt, der in seinem Schauspiel *In der Sache J. Robert Oppenheimer* (1964), immerhin gestützt auf dokumentarisches Material, das Verfahren gegen den „Vater der Atombombe" vor dem Untersuchungsausschuss der Atomenergiekommission in den USA 1954 ablaufen lässt. Zwar vertritt im Verhör der Physiker Edward Teller die Ansicht, „die Folgen, die Anwendungsmöglichkeiten, die in einer Entdeckung stecken, nicht voraussehen" zu können, weshalb er sich an „Tatsachen" halte. Das letzte Wort aber behält der Titelheld J.R. Oppenheimer, der von jedem Naturwissenschaftler ein Nachdenken darüber verlangt, ob er nicht „eine zu große, eine zu ungeprüfte Loyalität" gegenüber seiner Regierung übe. Er beharrt damit gegen seinen Kollegen Teller auf der moralischen Selbstkontrolle des Wissenschaftlers als Möglichkeit zur Beherrschung der politisch-sozialen Folgen seiner Forschung.

Dass der für Kipphardts Schauspiel noch zentrale Gewissenskonflikt des einzelnen Wissenschaftlers zwischen einer wertfreien, allein an seinem Gegenstand ausgerichteten und einer die Folgen seiner Arbeit berücksichtigen Forschung von den grundlegenden Widersprüchen überlagert wird, denen sich die Allgemeinheit im Umgang mit hochentwickelten Technologien ausgesetzt sieht, das wird bei der Lektüre von Christa Wolfs Erzählung *Störfall* offenkundig, die durch den Reaktorunfall in Tschernobyl im Frühjahr 1986 veranlasst ist. Die Ich-Erzählerin, die über manche Gemeinsamkeiten mit der Autorin verfügt – vor allem ist sie wie diese Schriftstellerin –, widmet sich den „Nachrichten eines Tages" (so der Untertitel des Textes), die besagten atomaren GAU und die Gehirnoperation betreffen, der sich ihr Bruder unterziehen muss, und die eine 'permanente Reflexion' über ihre Einstellung zum technischen Fortschritt und zugleich ihre schriftstellerische Arbeit auslösen – nicht zuletzt, weil die beiden 'Störfälle' (der im ukrainischen Atomkraftwerk und der im Kopf des Bruders) sie bei ihrer Bewertung in einen Konflikt stürzen; denn die Hochentwicklung der Technik, die den einen bedingte, ermöglicht die Behebung des anderen. Deren Ambivalenz ist durch die Parallelität der Nachrichten besonders gut zu spüren, die die Erzählerin an einem Frühlingstag in einem mecklenburgischen Dorf aus dem weit entfernten Tschernobyl und dem nah gelegenen städtischen Krankenhaus erreichen, ist aber überhaupt jeder Großtechnologie eigentümlich, was ihr einst in einem Gespräch mit dem (naturwissenschaftlich gebildeten) Bruder über die Kernenergie angesichts der traurigen Alternative, „mit der Radioaktivität oder mit dem Waldsterben zu leben", bewusst wurde. Dabei nimmt sie gerade als Schriftstellerin „Zeichen unseres Unvermögens, mit den Fortschritten der Wissenschaft sprachlich Schritt zu halten", wahr: Gängige Metaphern für das Wetter wie „ein strahlender Tag" lassen sich nach dem Reaktorbrand nicht mehr naiv verwenden, und ihre Unverfänglichkeit wird die übertragene Rede von „freigesetzten Energien" oder einem „glühenden Kern" verlieren. Desgleichen büssen tradierte Bilder der Literaturgeschichte ihre harmlose Schönheit ein: „Die launische Forelle", bekannt durch Schuberts beschwingtes Lied, erblickt derjenige nicht mehr unbekümmert „in einem Bächlein helle", der sie als „Speicherfisch für radioaktive Zerfallsprodukte" betrachtet; von der „Milch der frommen Denkungsart" wird Abstand nehmen, wer die kontaminierte Frischmilch als akute Gefahr für die kindliche Schilddrüse begreift; und jene ‚ungeheuer weiße Wolke' in einem Gedicht Bertolt Brechts (sie „blühte nur Minuten") weckt die Hoffnung, dass sie tatsächlich minutenschnell vorbeiziehe, und wirft die Frage auf, „welcher Dichter es als erster wieder wagen würde, eine weiße Wolke zu besingen". Statt dessen kursieren Euphemismen, d.h. Begriffe, die einen schrecklichen Sachverhalt beschönigen: „Störfall" klingt nach einer vorübergehenden Irritation, „Entsorgung" hat etwas von schnell zu erledigender, sorgfältiger Abfallbeseitigung, und „Endlagerung" suggeriert eine endgültige, gesicherte Aufbewahrung. Es kommt hinzu, dass die Wissenschaftler und Ingenieure der Kernenergiewirtschaft sich eines komplizierten Fachjargons befleißigen, der einerseits beruhigend wirken soll, weil Kompetenz signalisierend, andererseits als terminologischer Schutzmantel die wirklichen Geschehnisse dem Laien verbirgt. Indem die Erzählerin solchen sprachlichen Veränderungen und Verstellungen nachsinnt, enttarnt sie den instrumentellen Charakter der Sprache und lässt, „schreibend" und dabei die Mittel ihrer Arbeit überdenkend, ihr „authentisches Selbst hervorschimmern". Hinter den Sprachschablonen, kulturellen Mustern und sozialen Masken wird die persönliche Betroffenheit sichtbar, deren Artikulation ihr „ein Tag wie dieser, paradox in seinen Auswirkungen", als Schriftstellerin abverlangt. Erzählend und reflektierend, tut sie offen dessen Widersprüchlichkeit kund (womit die Autorin, nebenbei bemerkt, die Diskussion in der DDR über die bis dahin offiziell nicht erörterte Reaktorkatastrophe in Gang bringt), und stellt im literarischen Text (den als Kommunikationsform ja Unabgeschlossenheit kennzeichnet) ihren eigenen Zwiespalt aus, der auf der Ebene des Bewußtseins dem geteilten Atom auf der der Physik analog ist:

„Wie merkwürdig, dass A-tom auf griechisch das gleiche heißt wie In-dividuum auf lateinisch: unspaltbar. Die diese Wörter erfanden, haben weder die Kernspaltung noch die Schizophrenie gekannt. Woher nun der moderne Zwang zu Spaltungen in immer kleinere Teile, zu Ab-Spaltungen ganzer Persönlichkeitsteile von jener altertümlichen, als unteilbar gedachten Person –".

Wenn auch die Frage nach den Gründen unbeantwortet bleibt – ihre implizite Aussage, dass das Individuum, jedenfalls das verantwortlich handelnde, immer weiter ‚geteilt' wird, ist unmissverständlich. Seine moralische Bürde muss nach Meinung des Technikphilosophen Hans Lenk heute durch „Gemeinschaftsverantwortung" ersetzt werden, die „angesichts der Gefahren zusammenwirkender und kumulativer Effekte und technologischer Großprojekte (an denen Tausende Einzelne beteiligt sind) [...] von den kollektiv Handelnden und von allen über Eingriffsmöglichkeiten Verfügenden zu übernehmen" ist. Für Brecht war es noch unstrittig, dass die „umwälzende Entdeckung auf dem Gebiet der Atomzertrümmerung" mit „Triumphgeschrei empfangen" werde, wenn sie nicht kriegerischen Absichten unterstellt, d.h. die Atombombe international geächtet würde. Für ihn waren Kernkraftkatastrophen ideologisch motiviert, als Ereignisse einer friedlichen Nutzung zumal in einem sozialistischen Land nicht vorstellbar. Dass die umweltschonende Erzeugung gewaltiger Energiemengen die Vernichtung der natürlichen Umwelt und der menschlichen Natur mit sich bringen kann, das machte eigentlich erst der GAU von Tschernobyl offensichtlich, und Christa Wolf thematisiert mit diesem „Störfall" die Ambivalenz einer technologischen Entwicklung, die einerseits die Rettung des an einem Gehirntumor lebensbedrohlich erkrankten Bruders durch eine komplizierte Operation mit mikroelektronisch gesteuerten Instrumenten und seine anschließende Behandlung mittels Radioaktivität ermöglicht, andererseits die radioaktive Verseuchung vieler Menschen und ganzer Landstriche infolge des Reaktorbrandes nach sich zog. Es ist wohl nicht zu leugnen, dass der Zwiespalt, den Christa Wolf in der Person ihrer von den „Nachrichten eines Tages" betroffenen Erzählerin nachvollziehbar macht, dass ein ambivalenter Charakter megatechnologische Systeme gleich welcher Art prägt: Der technische Fortschritt gewinnt eben die Energien, die „zum Wohle der Menschheit" freigesetzt werden, aus Eingriffen in ihre natürlichen Lebensformen und -räume.

(Folgende Texte wurden der Darstellung zugrundegelegt:
Bertolt Brecht: Leben des Galilei. 1938/39 (dänische Fassung); Galileo. 1947 (amerikanische Fassung); Leben des Galilei. 1955/56 (Berliner Fassung); fernerhin: Ungeschminktes Bild einer neuen Zeit (Vorrede zur amerikanischen Fassung). 1947; Aufbau einer Rolle / Laughtons Galilei. 1956.

Friedrich Dürrenmatt: Die Physiker. Komödie in zwei Akten. 1961.
Heinar Kipphardt: In der Sache J. Robert Oppenheimer. Ein szenischer Bericht. 1964.
Christa Wolf: Störfall. Nachrichten eines Tages. 1987.)

Am Anfang war das Licht:
Wie der Kosmos entstand

Harald Fritzsch

Erste Gedanken über den Aufbau des Universums haben sich schon die griechischen Philosophen des Altertums gemacht. Aber erst in diesem Jahrhundert ist die eigentliche Kosmologie entstanden. Den Anstoß hierzu lieferten zwei verschiedene Entdeckungen, von denen die eine auf streng theoretischen Überlegungen beruht, die andere sich auf astronomische Beobachtungen stützt. Im Jahre 1915 formulierte Albert Einstein seine Theorie der Gravitation, in der er Raum, Zeit und Materie zu einer Einheit zusammenfügte. Dieser Theorie zufolge ist das Weltall kein statisches Gebilde, sondern es dehnt sich aus. Unklar bleibt bislang, ob sich die Expansion unendlich fortsetzt oder ob das Universum irgendwann aufgrund der Gravitation in sich zusammenstürzt: ähnlich einem Luftballon, den man so lange aufbläst, bis er seine maximale Größe erreicht, und aus dem man anschließend die Luft entweichen läßt. Der Fall tritt genau dann ein, wenn die Dichte der Materie im Universum größer ist als ein bestimmter kritischer Wert.

Mehr als ein Jahrzehnt nachdem Einstein seine Theorie aufgestellt hatte, haben Astronomen tatsächlich beobachtet, dass die Galaxien voneinander wegstreben – und zwar mit desto größeren Geschwindigkeiten, je größer der Abstand zwischen den Objekten ist. Moderne astronomische Teleskope wie das Hubble-Weltraumteleskop, das seit 1990 die Erde umkreist, haben bestätigt, dass die Expansion das gesamte beobachtbare Universum umfasst. Mit dem Weltraumteleskop, benannt nach dem Entdecker der kosmischen Expansion, Edwin Hubble, ist es möglich, Galaxien bis zu einer Entfernung von etwa fünf Milliarden Lichtjahren zu beobachten. Damit blickt man nicht nur in weit entfernte Regionen des Kosmos, sondern auch in die Frühzeit seiner Entwicklung.

In der frühen Phase des Universums vor etwa 11 bis 15 Milliarden Jahren war die gesamte im heutigen Weltall vorhandene Materie auf einen kleinen Raum konzentriert. Die Expansion des Kosmos ist nach heutiger Vorstellung die Folge einer Urexplosion, die erstmals der englische Astrophysiker Fred Hoyle als Urknall, als „Big Bang", bezeichnet hat. Falls das Universum in einer gigantischen Explosion entstanden ist, muss am Anfang die Temperatur extrem hoch gewesen sein. Als eine Folge des Nachglühens des kosmischen Feuerballs sollten die Räume zwischen den Galaxien mit einer Wärmestrahlung angefüllt sein. Diese langwellige Mikrowellenstrahlung wurde im Jahre 1964 zufällig von Physikern der Bell-Forschungslaboratorien in Murray Hill entdeckt. Dass es sich tatsächlich um eine den ganzen Kosmos ausfüllende Wärmestrahlung handelt. bestätigte sich Anfang der neunziger Jahre durch die Messergebnisse eines eigens zur Erforschung dieser Strahlung gestarteten Satelliten. Mit dem Cosmic Microwave Background Explorer (Cobe) war es möglich, die Temperatur des heutigen Universums genau zu bestimmen. Sie liegt nur 2,73 Grad über dem absoluten Nullpunkt. Die Mikrowellenstrahlung – wie das Licht aus kleinsten Teilchen, den Photonen, aufgebaut – ist Botschafter aus einer Zeit etwa hunderttausend Jahre nach dem Urknall. Damals hatte das Universum eine Temperatur von rund 3000 Grad und bestand aus einem Plasma von Atomkernen und Elektronen. Durch die Expansion hat sich das Universum bis auf wenige Kelvin abgekühlt.

Will man die Entwicklung des Kosmos unmittelbar nach dem Urknall beschreiben, muss man das Verhalten der Materie bei extrem hohen Temperaturen und hohen Dichten kennen. Naturgemäß wird man dadurch zur Physik der Atomkerne und der Elementarteilchen geführt. In den Beschleunigern der Elementarteilchenphysiker werden Teilchen wie Protonen oder Elektronen zur Kollision gebracht. Auf diese Weise wird auf einem winzigen Raum eine extrem hohe Energiedichte erzeugt. Es herrschen Bedingungen wie Bruchteile von Sekunden nach dem Urknall. Mit dem Teilchenbeschleuniger Lep („Large Electron Positron Collider") des europäischen Zentrums für Elementarteilchenforschung (Cern) bei Genf erreicht man Energien, wie sie weniger als eine Milliardstel Sekunde nach dem Urknall vorlagen.

Für die Kosmologie wie für die Teilchenphysik ist die Frage nach dem Aufbau der Materie von großer Bedeutung. Nach der heutigen Erkenntnis bestehen die Atome aus zwei Arten von elementaren Teilchen, den Quarks und den Elektronen. Während die Elektronen die Atomhülle bilden, setzen sich die Quarks aus den Bausteinen der Atomkerne, den Protonen und Neutronen, zusammen. Ein Proton beispielsweise besteht aus drei Quarks, die durch die starke Kraft zusammengehalten werden. Die Quarks sind den heutigen Vorstellungen zufolge elementare Objekte, ähnlich den Elektronen und deren neutralen Verwandten, den Neutrinos. Der Nachweis einer inneren Struktur der Quarks ist bis heute nicht gelungen.

Mit den Erkenntnissen der Teilchenphysik ist man heute in der Lage, die kosmische Entwicklung zu berechnen. Danach bestand das Universum in der frühesten Phase aus einem heißen Plasma von Elementarteilchen. Dieses expandierte und wurde schnell kälter. Einen Bruchteil einer Sekunde nach der Explosion bildeten sich die ersten Strukturen. Jeweils drei Quarks vereinigten sich zu einem Proton und einem Neutron. Die Protonen verbanden sich mit je einem Elektron zu dem leichtesten aller Elemente, dem Wasserstoff. Etwa eine Minute nach dem Urknall bildeten sich aus zwei Neutronen und zwei Protonen die Atomkerne des nächst schwereren Elements, Helium.

Wie Berechnungen ergeben, wandelten sich kurz nach dem Urknall fast 24 Prozent der vorhandenen Materie in Heliumkerne um. Das haben astrophysikalische Messungen der Dichte von Helium im Universum bestätigt. Einige zehntausend Jahre nach dem Urknall bildeten sich die ersten Atome. Dabei entkoppelte sich die elektrisch neutrale Materie von der Strahlung, die primär mit elektrisch geladenen Teilchen in Wechselwirkung tritt. Der atomare Urnebel lichtete sich, und der Kosmos wurde durchsichtig.

Bei weiterer Expansion formten sich infolge der Gravitation die ersten größeren Zusammenballungen der Materie, die Vorläufer der späteren Galaxien. Da Photonen wie alle anderen Teilchen durch die Gravitation beeinflusst werden, sollte die Bildung dieser Objekte zu kleinen Temperaturschwankungen der kosmischen Mikrowellenstrahlung führen. Solche Fluktuationen wurden auch tatsächlich im Jahre 1992 mit Cobe entdeckt. Man ermittelte kleinste Temperaturschwankungen, die auf Dichtefluktuationen der Urmaterie schließen ließen. Aus der Größe dieser Fluktuationen, die nur ein Hunderttausendstel der Dichte selbst erreichen, schließen die Forscher, dass das Universum zu Beginn äußerst homogen und isotrop war. Bei flüchtiger Betrachtung scheint es glatt und gleichmäßig gekrümmt gewesen zu sein: so wie die Oberfläche der Ozeane glatt erscheint, blickt man bei einem Transatlantikflug aus dem Fenster. Erst bei näherem Hinsehen sind kleinere Unebenheiten erkennbar, die durch größere Wellen hervorgerufen werden.

Mit Cobe identifizierten die Wissenschaftler Strukturen, die einen Durchmesser von etwa einem Hundertstel der Ausdehnung des beobachteten Universums haben. Diese sind größer als die größten heute sichtbaren Materieansammlungen, die sogenannten Superhaufen von Galaxien. Mittlerweile hat man mit empfindlichen Instrumenten auch Temperaturschwankungen der Hintergrundstrahlung entdeckt, die auf Strukturen schließen lassen, die nur etwa so groß wie die galaktischen Haufen sind. Neue Satellitenexperimente werden schon vorbereitet. Sie sollen weitere Erkenntnisse über die ersten Ansammlungen von Materie im Universum liefern, die letztlich zu den heute beobachteten Galaxien geführt haben.

Viele Details der Strukturbildung im Universum sind bis heute ungeklärt und hängen eng mit der Frage zusammen, ob es im Weltall neben der heute bekannten Materie noch weitere Arten gibt. Bereits in den dreißiger Jahren entdeckten die Wissenschaftler, dass die Gravitation in den großen galaktischen Haufen wesentlich stärker ist, als man aus der beobachteten Sternmaterie schließen würde. Heute ist man sicher, dass neben der atomaren eine weitere Materie existiert, die bis zu 90 Prozent aller Materie ausmacht und sich durch ihre Gravitationswirkung zu erkennen gibt. Woraus die sogenannte dunkle Materie besteht, ist bis heute ungeklärt. Möglicherweise spielen die Neutrinos hier eine Rolle, die neutralen Partner der Elektronen, falls sie tatsächlich eine kleine Ruhemasse besitzen.

Erste Hinweise, dass Neutrinos eine kleine Masse besitzen, wurden vor einiger Zeit in Japan gefunden. Dort untersuchte man die Neutrinos, die durch den Zusammenprall kosmischer Teilchen mit Atomkernen in der oberen Erdatmosphäre entstehen. Dabei fand man Anzeichen für die Umwandlung von Neutrinos, die nur stattfinden kann, falls diese Teilchen eine wenn auch recht kleine Masse besitzen. Da man erwartet, dass es im Weltraum im Mittel etwa so viele Neutrinos wie Photonen gibt, mehrere hundert pro Kubikzentimeter, würden Neutrinos schon bei einer winzigen Masse von weniger als einem Hunderttausendstel der Masse des Elektrons einen wichtigen Beitrag zur kosmischen Materiedichte liefern.

Für die dunkle Materie kommen Teilchen in Frage, die bis heute nicht mit Beschleunigern erzeugt werden konnten, aber zahlreichen theoretischen Modellen zufolge existieren sollten.

Diese Teilchen müssten im heißen Plasma kurz nach dem Urknall entstanden sein. Die Teilchenphysiker wollen sie mit speziellen Nachweisgeräten aufspüren. Als dunkle Materie würden die Teilchen heute im Universum ein geisterhaftes Dasein führen. Für die Herausbildung der ersten Strukturen kurz nach dem Urknall wären sie jedoch entscheidend.

Was aber war die Ursache für den Urknall? Woher kam die riesige Energie, aus der schließlich das heutige Universum entstand? Möglicherweise wird die moderne Kosmologie auch irgendwann Antworten auf diese Fragen finden. Sie sind eng verknüpft mit zwei weiteren rätselhaften Eigenschaften des Kosmos. Das Universum dehnt sich seit seiner Entstehung vor mindestens 10 Milliarden Jahren ununterbrochen aus. Das Verhältnis der beobachteten Materiedichte – einschließlich der vermuteten dunklen Materie – zur kritischen Dichte, bei der die Expansion als Folge der Gravitation zur Ruhe kommen sollte, ist in der Nähe von eins. Dieses Verhältnis, allgemein als Omega bezeichnet, ist ein wichtiger Wert. Die Tatsache, dass Omega nicht 100 oder 0,01 beträgt, ist erstaunlich. Wer auch immer die kosmische Dynamik gestartet hat, muss dafür gesorgt haben, dass die kinetische Energie der kosmischen Materie ziemlich genau der gravitativen Energie entspricht.

Eine weitere ungeklärte Frage ist, wieso die Materie – und die kosmische Hintergrundstrahlung – im beobachtbaren Universum homogen verteilt ist. Nach den theoretischen Modellen läßt sich das schwer verstehen. Denn die Turbulenzen des Urknalls sollten auch noch heute zu registrieren sein. Eine Homogenisierung der Druckwellen und Turbulenzen nach dem Urknall ist aus einfachen Überlegungen nicht möglich. Die dazu erforderlichen Effekte können sich nämlich bestenfalls mit Lichtgeschwindigkeit ausgebreitet haben. Dies hätte aber im frühen Universum nicht für eine Homogenisierung gereicht. Das zeigt das Beispiel einer Galaxie, die von der Milchstraße heute fünf Milliarden Lichtjahre entfernt ist. Als das Universum eine Million Jahre alt war, hatte es nur ein Tausendstel seiner heutigen Größe. Der Abstand zwischen den beiden Galaxien betrug also etwa fünf Millionen Lichtjahre. Somit wäre die bis dahin vergangene Zeit zu kurz gewesen, Licht auszutauschen. Folglich gab es im frühen Universum keinen Kontakt zwischen der Urmaterie der einen mit der Urmaterie der anderen Galaxie. Die Homogenität im Universum bleibt daher unverständlich.

Eine mögliche Antwort könnte die Teilchenphysik liefern. Kurz nach Aufstellung seiner Theorie der Gravitation postulierte Einstein eine weitere Naturkonstante, die sogenannte kosmologische Konstante. Sie kann man als eine Art abstoßende Kraft deuten, die bei großen Entfernungen die anziehende Wirkung der Gravitation kompensiert. Könnte man die Anziehung abschalten, würde die kosmologische Konstante eine rasch zunehmende Aufblähung des Kosmos bewirken. Nach der Entdeckung der Expansion des Universums, zu deren Beschreibung man die Konstante nicht benötigt, machte sich Einstein selbst heftige Vorwürfe, dass er die kosmologische Konstante überhaupt eingeführt hatte. Er bezeichnete dies sogar als eine „Eselei ".

Die Teilchenphysiker denken heute anders darüber. In den Theorien zur Beschreibung der Dynamik der Elementarteilchen wird ein hypothetisches Feld, das sogenannte Higgs-Feld, eingeführt. Seine einzige Rolle ist es, den Teilchen Massen zu verleihen und gleichzeitig vorhandene Symmetrien der Teilchenwechselwirkungen zu brechen. Man kann sich diese Massenerzeugung als eine Art Phasenübergang vorstellen, der dem Gefrieren von Wasser entspricht. Auch hier wird eine Symmetrie zerstört – die Flüssigkeit ist homogen, während die kantigen Eiskristalle dies nicht sind.

Das Higgs-Feld besitzt die merkwürdige Eigenschaft, dass es eine kosmologische Konstante erzeugen kann. Der „leere" Raum wird durch das Feld zu einem energiereichen Gebilde. Jedoch ist die von den Teilchenphysikern berechnete kosmologische Konstante viel zu groß, als dass sie für die Beschreibung der kosmischen Evolution eine Rolle spielen könnte. Ungeklärt ist im Übrigen, ob es das Higgs-Feld überhaupt gibt und sich die Natur nach den Vorstellungen der Physiker verhält. Eine Klärung kann man erst nach Inbetriebnahme des neuen Beschleunigers LHC von Cern, dem „Large Hadron Collider", von 2005 an erwarten.

Zu Beginn der achtziger Jahre untersuchten die Wissenschaftler den Einfluss des hypothetischen Higgs-Feldes auf die Kosmologie. Dabei vermuteten sie, dass das Feld im Urknall selbst eine entscheidende Rolle gespielt haben könnte, selbst dann, wenn der Prozess, bei dem die Teilchen ihre Massen erhalten haben, zeitlich verzögert stattgefunden hat. Danach wäre anfänglich die kosmologische Konstante groß gewesen. Dies hätte zu einer gewaltigen und äußerst schnellen Aufblähung des Universums geführt, die man als Inflation bezeichnet. Die Größenordnungen, die hier eine Rolle spielen, sind wahrhaft gigantisch. Als Folge der Inflation hat sich ein Volumen, viel kleiner als ein Atomkern, schnell bis etwa zur Größe eines Tennisballs aufgebläht. Dann setzte der kosmische Phasenübergang ein, der gewaltige Energiemengen freisetzte, ein Vorgang ähnlich dem Freiwerden von Energie beim Gefrieren von Wasser. Dieser Energieblitz ist die eigentliche Geburt unseres Kosmos. Dabei sind die Teilchen erzeugt worden, aus denen die Materie heute besteht, einschließlich der Photonen der kosmischen Hintergrundstrahlung.

Nach dem Phasenübergang setzt die normale Expansion ein, im Vergleich zur Inflation ein geradezu langsamer und ruhiger Prozess. Da das Universum vor der Inflation recht klein war, waren Regionen, die heute weit voneinander getrennt sind, vor der Inflation in Kontakt. Die Inflation wirkte auf das Universum wie ein kosmisches Bügeleisen, das alle bestehenden Falten ausbügelt. Danach sollte das beobachtbare Universum äußerst homogen sein, was in der Tat der Fall ist. Gleichzeitig bewirkte die Inflation ein Wechselspiel zwischen der Gravitation und der kinetischen Energie der auseinanderfliegenden Materie. Das Verhältnis der wirklichen zur kritischen Materiedichte, also Omega, sollte gleich eins sein.

Obwohl das tatsächlich der Fall ist bleibt umstritten, ob Omega exakt eins ist. Neuere Untersuchungen, insbesondere das Studium von weit entfernten Supernova-Explosionen, deuten darauf hin, dass der Wert etwas kleiner ist, etwa 0,3, und dass im heutigen Universum folglich eine von Null verschiedene kosmologische Konstante vorliegt.

Im heutigen Universum scheint eine Balance zwischen der auseinander treibenden kinetischen Energie der Materie und der anziehenden Energie aufgrund der Gravitation zu bestehen. Vieles spricht dafür, dass die Gesamtenergie des Universums Null ist. Damit eröffnet sich die Möglichkeit, dass unser Weltall spontan aus dem Nichts entstanden ist. Die Aussage der alten griechischen Philosophen wie Demokritos' „Nichts kann aus Nichts erzeugt werden" muss dann wohl ersetzt werden durch: „Alles kann aus Nichts erzeugt werden."

Die Idee des Urknalls als Folge eines Phasenübergangs mit vorausgegangener Inflation ermöglicht es auch, den heute sichtbaren Kosmos als Teil eines viel größeren Systems zu deuten. Es wäre durchaus möglich, den Urknall als einen Prozess zu sehen, der in einem begrenzten Bereich des Kosmos stattgefunden hat, während andere Bereiche davon unberührt geblieben sind. Dann könnten auch Fragen, die man bislang als unsinnig zurückgewiesen hat – etwa diejenige, was vor dem Urknall war –, durchaus einen Sinn bekommen. Auch heute könnte in einem anderen Bereich des Kosmos ein Urknall stattfinden. Möglicherweise ähnelt der Kosmos einem Feuerwerk, bei dem Entstehungs- und Vernichtungsprozesse an der Tagesordnung sind. Nur merken wir nichts davon, weil wir dank der Inflation in einer vergleichsweise ruhigen Region des Universums leben.

Die Zeiten ändern sich: Vom Umgang mit der Zeit in unterschiedlichen Epochen

„Alle Uhren gehen sehr" (Jean Paul)

Karlheinz A. Geißler

I. Zeit, Zeit, Zeit

Hören Sie endlich auf, mich mit Ihrer verdammten Zeit verrückt zu machen? Es ist unerhört!" schreit Pozzo wütend in Becketts „Warten auf Godot". Dies geht uns inzwischen allen so. Fast alle beklagen sich über die Hetze, und fast alle produzieren sie diese. „Ach, Du liebe Zeit": Es ist immer mehr, was wir in der gleichen Zeit erreichen, und es ist auch immer mehr, so erleben wir es, was wir in der gleichen Zeit nicht erreichen. Vor lauter Eile kommen wir täglich zu spät. Haben wir durch die Eile Zeit gewonnen, oder haben wir sie verloren? Sollen wir die Zeit suchen, oder soll die Zeit besser uns suchen? Glauben wir, die Zeit im Griff zu haben, so spüren wir doch sogleich, dass es die Zeit ist, die uns im Griff hat. Und die Folge: Ohne Anfang, ohne Ende reden und schreiben wir über „Zeit". Dieser Text ist ein Beleg dafür.

Es ist der besondere Charakter des ausgehenden 20.Jahrhunderts, dass die Fragen der Zeit immer dringlicher und immer drängender werden. „Sein und Zeit" ist zum Alltagsthema geworden. Wir reden und schreiben soviel über Zeit wie niemals zuvor, und doch verstärkt sich der Eindruck: „Eigentlich bin ich ganz anders, nur komm ich so selten dazu" (Ö. v. Horvath). Das führt zur allerorts hörbaren Klage: „Alles hat seine Zeit – nur ich hab' keine."

Verständlich, denn das Reden über die Zeit braucht Zeit. Es erlöst uns eben nicht vom Zeitdruck. Es ist nicht der erhoffte Weg, mit dem wir durch den Hintereingang ins zeitlose Paradies zurückkehren können. Welche Mittel man auch immer nutzt, alles Denken, alles Schreiben, alles Reden über „Zeit" ist Heimweh nach jener Zeit, in der man sich nicht mit der Zeit beschäftigen musste. Es ist die Sehnsucht nach dem Ursprung und der Wunsch, zu ihm zurückkehren zu können. Wenn wir die Zeit erforschen, wollen wir uns selbst erforschen, um uns endlich einmal selbst zu begegnen. Denn „an vielen ist das Leben schon vorübergegangen, während sie noch die Ausrüstung für das Leben zusammensuchten", bemerkte Seneca, ohne eine Ahnung davon zu haben, was an Beschleunigung noch so alles auf die Menschheit zukommen sollte.

II. Was ist Zeit?

Was ist „Zeit"? Die Philosophie hat sich seit ihrer Existenz mit dieser Frage beschäftigt, und sie tut es heute mehr denn je. Die „Zeit" ist – und sie bleibt wohl auch – ein höchst verwickeltes Rätsel. Im Zauberberg stellt sich Thomas Mann eben diese Frage: „Was ist die Zeit?" Seine Antwort: „Ein Geheimnis – wesenlos und allmächtig."

Die „Zeit" lässt sich nicht auf etwas anderes zurückführen, es gibt nichts „hinter" ihr. Und so werden wir, nachdem Augustinus bereits 1400 Jahre zuvor zu dem gleichen Ergebnis kam, mit der Auskunft Adalbert Stifters zufrieden sein müssen: „Kein Sterblicher hat noch ausgesagt, was die Zeit ist, und kein Sterblicher weiß, was die Zeit ist." Verzichten wir also bei der Frage nach dem, was die „Zeit" ist, auf eine Antwort. Manche Probleme soll man – so Wittgenstein – nicht lösen, man sollte viel eher von ihnen geheilt werden. Versuchen wir statt dessen herauszufinden, was wir mit dem, was wir „Zeit" nennen, machen: Mit „Zeit" füllen wir die Leere, vor der uns graut. Wir konstruieren Gewissheiten und Ordnungen im Hinblick auf das Vergängliche. Es ist nicht die „Zeit", die wir messen, nein, wir messen Veränderungen, Dynamiken, Prozesse und nennen dies „Zeit". Die Uhr misst demnach nicht die „Zeit", vielmehr ist es der Lauf der Zeiger, den wir als „Zeit" bezeichnen und mit besonderen Maßstäben etikettieren (Stunde, Minute, Sekunde). Dieser Sachverhalt verleitete Einstein dazu, die „Zeit" als eine „hartnäckige Illusion" zu kennzeichnen.

Unser Zeitbewusstsein entwickelt sich in enger Verbindung mit Entwicklungsprozessen in der Umwelt. Dort, wo sich nichts verändert, herrscht die Zeitlosigkeit. Wir sprechen im Alltag davon, dass „die Zeit stehen geblieben ist". „Zeit" ist kein Gegenstand, sie ist ein Orientierungsmittel, um Sicherheit in der sich wandelnden Welt zu gewinnen und zu schaffen. Alle jene, die mit „Zeit" und durch „Zeit" Ordnung schaffen (zum Beispiel, indem sie Zeiteinteilungen verbindlich festlegen), erzeugen zeitliche Gegebenheiten mit teilweise dramatischen Auswirkungen auf die Individuen, die Gemeinschaften und die Gesellschaft. Daher ist die „Zeit" ein menschengemachtes Netz, in dem man Spinne und Fliege zugleich ist. Indem wir die „Zeit" kontrollieren, kontrollieren wir uns selbst. Wir produzieren, so gesehen, jene „Zeit", die auf uns wirkt.

Es sind nicht alle Zeiten gleich. Wir kennen die Schnelligkeit, die Langsamkeit, die Aktivität, das Ruhen, die Veränderung, die Stabilität. Die Dinge, die Prozesse, die Systeme haben ihre je eigenen Zeiten. Eine Barocktreppe hat – oder besser: assoziiert – eine andere Zeit als eine Rolltreppe. Wir reden, wenn wir schnell gehen, miteinander anders und über etwas anderes, als wenn wir schlendern. Jede Straße, jeder Stadtbezirk, jede Gesellschaft hat ihre eigene zeitliche Bewegungsanweisung, ihren je typischen temporalen Aufforderungscharakter – und wir reagieren darauf. Die Gerade zum Beispiel beschleunigt, der krumme Weg verlangsamt den Schritt. Das Rationale dient in den meisten Fällen der Beschleunigung, der Zeitkontrolle und der Zeitverdichtung. Das Phantastische, das Irrationale, das Gefühlvolle, das Soziale hingegen tendiert zu Verzögerungen, zu Abschweifungen, zu Umwegen. Wir brauchen beides: Schnelligkeit und Langsamkeit. Ein schönes Beispiel dafür liefert uns Charles Dickens. Er schildert präzise Verhaltensweisen zum Einfangen verlorengegangener Kopfbedeckungen:

„Es gehört keine geringe Kaltblütigkeit und ein besonderer Grad von Beurteilungskraft dazu, einen fortrollenden Hut wieder einzufangen. Man darf nicht zu sehr eilen, sonst stürmt man über ihn hinaus; man darf nicht zu langsam sein, sonst verliert man ihn. Die beste Art ihn einzufangen ist, möglichst in gleicher Linie mit dem verfolgten Gegenstand zu bleiben, behutsam und vorsichtig zu sein, die Gelegenheit hübsch abzuwarten, ihm allmählich vorzukommen, dann plötzlich die Hand auszustrecken, ihn bei der Krempe zu ergreifen und fest auf den Kopf zu drücken. Dabei empfiehlt es sich, fortwährend zu lächeln, als hielte man alles für einen ebenso guten Spaß wie jeder andere."

Die Moral von der Geschichte: Behütet ist man im Leben nur dann, wenn man sowohl langsam als auch schnell sein kann. Die Schnelligkeit braucht Langsamkeit, wenn sie sinnvoll und erfolgreich sein soll – und ebenso braucht produktive Langsamkeit auch die Möglichkeit zur Schnelligkeit. Die eine zeitliche Lebensform muss in der anderen in fruchtbarem Sinne aufgehoben sein. Das anzustrebende Ideal ist – mit einem Wort von Karl Rahner – die „versöhnte Verschiedenheit" unterschiedlicher Zeitformen. Nur so können auch wir versöhnt leben. Wir brauchen Beschleunigung und Stillstand, wir brauchen Kurzfristigkeit und Langfristigkeit, wir brauchen Mobilität und Sesshaftigkeit.

Norbert Elias, der sehr viel über Zeit und Gesellschaft nachgedacht hat, erzählt die Geschichte einer Gruppe von Menschen, die in einem unbekannten, sehr hohen Gebäude immer höher stiegen. Die ersten Generationen drangen bis zum fünften Stock vor, die zweiten bis zum siebenten, die dritten bis zum zehnten. Im Laufe der Zeit gelangten die Nachkommen bis in das hundertste Stockwerk. Dann brach das Treppenhaus ein. Die Menschen richteten sich in diesem hundertsten Stockwerk ein. Sie vergaßen im Laufe der Zeit, dass ihre Ahnen je auf unteren Stockwerken gelebt hatten und wie sie auf das hundertste Stockwerk heraufgelangt waren. Sie sahen die Welt und sich selbst aus der Perspektive dieser Höhe ohne zu wissen, wie Menschen dahin gelangt waren. Ja sie hielten sogar die Vorstellungen, die sie sich aus der Perspektive ihres Stockwerks machten, für allgemein menschliche Vorstellungen. So geht's uns mit dem, was wir „Zeit" nennen. Es waren und es sind eben nicht alle Zeiten gleich.

Heute nun, in diesen modernen Zeiten, kann man sich vom Dach eines so großen Gebäudes mit dem Hubschrauber abholen lassen und damit den Blick von außen auf den Wolkenkratzer und seine Stockwerke richten. Dies will ich tun. Wir können, bei grober Betrachtung, drei große Bauabschnitte unterscheiden: die Vormoderne, die Moderne und die Postmoderne. Diese dreifache phasische Gliederung bietet sich für den Versuch an, die historische Entwicklung unseres individuellen und gesellschaftlichen Verhältnisses zur „Zeit" systematisch darzustellen.

III. Die historische Entwicklung unseres Verhältnisses zur Zeit

1. Das vormoderne Zeiterleben

Die erste Epoche – sie wird von mir als Vormoderne bezeichnet – ist durch eine enge Verbindung des gesamten Lebens – speziell auch der Arbeit – mit den Dynamiken der Natur gekennzeichnet. Natürliche Zyklen bestimmten den Lebensrhythmus, insbesondere waren das der Wechsel der Gestirne, Ebbe und Flut, Regen- und Trockenzeiten, die Jahreszeiten, Tag und Nacht. An ihnen wurden soziale, kulturelle und individuelle Ereignisse festgemacht. Man lebte in der Natur und mit der Natur, ging mit den Hühnern schlafen und stand beim ersten Hahnenschrei wieder auf. Abstrakte Maße, wie zum Beispiel Jahreszahlen, waren ungebräuchlich. Noch bis ins 17. Jahrhundert, dies lässt sich aus Chroniken ersehen, konnten die wenigsten Menschen jenes Jahr beziffern, in dem sie geboren waren.

Das soziale Leben begann mit dem Aufgang der Sonne, und es endete meist bei Sonnenuntergang. Homer beispielsweise bestimmte den Verlauf der Zeit nach Morgenröten. Das Sonnenzeitmaß bestimmte die Grundgeschwindigkeit der Natur und die des sozialen Lebens. Im Sommer reduzierten die Bauern in Mitteleuropa die Nachtruhe auf die wenigen Stunden der Dunkelheit, im Winter hingegen waren so lange Schlafenszeiten üblich, dass man auf die Idee kommen konnte, der Mensch hätte alle Anlagen für einen ausgiebigen Winterschlaf.

Die von Menschen geschaffenen Signale und Geräte, mit deren Hilfe man Zeitpunkte und Zeitstrecken festlegte, wurden nicht, wie heute, an einem abstrakten Maß „Uhrzeit", sondern an der Länge des lichten Tages festgemacht. Die dunklen Stunden wurden nicht gezählt. Die Uhren waren Sonnenuhren. Die bewusste Lebensbewältigung durch die nur selten romantische Auseinandersetzung mit der Natur bestimmte das Zeiterleben und die Zeitwahrnehmung.

An solch konkrete Anschauungen waren auch jene Zeitstrecken geknüpft, die über die Wiederkehr der Jahreszeiten hinausgingen. Nicht das Jahrhundert oder etwa die Legislaturperiode, die für unser heutiges gesellschaftliches Leben so einflussreich sind, waren die bestimmenden Maße, es war die „Generation". Das Zählen nach Generationen stellte einen zur Orientierung ausreichenden konkreten und langfristigen Zusammenhang der Ereignisse her.

Über den familiären Rahmen hinaus wurde Zeit nach den Regentschaftszeiten von Monarchen eingeteilt. Man kennt dies ja aus der Weihnachtsbotschaft in Lukas 2: „Es begab sich aber, in jenen Tagen erging ein Erlaß des Kaisers Augustus, den ganzen Erdkreis aufzeichnen zu lassen. Diese Aufzeichnung war die erste und geschah, als Quirinius Landpfleger in Syrien war."

Zeit war in der Vormoderne nicht die Summe von Tagen, Stunden, Minuten und Sekunden. Zeit war der Zusammenhang von Erlebnissen und Erfahrungen. Es war beispielsweise nicht sechs Uhr, sondern Sonnenaufgang. Die Zeitordnung war eigener Disposition entzogen. Sie war von der Natur vorgegeben und auch von kirchlichen Regeln, die der demütigen, unkritischen und gehorsamen Unterordnung des eigenen Willens unter die göttliche Größe dienten. Zeitorientierung wurde in solchen Ordnungen gefunden. Die Gänse wurden an Kirchweih verspeist, und der Henker tauchte Agnes Bernauer „fünf Vaterunser lang" unter. Man ging am Sonntagmorgen in die Kirche – heute hört man sich zur gleichen Stunde gerne Zeitvorträge an. Die Kirche strukturierte die Zeit, die säkularisierten Predigten, die als Zeitvorträge daherkommen, problematisieren die Zeit. Die kosmischen, natürlichen und die sozialen Prozesse gaben in der Vormoderne nicht, wie wir uns das heute vorstellen, die Zeit an, sie waren die Zeit, und sie legten fest, um welche Art Zeit es sich jeweils handelte. Zukunftsperspektiven entwickelten sich bei einem solchen Zeiterleben und Zeitverständnis nur in sehr begrenztem Maße. Man ging davon aus, dass alles so weitergehen würde wie bisher – die Formulierung aus der Thorner Zunfturkunde von 1523, die den Fortschritt verbietet, ist kennzeichnend für jene Zeit: „Kein Handwerksmann soll etwas Neues erdenken oder erfinden oder gebrauchen, sondern jeder soll aus bürgerlicher und brüderlicher Liebe seinem Nächsten folgen und sein Handwerk ohne des nächsten Schaden treiben."

Die Zeit war kein Besitz des Menschen, sie gehörte Gott, der allen Lebewesen ihre Zeiten gab. „Meine Zeit liegt in Deinen Händen" sang man und lebte es auch. Sündig wurden jene, die mit der Zeit handelten und aus ihr Profit zogen. Darum galt im Mittelalter der Wucher, das Geldverleihen auf Zins, als ganz besonders verwerfliche Sünde. In einem Handbuch für Beichtväter lässt sich das nachlesen: „Der Wucherer leiht dem Schuldner nicht, was ihm gehört, sondern nur die Zeit, die Gott gehört. Er darf also keinen Gewinn aus dem Verleih fremden Eigentums machen. Die Wucherer sind Diebe, denn sie handeln mit der Zeit, die ihnen nicht gehört; und mit dem Eigentum eines anderen gegen den Willen des Besitzers zu handeln, ist Diebstahl. Und da sie außerdem mit nichts anderem als mit erwartetem Geld, das bedeutet mit Zeit, handeln, treiben sie mit Tagen und Nächten Handel. Der Tag aber ist die Zeit der Helligkeit und die Nacht die Zeit der friedvollen Ruhe. Also handeln sie mit Licht und friedvoller Ruhe. So wäre es nicht gerecht, wenn sie das ewige Licht und den ewigen Frieden erlangten."

Bei solchem Blick auf das Vergangene darf man sich jedoch nicht zu idyllischer Verklärung verführen lassen. Die Naturnähe war damals auch zwangsläufig mit all jenen Dramatiken verbunden, in die eine nicht beherrschte und nicht beherrschbare Natur die Menschen mit einbezog. Hungersnöten, Überschwemmungen, Trockenheiten war man ausgeliefert, und nicht wenige Männer, Frauen und Kinder fielen den Naturgewalten zum Opfer. Wenn – so Otto Neurath, ein Wiener Philosoph – früher ein Sumpf und ein Mensch zusammenstießen, starb der Mensch, heute stirbt der Sumpf. Das ist zweifelsohne ein Fortschritt, aber eben kein ungetrübter.

Die Lebenden waren damals in guten wie in schlechten Zeiten eins mit der Natur. Sie lieferte die orientierenden Maßstäbe des Handelns und strukturierte die Wahrnehmung dessen, was sich veränderte. Die Rhythmen der Natur verorteten in Raum, Zeit und Gesellschaft. Sie waren die stabilisierenden Ordnungsprinzipien der Lebensführung, in die man sich demütig eingebettet sah. Insofern ist ein solches Zeitverständnis „begrenzt". „Begrenzt" ist auch die Lebensform, die ihm entspricht; eine Weisheit aus der Oberpfalz kündet davon: „Die Welt is' groß, und hinter Straubing soll's noch weitergehn." Von Globalisierung keine Spur. „Zeit" war zu dieser Zeit daher kein Thema. Man redete nicht über sie.

2. Das moderne Zeiterleben

Alles dies änderte sich am Ausgang des Mittelalters, beim Übergang zu jener Epoche, die wir die „Renaissance" nennen. Die Menschen begannen in einigen europäischen Städten, besonders in den italienischen und den nordfranzösischen, „einen eigenartigen und bislang ungehörten Wunsch zu verspüren. Sie wollten wissen, wie spät es ist" (Adolf Holl). Damit wurde Zeit als Thema entdeckt. 1358 wurde in Regensburg die erste deutsche Schlaguhr am Rathaus angebracht, andere Städte wie Nürnberg und Augsburg folgten. Die Stadtbewohner konnten von da an in pünktliche und unpünktliche Einwohner eingeteilt werden. Es ließen sich Termine machen, was fünfhundert Jahre später zum allseits beliebten Volkssport wird.

Die Zeit wurde wertvoll, Turmuhren dienten zur Orientierung bei der Arbeit und beim Geschäft. Die Kaufleute entwickelten sich zu Kalkulatoren und zu Buchhaltern der Zeit. Durch das Aufkommen der verschiedenen Kreditformen, besonders des Wechsels, waren diese zunehmend gezwungen, genau mit der Zeit zu rechnen. Das theologische Verbot, die Zeit durch Zinseneinnahmen zu „verkaufen", wurde aufgehoben. Nicht länger mehr war Zeit ein Gottesgeschenk, sie wurde vielmehr eine knappe Ressource, mit der kalkulatorisch umgegangen werden konnte. Und konsequent wurde zu dieser Zeit auch die Stunde mit ihrer Unterteilung in sechzig Minuten erfunden.

Das alles vollzog sich langsam, dauerte Jahrhunderte und hatte seinen Schwerpunkt in den wachsenden Städten. Die Verfügungsgewalt über die ordnungspolitisch höchst wichtigen Kommunikationsmittel „Uhr" und „Glocken" war im 16. Jahrhundert zwischen Stadtverwaltung und Kirche heftig umstritten. Nicht überall wurde der Konflikt so eindeutig entschieden wie in Venedig. Dort verbot der Doge, eine Uhr an der Markuskirche anzubringen. Diesem Beschluss haben wir den schönsten städtischen Uhrturm der Welt, gleich neben der Markuskirche, zu verdanken.

In Frankfurt am Main, wie in vielen anderen mitteleuropäischen Städten und Gemeinden, wurden Kompromisse, zum Beispiel Mietpachtverhältnisse für Kirchtürme, geschlossen. Im Turm des Frankfurter Doms beispielsweise hingen zu Beginn der neuen Zeit zehn Stadt- und Kirchenglocken, deren Funktion durch eine bis ins kleinste Detail ausgefeilte Läuteordnung geregelt wurde. Die Werkglocke regelt den Arbeitstag, die Wein- bzw. Bierglocke die Ausschankzeiten, die Feuerglocke ermahnte die Bevölkerung zur Verwahrung der Herdfeuer, die Ratsglocke rief zu Ratsversammlungen, die Marktglocke regelte Beginn und Ende des lokalen Handels, und die Zinsglocke mahnte säumige Zahler.

Ab dem 17. Jahrhundert „läuft" die Zeit schneller. Ein völlig neues Gefühl entwickelt sich, es ist das Gefühl, dass einem die Zeit davonläuft. Dies alles geschieht mit massivem Rückenwind dessen, was Max Weber als „protestantische Ethik" beschrieb. Die Protestanten mussten kalkulatorisch und sparsam mit Zeit umgehen, denn das ewige Leben, die Zeitlosigkeit, ist über Arbeit und Verzicht zu erlangen, während die Katholiken eine Erlösung durch die Befolgung der Sakramente, eine völlig andere Art von Arbeit, die nicht auf materiellen Wohlstand zielt, zu erreichen versuchten.

Trotzdem stand das vormoderne Zeitverständnis über lange Zeit in Konkurrenz zu jener Zeitauffassung, die wir die moderne Zeit nennen. Bereits vor langer Zeit wurde der ungleiche Kampf entschieden. Wer sich heute in seinem Alltag nach der Natur und dem gestirnten Himmel richtet, der gilt als Sonderling, häufig als Aussteiger. Aber es gibt auch noch in unseren Lebensbereichen deutliche Anzeichen für einen gelebten Bezug zu den irdischen und auch den überirdischen Perioden und Rhythmen. In dem in Bayern noch mancherorts üblichen Begriff des „Tagwerks" als eines Maßes für die bäuerliche Arbeitsleistung und als Maßstab der zu bearbeitenden Fläche gleichermaßen ist dieser ebenso enthalten wie in den abnehmenden ländlichen Bräuchen und Festen. Im englischen Ausdruck „journey" für die Reise wird jene Wegstrecke benannt, die man an einem Tag zurücklegen kann. Eine kurze Zeiteinheit nennen wir in unserem Sprachgebrauch immer noch einen „Augen-Blick". In allen diesen Begriffen drückt sich – heute nur noch bei sehr genauem Hinsehen – der qualitative Charakter der Beziehung zur Natur und zu den Perioden und Rhythmen dieser Natur aus. Es hat sich viel geändert – aber nicht alles.

Hat man in der Vormoderne Zeitpunkte nach auffälligen Ereignissen markiert – „Das war damals, als sich die Oma das Bein gebrochen hatte", „als der Josef von der Kuh getreten wurde" –, so sind es heute zwar andere Ereignisse, die wir für solche Zwecke nutzen, aber es sind immer noch Ereignisse, an denen man sich zeitlich festhält. So hört man im Alltag immer noch Formulierungen wie: „Ach, das war doch, als wir noch unseren ersten Mercedes hatten", oder eher fragend: „Hatten wir damals eigentlich schon unseren Computer?" Sind es also auch heute noch häufig Ereignisse, in denen wir uns zeitlich lokalisieren, so ist doch auffällig, dass es immer seltener Ereignisse sind, die auf Personen oder auf das natürliche Leben hinweisen.

Aber nicht nur die Sprache transportiert heute noch Reste des zyklischen Zeitverständnisses. Einzelne Arbeits- und Lebensbereiche sind in unserer Gesellschaft immer noch so organisiert, dass innere und äußere Natur und deren Veränderungen den Umgang in und mit der Zeit bestimmen. Dies ist, trotz aller Technisierung, der bäuerliche Arbeitsbereich sowie der Lebensbereich „Haushalt und Familie". Dort ist die Gleichung „Zeit ist Geld" nur teilweise gültig. Aber auch das Industriesystem kann noch nicht ganz als von Naturzyklen losgelöst gelten. Die Angestellten der Bundesanstalt für Arbeit etwa investieren sehr viel Energie, um die Jahreszeiten und deren Einflüsse auf die Arbeitslosenzahlen wieder herauszurechnen. „Saisonbereinigt" sieht eben alles anders aus. Die Veränderung der Lebensauffassung von der Vormoderne zur Moderne lässt sich pauschalierend mit dem Etikett versehen: „Vom heiligen Geist zum eiligen Geist." Oder ernsthafter: Von der lebensorientierten Arbeitszeit zur arbeitsorientierten Lebenszeit. Und dies geschah mit kirchlicher, speziell mit pietistisch-protestantischer Rückendeckung. Max Weber hat die Wurzeln des Kapitalismus, dem ja die arbeitsorientierte Beschleunigungsdrift wie ein Wasserzeichen eingeprägt ist, aus dem Geist der protestantischen Askese entwickelt. Ich habe nirgends eine treffendere Schilderung dieser arbeitsorientierten Zeitauffassung gefunden als bei Paul Scheerbart. 1902 veröffentlichte dieser folgende mit dem Doppeltitel „Die gebratene Ameise, Arbeitsspaß" versehene kleine Geschichte:

„Bei den fleißigen Ameisen herrscht eine sonderbare Sitte: Die Ameise, die in acht Tagen am meisten gearbeitet hat, wird am neunten Tag feierlich gebraten und von den Ameisen ihres

Stammes gemeinschaftlich verspeist. Die Ameisen glauben, dass durch dieses Gericht der Arbeitsgeist der Fleißigsten auf die Essenden übergehe. Und es ist für eine Ameise eine ganz außerordentliche Ehre, feierlich am neunten Tag gebraten und verspeist zu werden. Aber trotzdem ist es einmal vorgekommen, dass eine der fleißigsten Ameisen kurz vorm Gebratenwerden noch folgende kleine Rede hielt: ‚Meine lieben Brüder und Schwestern! Es ist mir ja ungemein angenehm, dass Ihr mich so ehren wollt! Ich muss Euch aber gestehen, dass es mir noch angenehmer sein würde, wenn ich nicht die Fleißigste gewesen wäre. Man lebt doch nicht bloß, um sich totzuschuften!', ‚Wozu denn?, schrien die Ameisen ihres Stammes – und sie schmissen die große Rednerin schnell in die Bratpfanne – sonst hätte dieses dumme Tier noch mehr geredet."

Die zweite Phase der Entwicklung, die wir Moderne nennen, ist dort zeitlich zu lokalisieren, wo menschliche und tierische Arbeitskraft durch Maschinen ergänzt und ersetzt wurden. An die Stelle der rhythmisch gestalteten Produktivität der Natur trat die Produktivität der industriell organisierten Arbeit. Die technisch-industrielle Produktion löste das Zeiterleben von der Natur. Zeit wurde nicht mehr an konkreten Erlebnisinhalten bzw. an anschaulichen Erfahrungen festgemacht, sondern weitgehend als von Ereignissen losgelöst verstanden. Auf den Erziehungsbereich bezogen, heißt das: Die Schule beginnt situationsunabhängig um 8.00 Uhr und nicht zum Beispiel, wenn es hell wird oder wenn alle Schüler da sind, wie dies noch in ähnlicher Form vom Kirchgang in Südtirol aus dem letzten Jahrhundert berichtet wird, wo das sonntägliche Glockenläuten zum Gottesdienst erst dann einsetzte, wenn der am weitesten entfernt wohnende Bauer auf dem Hügel von der Kirche aus gesehen werden konnte.

Technik und Ökonomie setzen den Takt – die Wiederkehr des Gleichen – an die Stelle der rhythmischen Gliederung des Werdens und Vergehens. Nicht mehr natur- und aufgabenbezogene Rhythmik bestimmen in der Moderne das Leben, sondern die Eigendynamik des Ökonomischen und des Mechanischen. Die „Zeit" und die Zeiteinteilung werden an das abstrakte Medium Geld gekoppelt, sie werden kapitalisiert. Die Verrechenbarkeit von Geld und Zeit – „Time is money" – macht die Zeit zur knappen Ware und fördert damit die Beschleunigung der Arbeits- und der Lebensverhältnisse.

Das Zeitmuster des Taktes wird zum beherrschenden zeitlichen Organisationsprinzip. Chaplin hat für dieses Leben auf die Minute in „Modern Times" die treffenden Bilder gefunden. Die Maschine liefert das Zeitmaß, an diesem gilt es sich primär auszurichten und nicht mehr an den Rhythmen des Lebendigen. Der „Fortschritt" als eine auf Zukunft gerichtete Heilserwartung bestimmt die temporale Lebensform. Die unendliche Ausdehnung in die Zukunft hinein macht „Zeit" grenzenlos teilbar und zerstückelbar. Zeit lässt sich quantifizieren, Zeiträume lassen sich planen. In dem häufigen und verbreiteten Gebrauch von Uhren, von Kalendern, von Fristen und Zeitnormen entwickelt sich dieses primär geldbestimmte Zeitverständnis schließlich zum dominierenden sozialen Ordnungsprinzip des Alltags. Der immer wiederkehrende Blick zur Uhr macht etwas davon deutlich, wie wir mit Zukunft rechnen und die Gegenwart dafür opfern, wie wir aus unserer Zeitkultur eine arithmetische Zeitkultur machen.

Die folgende chassidische Geschichte problematisiert dieses Zeitverständnis: „Der Rabbi sah einen auf der Straße eilen, ohne rechts und links zu schauen. „Warum rennst du so?" fragte er ihn. – „Ich gehe meinem Erwerb nach", antwortete der Mann. – „Und woher weißt du", fuhr der Rabbi fort zu fragen, „dein Erwerb laufe vor dir her, dass du ihm nachjagen musst? Vielleicht ist er dir im Rücken, und du brauchst nur innezuhalten, um ihm zu begegnen, du aber fliehst vor ihm."

Eine historisch gänzlich neue Produktionsform entsteht im 17. Jahrhundert: die der Fabrikarbeit. Das Zeitbewusstsein wird dort von der Knappheit der Zeit bestimmt; „Zeit" wird eine „ausbeutbare Ressource". Die Messtechnik dominiert das menschliche Zeitverhalten. Sie wird immer präziser und die Zeitplanung immer kleinteiliger. Die Stechuhren, die Terminpläne, die Fabriksirenen zerhacken die fließende Zeit. Die zeitlichen Ordnungsleistungen werden durch die streng geregelten Arbeitszeiten und zunehmend auch von den vielfältigen Konsum- bzw. Medienangeboten erbracht. Die Werbung für das Mittwochslotto aus den siebziger Jahren macht es offensichtlich: Montags kommt der Spiegel, dienstags kommt Dallas, mittwochs kommt das Glück.

Die Abkoppelung der Zeitorientierung von den kosmischen und den natürlichen Vorgaben führt dann schließlich dazu, dass Regeln (zum Beispiel in Tarifverträgen, in Betriebsordnungen, durch Arbeits- und Verwaltungsgerichte usw.) entwickelt werden (müssen), die die Menschen vor den negativen Effekten einer naturfernen Zeitordnung schützen. Kaffeepausen, Urlaub, Freizeit, Fünftagewoche, all dies sind Errungenschaften einer Gesellschaft, die die Zeit und ihre Strukturierung selbst in die Hand genommen hat. Letztlich haben wir unseren Güterwohlstand diesem Perspektivenwechsel zu verdanken – aber auch unseren Zeitnotstand. Die Ablösung der Naturrhythmen durch den menschengemachten mechanischen Takt hat uns zu neuen Horizonten der Freiheit geführt – jedoch um den Preis wachsender funktionaler Abhängigkeiten. Wir sind heute weitgehend unabhängig von den Folgen der Naturgewalten, dafür abhängiger vom Ölpreis. Unsere Erlösungs-Hoffnungen richten sich nicht mehr auf die Ewigkeit, sondern auf die rechtzeitige Auszahlung unserer Lebensversicherung.

3. Das postmoderne Zeiterleben

Eines Tages, es ist noch nicht allzu lange her, entdeckte man, dass „Flexibilisierung" der richtige Name für das sei, woran es uns noch fehlt. Dies war der Anfang vom Ende taktmäßiger Zeitordnung.

Das Zeitalter fremdbestimmter und fremdgesteuerter Pünktlichkeitsmoral geht heute seinem Ende entgegen. Die Zeitorganisation wird zum individuellen Problem und damit zur Aufgabe der Selbstdisziplinierung. Untrügliches Zeichen dafür ist das offensichtliche Verschwinden öffentlicher Uhren. Geht man in Frankfurt vom Hauptbahnhof zu Fuß ins Bankenviertel, durchquert man einen uhrlosen, aber keinen zeitlosen Raum. Weder an den Litfasssäulen, noch an den U-Bahneingängen und auch nicht mehr an den vielen Geschäftshäusern findet man Orientierung in der Vergänglichkeit des Tages. Man muss selbst eine Uhr besitzen. Dies wird als Normalität vorausgesetzt. So kommt es zu dem bedauerlichen Sachverhalt, dass wir alle zwar einen Zeitmesser, aber dafür keine Zeit mehr haben.

Wir sind – dies kann man bereits bei dem weitsichtigen Novalis nachlesen – „aus der Zeit der allgemein geltenden Formen heraus". In dieser gegenwärtigen historischen Phase, die man meines Erachtens mit guten Gründen Postmoderne nennen kann, befreien wir uns von der zeitlichen Orientierung am mechanischen Weltbild des Uhrwerks und des regelmäßigen Taktes. Dafür werden Leitbilder des Nicht-Linearen, des Chaos, der Diskontinuität, der Zeitvielfalt für uns sinnbestimmend. Konkret heißt das, dass die Bindung an äußere Zeitgeber generell verringert wird, und zwar zugunsten individueller zeitlicher Orientierungsmaße. Diesem Sachverhalt haben die Wecker, von denen es mehr als Einwohner in unserer Republik gibt, ihren Siegeszug in die Schlafzimmer der Nation zu verdanken. Die Flexibilisierung der Arbeits- und der Lebensverhältnisse hat sie unverzichtbar gemacht. Wir erleben es heute mehrheitlich als Freiheitsgewinn, jeden Abend neu entscheiden zu können, wann man am nächsten Morgen das Bett verlässt. Dafür zahlen wir einen Preis. Die Entroutinisierung sozialer Zeitorientierung belastet uns mit zusätzlichem Entscheidungsstress. Wer heute guten Gewissens aus dem Bett steigt oder dieses aufsucht, braucht ein Motiv. Das schlichte Naturereignis, dass die Sonne unter- oder aufgeht, reicht nicht mehr aus – nicht einmal mehr, um unsere Kinder von dem Spiel mit dem schnellsten Haustier, der Computermaus, loszureißen. Jahrtausendelang hat die untergehende Sonne der Menschheit den Weg in völlig unproblematischer Art und Weise ins Bett gewiesen, und die aufgehende Sonne hat sie dazu motiviert, es wieder zu verlassen. Die letzten 40 Jahre hat, wenigstens was den Beginn der Nachtruhe betraf, der Sendeschluss des Fernsehens diese Funktion übernommen, und jetzt, wo die Sender keinen Sendeschluss mehr kennen, müssen wir täglich neu entscheiden, wann wir uns zur Ruhe begeben. Die Orientierung an der Natur wurde von der des Taktes (des Sendetaktes) abgelöst und diese wiederum von der Notwendigkeit, das Zeitmaß der Orientierung selbst finden zu müssen.

Wird der Raum durch das Prinzip des „Überall" lückenlos besetzt, so die Zeit durch die Pausenlosigkeit des „Immer". Die Erfindung des elektrischen Lichtes hat die Nacht erleuchtet. Die wochentagsunabhängigen Supermärkte haben die Markttage, die ehemals die Wochen und Monate strukturierten, abgelöst. Die Veränderung der Ladenöffnungszeiten verführen zum Dauerkonsum. Die Freizeitindustrie und das Telebanking haben den Sonntag bereits seit längerem säkularisiert. Die beschleunigten Transportmöglichkeiten setzen die Jahreszeiten außer Kraft, und dies u. a. mit der Folge, dass Weihnachtsgeschenke das ganze Jahr über zum Verkauf angeboten werden und dass sich so mancher Tourist im Hochsommer „Stille Nacht, heilige Nacht" von der Musik erbittet – warum auch nicht, wenn frischer Spargel auch im Dezember zu erwerben ist. Ständig, das scheint das Ideal zu sein, soll alles per Knopfdruck zur Verfügung stehen, unabhängig von Tageszeiten, von Wochentagen und Jahreszeiten, jederzeit fertig und abgelöst von der sozialen und der natürlichen Rhythmik des Lebendigen. Wir fangen nicht mehr an, wir hören nicht mehr auf, wir tun immer vieles zur gleichen Zeit und das dann möglichst rasch.

Dies alles wird als Fortschritt gefeiert, zumindest als solcher akzeptiert. Es ist zweifelsohne auch einer, da wir durch ihn u. a. von Hunger, Dunkelheit und erzwungener Seßhaftigkeit befreit wurden und weil er uns viele Möglichkeiten des Handelns eröffnete, die früheren Generationen verschlossen blieben. Aber diese Entwicklung zieht eine Schleppe von allerlei Mißliebigkeiten nach sich, die wir „Nebenfolgen" zu benennen gelernt haben. Wir sind Nomaden zwischen unterschiedlichen Zeitanforderungen und verschiedenen Zeitmustern, die es gilt, mit relativ viel Zeitaufwand täglich, ja stündlich, zu koordinieren und zu balancieren. Das Problem, an dem wir alle in dieser verschärften Moderne laborieren, ist der Sachverhalt, dass die erwünschte zeitliche Flexibi"lität durch eine prinzipielle Vorgabe, also eine Meta-Ordnung, abgesichert werden muss; d. h., Flexibilität braucht ein orientierendes Maß, das stabil bleibt, also nicht flexibel ist. Die Natur, die Kirche, soziale und einflussreiche Menschen haben dies in der Vormoderne und in der Moderne bis in unser Jahrhundert hinein geleistet. Ihre Orientierungsfunktionen finden heute kaum mehr Anerkennung. Jaques Delors hat darauf aufmerksam gemacht, als er behauptete, nicht alle Deutschen glaubten an Gott, aber alle an die Bundesbank (und neuerdings an die Europäische Zentralbank).

Wir leben in einer beschleunigt bewirtschafteten Zeit, d. h. in einer aufgeregten Zeit. Aber das Geld, mit dem wir unsere Entscheidungen über Zeit gerne koppeln, lädt uns das Problem des Maßes in verstärkter Art und Weise auf, es erlöst uns nicht von ihm. Geld kennt kein „genug", es ist inhaltsleerer Tauschwert. Nur das, was ich mit dem Geld mache, kaufe, unternehme (das ist der Gebrauchswert), kann Kriterien für das „Genug" abgeben. Wenn man aber die Gleichung „Zeit ist Geld" aufstellt, dann gilt die Maßlosigkeit neben dem Geld auch für die Zeit. So kommt es, dass, völlig losgelöst von inhaltlichen Bestimmungen, in unserer Gesellschaft mehr Schnelligkeit, höhere Beschleunigung, gesteigerte Zeitgewinne für fast alle Lebensbereiche gefordert werden. Was mit der gewonnenen Zeit schließlich gemacht wird oder gemacht werden soll, steht nicht zur Debatte. So führt der Beschleunigungsdruck zu noch mehr Zeitsparanstrengungen. Denn die gewonnene Zeit wird dazu genutzt, noch mehr Zeit zu gewinnen. Es gibt bei dieser Spirale kein Ende, weil's kein „Genug" gibt – es sei denn das Ende aller Zeit, der Tod, setzt ihr ein gewaltsames. Dann ist's wirklich genug. Ein führender Wirtschaftsmanager hat vor nicht allzu langer Zeit im „Spiegel" behauptet: In Zukunft wird es nur noch zwei Arten von Unternehmen geben: die schnellen und die toten. Er hat dies als Mahnung verstanden, noch schneller zu werden. Vor lauter Schnelligkeit ist er nicht dazu gekommen, Schiller zu lesen. Der nämlich prophezeite: „Das langsamste Volk wird all' die schnellen, flüchtigen, einholen." Schöne Aussichten!

Heute ist das Muster der rationalen Zeitbewirtschaftung in Turbulenzen geraten. Wir spüren, dass wir uns mit dem Gewinn an neuen, bisher ungeahnten Möglichkeiten auch immer neue Entscheidungsprobleme zusammenrasen. So kommt es zu dem lästigen Zustand, dass man immer mehr Zeit braucht, um mehr Zeit zu haben. Häufig ist unser Leben nur mehr eine fortwährende Ablenkung, die, wie Kafka das vorausahnend formulierte, „nicht einmal zur Besinnung darüber kommen lässt, wovon sie ablenkt". Man sieht, auch dies ist ein Fortschritt, der bei näherem Hinsehen nur halb so groß ist, wie er auf den ersten Blick aussieht.

Bestes Beispiel dafür ist der Computer. Er ist eine Zeitsparmaschine, die viel, sehr viel Zeit kostet.

Die Idee des Fortschritts, nach der Europa zirka 250 Jahre gelebt hat, ist heute erschüttert. Wir wissen: Morgen geht gestern nicht weiter. Aber wir wissen nicht: Wie soll's weitergehen? Alle leben wir heute auf eigene Gefahr.

Orientierung ist notwendig. Zunehmend wird dieser Bedarf auch angemeldet. Die Enttraditionalisierung, d. h. die Ablösung von sozial verbindlichen Zeitvorgaben, belastet die Individuen mit zeitaufwendigen Koordinations- und Integrationsaufgaben. Der Fremdzwang wird zum Selbstzwang. Die Abhängigkeiten von der Zeit sind letztlich nicht weniger, sie sind nur anders geworden. Der Ertrag eines Bauern hängt heute nicht mehr von seiner Arbeitsleistung, auch nur mehr in geringem Maße von der Fruchtbarkeit des Bodens ab, er wird von den Manipulationen an den Warenterminbörsen bestimmt. Weit mehr Angst als vor einem Crash durch ein Erdbeben haben wir vor dem an den Finanzmärkten.

Mit Hilfe von Zeitmanagementseminaren, durch Zeitplanbücher und Terminkalender, jetzt auch in elektronischer Ausführung, werden Orte und Zeiten gesucht, in und an denen man verweilen kann, die dem raschen Veränderungsprozeß entzogen sind. Und trotzdem kommen wir vor lauter Schnelligkeit immer häufiger zu spät. Die Unsicherheiten nehmen überall zu, die Orientierungsprobleme wachsen, Selbstüberforderungssymptome werden allerorten offensichtlich. Befreit von Zeitzwängen landen wir schließlich bei anderen Zeitzwängen. Alle müssen wir – auch wenn wir nicht wollen – zu Zeitexperten werden. Dieser Text will seinen Teil dazu beitragen.

Wir versuchen, durchs Denken über Zeit und durchs Organisieren der Zeit aus den Zwängen der Zeit herauszukommen. Das wird nicht gelingen. Denn das Denken über Zeit und das Organisieren von Zeit ist seinerseits infiziert von jener Zeithetze, der wir eben damit zu entfliehen versuchen. Indem wir die Zeit analysieren und organisieren, treiben wir die Zeit und uns voran. Unser modernes Zeitverständnis löst uns nicht von der Herrschaft der Zeit, sondern vollstreckt eben diese Herrschaft, die manchmal zur Tyrannei wird. Darauf machte bereits Goethe aufmerksam, der in seinen „Maximen und Reflexionen" mahnte: „Mit Ungeduld bestraft sich zehnfach Ungeduld; man will das Ziel heranzieh'n und entfernt es nur."

Wenn das, was gilt, nur auf Zeit gilt, herrscht die Zeit über alles, was gilt, denn alles wird veränderbar und letztlich unhaltbar. Der Entwertungsprozeß von Traditionen, von Weltanschauungen liefert uns alle an den Fundamentalismus der steten Veränderung aus. Hat man einmal mit Veränderungen angefangen, lassen sich diese auch beschleunigen. Die Philosophie der postmodern gewordenen Industriegesellschaft heißt: „Es gibt keine feste Wahrheit mehr, sondern nur eine, die permanent, und dies immer rascher, unterwegs ist." Der Irrtum liegt jedoch darin, dass eben diese Überzeugung eine feste Wahrheit voraussetzt – nämlich die steter Bewegung und rascher Veränderungen, letztlich also die des Handels mit Zeit. Nur die Heiligung der Zeit, d. h. die Stillstellung der permanenten Bewegung, erlöst uns von der Zeit, von Zeitdruck und dem Gefühl, etwas zu verpassen. Man muss das Zeitliche – um von dessen Tyrannei erlöst zu werden – bereits zu Lebzeiten segnen.

„Denn das gerechte Leben", so eine Weisheit Epikurs, „ist von Unruhe am freisten. Das ungerechte aber ist voll von jeglicher Unruhe." Während wir uns mehrheitlich immerzu damit beschäftigen, noch schneller zu werden, sind die Langsamen vielleicht schon am Ziel, an dem die Schnellen immer wieder vorbeilaufen, so wie jene, die, weil sie sich verirrt haben, ihre Schrittgeschwindigkeit erhöhen und dabei häufig tiefer in jenen Wald hineingeraten, aus dem zu fliehen sie versuchen.

Freiheitliche Demokratie in der globalen Informationsgesellschaft

Peter Glotz

Silicon Politics

Von Bill Clinton und seiner Familie gibt es berühmte Urlaubsbilder, die angeblich von Heckenschützen gemacht worden seien: Der Präsident mit Frau und Tochter, alle im Badedress, ein Bild vollkommen natürlicher Familienharmonie. Clinton hat sich über den Vertrauensbruch des Fotografen und derer, die die Bilder publizierten, bitter erregt. Aber war dieser Fotograf wirklich ein Paparazzo? Könnte er nicht auch ein mit freundschaftlichen Hinweisen von Clintons Kommunikationsberatern versehener Hausfotograf gewesen sein? Ist es nicht denkbar, dass der vorgebliche Einbruch in die Privatsphäre der Familie Clinton zeigen sollte, dass diese Familie trotz der Untreue des Ehemanns immer noch eine Familie ist?

Der Dortmunder Politikwissenschaftler Thomas Meyer vermutet das. Politiker in der telematischen Gesellschaft wüssten, dass Mimik, Gestik und die Alltagsepisoden aus ihrem Privat- oder gar Intimleben besondere Meta-Botschaften seien, die maßgeblich über ihre auch professionell-politische Glaubwürdigkeit entschieden. Deswegen spielten sie ein Verwirrspiel; die Hinterbühne würde oft als Vorderbühne benutzt. „Als die erwähnten Urlaubsbilder um die Welt gingen, die Clinton in derselben Pose zeigten, wie die tausendfach in der Öffentlichkeit gestellten, hat er in den Augen all derer, die glaubten, hier sei von den penetranten Medien ein privater Augenblick entweiht worden, die gestellten Bilder seiner glücklichen Familie mit einem Male zum wahren Ausdruck seines wirklichen Charakters geadelt. Clintons öffentliche Entrüstung über den vorgeblichen Frevel war die Vollendung dieser Inszenierung eines großen Meisters, das Siegel auf die Authentizität der Inszenierung."

In der Tat muss man am Ende des zwanzigsten Jahrhunderts (in der Regel) ein solcher Meister sein, wenn man politische Spitzenämter in großen, technisch avancierten Gesellschaften erreichen will. Die Anforderungen an politische Gesichter steigen. Es gibt eine Verquickung von symbolischer und realer Politik, Macht muss visualisiert werden, die politische Inszenierung – die es natürlich zu allen Zeiten gegeben hat – wird immer wichtiger. Man kann die landläufige Kritik an dieser Entwicklung im Begriff „Politainment" zusammenfassen; das vernichtende Urteil von Neil Postman über diese Entwicklungstendenz des späten zwanzigsten Jahrhunderts haben wir schon zur Kenntnis genommen. Die Vorwürfe lauten: Überinszenierung der Politik als Theater, Placebopolitik zu Verstellungszwecken, Entpolitisierung der politischen Öffentlichkeit (Meyer), Gesichter würden wichtiger als Programme, visuelle Beeindruckungsstrategien und ästhetische Reizwerte überwucherten das diskursive Argument. Die Spin-Doctors übernähmen die Macht. Sind die Wahlkämpfe von Bill Clinton in den Vereinigten Staaten, Tony Blair im Vereinigten Königreich und Gerhard Schröder in Deutschland nicht schlagende Beweise für diese Behauptungen?

Die Beobachtungen, die dieser Kritik zugrunde liegen, sind sicher richtig. Die Darstellungskunst überwuchert in den modernen Mediengesellschaften immer stärker die Kunst der Politik. Man muss sich nur kritisch fragen, woran das liegt. Die charakterologischen Vorwürfe gegen die Hauptdarsteller (Schröder sei eben ein oberflächlicher „Telepolitiker", ein „Medienkanzler", eine „Ulknudel") greifen mit Sicherheit zu kurz. Eine ernsthafte Erörterung verdienen dagegen zwei andere Bedenken. Könnte es sein, dass die Theatralisierung der Politik eine Folge des Machtverlusts der politischen Klasse ist? Das würde bedeuten, dass der digitale Kapitalismus die Rolle der Politik zurückgestuft hat und die Politiker zwingt, ihre Unfähigkeit, bestimmte Missstände abzustellen, durch Schauspielerei zu übertünchen. Die zweite höchst berechtigte Frage richtet sich auf den Aggregatzustand der Mediengesellschaft. Wenn man den Netzeuphorikern glaubt, also Al Gore, Newt Gingrich und den durchschnittlichen Investoren in das erhoffte Multimedia-Geschäft, dann stehen wir an der Schwelle zu einer neuen Demokratie, der Hyper-Democracy, einem neuen athenischen Zeitalter der Demokratie. Das Internet werde die Politik verändern, und diese Veränderung werde zu einer Verstärkung von Partizipation und Demokratie führen. Man kann also die Frage stellen, ob die televisuelle Inszenierung der Politik an der Schwelle zum einundzwanzigsten Jahrhundert nichts als eine Spätphase der Ära der technischen Bilder darstellt? Vielleicht wird mit dem Docuverse des Internet alles anders? Beide Überlegungen verdienen eine systematische Prüfung.

Bild und Diskurs

Nun kann man so manche der gängigen Verurteilungen heutiger Politik achselzuckend auf sich beruhen lassen; sie transportieren nicht wissenschaftliche Befunde, sondern alte Ängste. Schon beim großen Jubilar heißt es:

„*Dummes Zeug kann man viel reden,*
kann es auch schreiben,
wird weder Leib und Seele töten,
es wird alles beim Alten bleiben.
Dummes aber vor's Auge gestellt,
hat ein magisches Recht:
weil es die Sinne gefesselt hält,
bleibt der Geist ein Knecht." (Goethe, Zahme Xenien)

Sicher haben technische Bilder einen besonderen Wahrheitsanspruch, bieten sie eine dichte Realitätsillusion. Und ohne Zweifel leben wir seit Erfindung der Fotografie, seit Entwicklung des Tonfilms und des Fernsehens in einer Epoche der „Revisualisierung" (Thomas Meyer). Fragt sich nur, ob diese Versinnlichung wirklich ins Irrationale führen muss? Vielleicht ist die Idealisierung des protestantischen Predigtgottesdienstes, der elitären Sinnkommunikation der moralischen Wochenschriften und der stundenlangen politischen Redeschlachten irgendwelcher Heroen der Lincoln-Zeit fragwürdige Romantik? Das Bilderverbot der jüdischen und islamischen Religion und die Bilderfeindlichkeit der Reformation – die zu einem „Machtverlust der Bilder" (Hans Belting) führte – wurzelt sicher in tiefen Schichten. Aber ist es berechtigt, den calvinistischen Sturm gegen den Bildkult heute noch weiterzupraktizieren? Verbaut man sich damit nicht eine umfassendere Welt- und Selbsterfahrung? Ist Bild-Propaganda wirklich so viel manipulativer als Wort-Propaganda?

Das menschliche Gehirn hat für die Verarbeitung von Texten und Bildern verschiedene Verarbeitungsmodi. Texte werden sequentiell aufgenommen, während Bilder schneller parallel verarbeitet werden. Sie machen also „mehr Eindruck". Aber muss man sie deshalb fürchten und bannen? Es gibt einige ganz brauchbare pragmatische Argumente gegen die allzu selbstquälerische Verdammung der Fernsehkultur. Erstens: Gelegentlich ist die Körpersprache eines politischen Akteurs erhellender (und auch verräterischer) als der (eingebimste) Text. Bilder können nicht nur faszinieren, sondern auch decouvrieren. Zweitens: Fernsehbilder sind ja nicht autonom, sondern dekorativ und illustrativ. Im Fernsehen werden nicht nur Bildfolgen gezeigt, es wird auch gesprochen. Es wäre eine alberne Übertreibung, das Fernsehen als reines Bildmedium zu betrachten und so zu tun, als ob es abstrakte Begriffe überhaupt nicht transportieren könnte. Drittens: Sicherlich muss jeder Spitzenpolitiker heute fernsehtauglich sein – und es ist möglich, dass Leute an die Macht kommen, die fernsehtauglich, aber nicht politiktauglich sind. Es ist aber kein Gesetz, dass die Fernsehtauglichen alle politikuntauglich sein müssen. Viertens: Die Magie theatralischer Politik erreicht größere Volksmassen als der elitäre Diskurs, der die Wahrheit nurmehr in abstrakte Begriffe fassen will. Er nimmt also Menschen mit, die sonst von Politik gar nicht berührt würden. Deswegen hat Gerhard Schröder nicht ganz unrecht, wenn er die Kritik an seinen Auftritten in Unterhaltungssendungen als „hochmütig" bezeichnet. Und schließlich fünftens: Die Mehrheit der Leute ist bei weitem nicht so töricht, wie Politiker und Akademiker glauben. Politische Inszenierungen (die viel mit dem Bild arbeiten) sind nicht undurchschaubar und werden von viel mehr Menschen durchschaut, als den Spin-Doctors lieb ist.

Symbolische Politik

All diese Relativierungen schaffen allerdings den Eindruck einer Entsubstanzialisierung von Politik in den letzten Jahrzehnten unseres Jahrhunderts nicht aus der Welt. Die neue Unübersichtlichkeit (Jürgen Habermas) erzwingt vielfältige (und gelegentlich krampfartige)

Anstrengungen, komplexe Situationen zu vereinfachen: Durch Personalisierung, die Wiederholung bestimmter Handlungsabläufe (Rituale), große Erzählungen, ikonische Verdichtung (Mythen) und Ersatzhandlungen. So scheint das Zeigen und Darstellen von Entscheidungen oft genug wichtiger zu werden als das Entscheiden selber.

Symbolische Politik in diesem Sinne hat es, wie gesagt, immer gegeben. Pilatus wusch sich die Hände in Unschuld, Heinrich ging nach Canossa und verharrte barfuß tagelang vor einem Palast des Papstes, Willy Brandt sank im Warschauer Ghetto in die Knie. Nicht das bedeutsame Zeichen, das Symbol ist kritikwürdig, sondern die Ersetzung von Aktion und Problemlösung durch Symbole. Diese Strategie nimmt in den medialisierten Gesellschaften unserer Jahre in der Tat irritierend zu.

Das heißt nicht, dass es im digitalen Kapitalismus keine Politik mehr gäbe, wie einige unserer Datendichter und Modephilosophen behaupten. Der skeptische Chronist der Theatralisierung der Politik, Thomas Meyer zieht ein faires Resümee:

„Die Logik des Politischen in der Politik wird in all ihren Dimensionen überlagert und durch neue, medien- und inszenierungsbezogene Faktoren ergänzt und verformt, aber nicht annulliert.

Die Macht der Darstellungskunst gewinnt kräftig an Boden im Leben der Politik, aber das politische System bringt nicht nur darstellendes Handeln hervor ...

Die Karten für die Macht und Karrierechancen der Stars werden neu gemischt und anders verteilt, aber die Akteure und ihre Machtquellen bestimmen das Geschehen, und sie tragen Verantwortung."

Aber die Politik verdünnt sich. Wenn das rote Lämpchen an der Kamera aufleuchtet, soll der Kommunikator souverän, gelassen, versöhnlich und kompetent sein. Was, wenn einmal gar kein Anlass besteht, gelassen und versöhnlich zu sein? Was, wenn eine Lage auftritt, in der niemand kompetent sein kann? Das Publikum vergleicht den Darsteller Bill Clinton mit dem Darsteller Michael Douglas, der Bill Clinton spielt. Clinton läuft Gefahr, dass die Leute Douglas besser finden. Was dann? Was wird angesichts dieses Konkurrenzkampfes aus der Wahrheit und den dürren Notwendigkeiten der alltäglichen politischen Praxis? Muss man gelegentlich den Irak oder Serbien bombardieren, um zu zeigen, was Souveränität und Stärke ist?

Internet und Politik

Die Theatralisierung der Politik ist, wie gesagt, vor allem eine Erbschaft aus der Ära der technischen Bilder (die ja andauert). Ändert sich alles wieder, wenn nun die computervermittelte Kommunikation immer mächtiger wird, wenn also immer mehr Menschen mit immer geringerem Aufwand und immer geringeren Kosten zum Sender werden und beliebig große Mailing-Lists mit einem einzigen Mouse-Klick mit Botschaften versorgen können? Wird die Theatralisierung durch die Textwelt des Internet relativiert?

Auch bei dieser Frage gibt es natürlich das übliche Gezänk der Medienoptimisten mit den Medienpessimisten. Die einen vermuten die Entmachtung der Mächtigen, die Schwächung der Intermediäre, eine grandiose Aufwertung der Many-to-many- Kommunikation. Bei diesen Prognosen ziehen die Misanthropen nur die Mundwinkel herunter. Sie befürchten eine Zerfaserung des öffentlichen Raums in völlig unverbundene Teilöffentlichkeiten, die Entmachtung funktionierender (nämlich nationaler) Öffentlichkeiten und einen Repräsentationsverlust der politischen Eliten. Wer über eine ausreichend gefestigte Weltanschauung verfügt, kann sich die Fakten noch allemal zurechtbiegen.

Wer diese Fakten ernst nimmt, kommt allerdings zuerst einmal nicht daran vorbei, dass die Telematik, deren Inbegriff das Internet ist, die Abschottung von Diktaturen, das heißt die Durchsetzung zentral geleiteter Kommunikation deutlich erschwert hat. Die Macht, die Joseph Goebbels über die Köpfe der Deutschen gehabt hat, hat heute kein Propaganda-Minister mehr. Noch versuchen zwar Nordkorea und Myanmar die physische Verbindung zum Internet zu untersagen. Auch China und Singapur bemühen sich darum, diesen Zugang wenigstens an strenge Bedingungen zu knüpfen. Aber die Kosten solcher Autonomie sind prohibitiv. Künftig werden erdnahe Satellitensysteme – wie Iridium und Teledesic – jeden Ort der Welt erreichen. Die Intellektuellen mancher Entwicklungsländer kommentieren das bitter; jetzt würde die Macht der großen amerikanischen Bewusstseinskonzerne unbeschränkbar. Es gibt aber eben auch die andere Seite der Münze: Die Belgrader Studenten, die sich gegen die autoritäre Herrschaft von Slobodan Milosevic wehren, haben plötzlich eigene Medien in der Hand, ebenso die chinesischen Oppositionellen, die gegen ihre Obrigkeit kämpfen. Studenten irgendeiner amerikanischen Law-School können dafür sorgen, dass Informationen aus dem Kosovo ständig im Internet verfügbar sind. Wer vertrauliche deutsche Regierungsdokumente lesen will, kann manche von den Amerikanern bekommen, die diese aufgrund ihres Freedom-of-Information-Act freizügiger behandeln müssen. Die UNO oder Amnesty International können heutzutage besser kontrollieren, ob ein Staat seine völkerrechtlichen Verpflichtungen einhält. Die Hoffnungen der Weltrevolutionäre auf die systematische Anleitung der Menschen haben sich ebenso wenig bewahrheitet wie die Angstträume George Orwells vom Großen Bruder und einer allmächtigen Gedankenpolizei. Am ehesten Recht behalten hat ein heiterer und hutloser deutscher Schriftsteller namens Enzensberger, der in einem kleinen Gelegenheitsaufsatz aus dem Jahr 1970, also noch vor Erfindung des Personalcomputers, das hohe Lied der Dezentralisierung sang.

Aus diesen Feststellungen sollte man keine falschen Schlussfolgerungen ziehen. Die Rede war von Sternstunden des Internet, nicht vom hundsgewöhnlichen Alltag, in dem sich kapitalstarke Netzunternehmer und ressourcenstarke institutionelle Anbieter (wie Staat und Parteien) natürlich trotzdem breiter machen als irgendwelche Habenichtse, die nur über Phantasie und Computer-Literacy verfügen. Immerhin: die Web-Site des deutschen Bundespräsidenten (www.bundespraesident.de) hatte im Sommer 1997 nur achthundert bis tausend Besuche wöchentlich aufzuweisen; Beth Mansfields Side „Persian Kitty's adult links" dagegen 425.000 Besuche pro Tag. Das zeigt nicht nur die vergleichsweise geringe Bedeutung der Politik im Netz (rund 1 Prozent der Angebote), es zeigt auch, dass Netzreputation nicht notwendigerweise (jedenfalls nicht ausschließlich) an hohen Ämtern oder hohem Geldeinsatz hängt. Wie immer man die neuen Chancen dieses neuen Mediums definiert: Ob man von Citizen-Empowerment oder von neuen „Möglichkeiten zum Widerspruch" spricht, unübersehbar ist eine gewisse Erweiterung der Chancen der Bürger zur Kontrolle ihrer Regierungen und neue, spontane Organisationsmöglichkeiten. Dass diese rasche Assoziationsfähigkeit eher flüchtige soziale Bewegungen begünstigt als klassische Organisationen mit ihrer Logik der Mitgliedschaft (und dadurch korporatistische Gesellschaften schwächt) steht auf einem anderen Blatt.

Der wichtigste Einwand gegen die These, dass das Internet bestimmte Demokratisierungschancen mit sich bringe, rührt von der elitären Komposition der Netizens. Der Anteil von Leuten mit einem hohen formalen Bildungsabschluss ist fast dreimal so hoch wie in der Gesellschaft. Fast dreißig Prozent der Online-Nutzer haben ein Netto-Haushaltseinkommen von 6000 DM oder mehr. Es gibt vier Dimensionen der Ungleichheit: Geschlecht, Alter, Bildung und Einkommen. Deswegen sagen manche, es seien die gesellschaftlichen Eliten, die sich des neuen Mediums bedienten und es seien – jedenfalls im Weltmaßstab – die Reichen.

Greenpeace-Aktivisten profitieren vom Internet stärker als ungelernte Arbeiter in Schottland. Kleine, gut organisierte Lobby-Organisationen sind eher in der Lage, die Mail-Box eines Abgeordneten zu verstopfen als niederbayrische Jugendliche ohne Ausbildungsplatz. Aber einmal ist es ganz und gar nichts Ungewöhnliches, dass neue Medien zuerst einmal von Eliten genutzt werden. Mit der Zeit flacht sich dieser Effekt ab. Und zum anderen ist die Beteiligung an der Demokratie, zynisch gesagt, sowieso eine Angelegenheit von besonders gestimmten Minderheiten. Das technische Potential der Netze liegt jedenfalls bereit, um einen Beteiligungsschub aus der Gesellschaft herbeizuführen. Einige Dutzend intelligente Projekte – von einem „Perikles Network" in Athen über den Virtuellen Ortsverein der deutschen Sozialdemokratie bis zum Projekt Minessota E-Democracy – zeigen das.

Die Idee, das repräsentative System der westlichen Demokratie durch permanente Computerabstimmungen auszuhebeln, ist sicherlich abwegig. Weder der Sachverstand professioneller Politik noch die persönliche Zurechenbarkeit von Entscheidungen sind verzichtbar. Das Fazit muss also doppeldeutig ausfallen, etwa im Sinne Claus Leggewies: „Weder wird dank des Internets ein neues athenisches Zeitalter anbrechen noch wird an ihm die repräsentative Demokratie zu Grunde gehen. Der politische Prozess aber wird sich Schritt für Schritt verändern. Die klassischen politischen Akteure haben das noch gar nicht so richtig bemerkt.

Er ändert sich vor allem durch die spürbare Schwächung des bisher mächtigsten „powercontainers", des Nationalstaats. Seine Herrschaft sinkt zu einem vergleichsweise schmalen Bündel von Dienstleistungen herab. Der Nationalstaat wandelt sich vom Monopol zum Club; man kann – zumindest teilweise – austreten. Christoph Engel hat das böse Bild von der Cafeteria gebraucht. Früher musste jeder Deutsche sich allen Regulierungen unterwerfen, die der deutsche Nationalstaat erließ. Jetzt könne jeder, eben wie in einer Cafeteria, nur das verzehren, was ihm schmecke.

Das liegt an den gewachsenen Chancen zur Abwanderung. Die Lufthansa hat ihr Abrechnungszentrum für benutzte Flugscheine nach Indien verlegt. Ein marrokanisches Unternehmen übernimmt den Computersatz für 20 Prozent aller in Frankreich erscheinenden Bücher.

Das heißt: Unternehmen können Wertschöpfungsketten durchschneiden. Der Einzelne hat im Übrigen größere Chancen zur Steuerflucht als je; bald werden direkte Steuern immer stärker durch indirekte ersetzt werden. Das führt zu einer schleichenden Erosion der Steuerbasis und damit zu einer Entkräftung des umverteilenden Sozialstaats. Die mobilen Teile des Zweidrittelblocks können im digitalen Kapitalismus sogar physisch retirieren. Mit E-Mail, Discussion-Groups, Internet-Zeitungen und dem modernen Telefonsystem kann man auch aus der Karibik in Düsseldorf Einfluss nehmen. Das hat die Konsequenz, dass die Staaten nicht mehr vollständig Herr im eigenen Haus sind.

Natürlich ist es möglich, auf diese Veränderungen intelligent und flexibel zu reagieren; durch neue Steuerarten, internationale Vereinbarungen, neuartige Staatenverbünde, den intelligenten Umbau von Staatlichkeit, z. B. Referenden und manch andere Reformen. Die Begünstigung der vielseitigen, beweglichen, sozusagen beschleunigungsfähigen, technisch, sprachlich und psychologisch „internet-tauglichen" Milieus ist dabei ganz unbestreitbar. Das wird zu jenen Kulturkämpfen zwischen Zweidrittelblock und drittem Drittel führen, die ich im vorigen Kapitel beschrieben habe. Es ist nicht gesagt, dass geradezu ein Heiliger Krieg gegen die Moderne entsteht. Eine Flucht des unteren Gesellschaftsdrittels in die Einfachheit ist aber ohne viel Risiko vorherzusagen. Wer sich weigert, in einer Vielzahl von Rollen zu spielen, rutscht ab. Dann sucht er Halt bei strengen Ideologien. Individualistisch geprägte Staatsgebilde (wie die USA, England oder Australien) werden mit dieser Entwicklung leichter fertig werden als korporatistische (wie Deutschland).

Die politische Krise als Kommunikationskrise

In den korporatistisch geprägten – also vor allem europäischen – Gesellschaften geraten unter dem Einfluss des digitalen Kapitalismus die tragenden politischen Organisationen, vor allem Parteien und Gewerkschaften, in die Krise. Der Grund liegt in der Veränderung der Werteskala einer immer größeren Zahl von Menschen: Die Einordnungsbereitschaft nimmt ab, das Interesse an einem selbstbestimmten Leben nimmt zu. Die Leute springen von den Tankern in kleine Boote; die sind beweglicher. In dieser Situation hat es keinen Zweck über den Verfall der Arbeitstugenden, die wachsende Bindungslosigkeit, die Zerbröselung der Familie oder das Verschwinden der „Solidarität" in den bekannten, unterschiedlichen Symbolsprachen der Konservativen, der christlichen Kultureliten oder der Arbeiteraristokraten herumzuklagen. Wer althergebrachte Institutionen erhalten will, muss ihre Unbeweglichkeit, Sterilität, Ineffizienz und Kommunikationsunfähigkeit bekämpfen. Institutionen sterben, wenn sie ihre Funktionen nicht mehr gut genug erfüllen, das heißt, wenn sie ihren Mitgliedern zu wenig nutzen und sich zu stark auf die Bindungskraft von Traditionen, Ritualen und Sprachspielen verlassen. Es gibt gute Gründe, eine Gesellschaft vor der Illusion zu warnen, ohne feste Strukturen friedlich existieren zu können. Aber eine verkalkte Institution überlebt nicht deshalb, weil die Leute irgendwie einsehen, dass Institutionen ganz allgemein notwendig sind und weil der würdigen, aber nicht mehr recht arbeitsfähigen Struktur keine vollgültige Alternative gegenübersteht. Gelegentlich verhalten sich Gesellschaften wie die Natur: Sie lassen einfach aussterben. Dann verwandeln sich einzelne Biotope radikal. Das ist – zum Beispiel in Deutschland – derzeit bei Parteien und Gewerkschaften im Gang.

Die politischen Parteien leiden mehr und mehr unter dem, was man Erfahrungsverdünnung nennen könnte. Ich beschreibe es am Beispiel der Sozialdemokratischen Partei Deutschlands; man würde aber nicht zu prinzipiell anderen Ergebnissen kommen, wenn man die CDU, die CSU oder die FDP analysierte. Das Problem liegt in der Abschirmung der Binnenkommunikation der Parteien vom Zeitgespräch der gesamten Gesellschaft. Parteien sind heutzutage einseitig zusammengesetzte, relativ geschlossene und vergleichsweise alte, hierarchisch gestufte Kommunikationszirkel, in die die vielfältigen Bedürfnisse der differenzierten Bürgergesellschaft nur mühsam und langsam vordringen.

Am Beispiel der SPD: sie ist nach dem Regionalprinzip organisiert. Die Meinungsbildung vollzieht sich in Ortsvereinen und über Ortsvereine zu Unterbezirken, Bezirken, Landesverbänden und dem Bundesparteitag. Wer sich in der SPD durchsetzen will, muss sich in den unteren Organisationen bekannt machen. Das ist in der Regel ein Prozess, der einige Jahre dauert. An sich ist das Prinzip plausibel und demokratisch: Die Mitgliedschaft will wissen, wer sie vertritt. Deswegen dauert es in der Regel sechs oder sieben Jahre, bis eine oder einer sich das Vertrauen erarbeitet hat, um ein größeres Mandat zu ergattern. Dieses System hat nun zwei Konsequenzen. Es zieht erstens nur Leute an, die sich auf lange Fristen einstellen können und viel Lebensenergie in die Politik investieren wollen; das ist einer der Gründe, warum die politischen Parteien derzeit von unten austrocknen. Es gibt immer weniger junge Leute, die für diese Art von Parteiarbeit gewonnen werden können. Zweitens stellen politische Parteien eine einseitige Auswahl aus der Bevölkerung dar. Die Rituale und Prozeduren der Parteienpolitik begünstigen bestimmte Berufe und soziale Schichten und benachteiligen andere.

Ulrich Pfeiffer hat diese Probleme plastisch dargestellt. Er nennt diejenigen, die in politischen Parteien gute Chancen haben, „Zeitreiche". Der Klassenkampf spielt sich sozusagen nicht mehr zwischen Geldreichen und Geldarmen ab, sondern zwischen Zeitreichen und Zeitarmen. Pfeiffers Analyse lautet folgendermaßen:

„Man kann kaum etwas gegen (das) System (der politischen Parteien) einwenden. Die Mitgliedschaft ist offen. Man beteiligt sich an einem überschaubaren Ortsverein. Das System geht allerdings stillschweigend von der Annahme aus, dass die einzelnen über ähnliche Zeitbudgets verfügen, um für die Parteiarbeit präsent zu sein. Genau diese Voraussetzung ist heute immer weniger erfüllt. Die Arbeitszeiten oder die zeitlichen Beanspruchungen durch Beruf und Familie haben sich extrem aufgefächert. Immer mehr erwerbstätige Mütter verfügen kaum noch über Freizeit. Immer mehr Freiberufliche, Manager, Spitzenbeamte oder Erwerbstätige in technisch anspruchsvollen Berufen, in denen ein ständiges Lernen Voraussetzung des beruflichen Erfolgs wird, können kaum Zeit und Energie aufbringen, um sich ständig am Binnenleben einer Partei zu beteiligen. Die Gesellschaft läßt sich immer ausgeprägter in zeitreiche und zeitarme Menschen aufteilen. Zwar hat der Tag für jeden 24 Stunden, doch immer mehr können von einer 40-Stunden-Woche nur träu-

men und sind ständig bis an ihre Kapazitätsgrenze durch berufliche und familiäre Pflichten ausgelastet. Der Zeitfraß der Parteiarbeit kann nur von denen verkraftet werden, die über viel Zeit verfügen."

Die Folge dieses Selektionsprozesses ist klar. Die Zeitreichen, ob Lehrer, Angestellte der Kommunen, Beamte, Rentner etc. bleiben unter sich. Die Erfahrungen von Selbständigen, technischer Intelligenz, Unternehmern, Freiberuflern, erwerbstätigen Müttern etc. bleiben ausgeblendet. Die Bedürfnisse dieser Ausgesperrten (denen man immer entgegenhalten kann, sie könnten sich in den Parteigremien ja engagieren, wenn sie nur wollten) werden in die Kommunikationsprozesse nicht eingespeist. Die Konsequenz ist eben Erfahrungsverdünnung. Das Tempo der Bewältigung neuer Themen wird langsam. Sprache und Themenwahl, Kommunikationsformen und Personalauswahl der Volksparteien genügen der Realität unserer Gesellschaft nicht mehr, weil wichtige Eliten ausgesperrt bleiben. Das, was in der Gesellschaft diskutiert wird, dringt viel zu langsam in die Gremien der Parteien vor.

Die Unfähigkeit der „real existierenden" politischen Parteien, rasch auf neue Entwicklungen zu reagieren, liegt also in einer Verkapselung in ihrer Binnenkommunikation, die wiederum auf einer allzu engen Selektion ihrer Mitgliedschaft bzw. Aktivbürgerschaft beruht. Die Umdenkleistung moderner politischer Parteien ist zu gering. Zwar verfügen die meisten Parteizentralen über Grundlagenforschung, Zeitgeistforschung und Fremdbeobachtung. Sie können es aber nicht wagen, radikale Konsequenzen zur Debatte zu stellen, weil sie damit in ihrer Binnenkommunikation keinen Erfolg haben. Diese Versäulung wird durch das Wahlsystem verstärkt. Da 50 Prozent der Abgeordneten über feste Listen bestimmt werden, über die nur Parteigremien entscheiden, ist es für viele Kandidaten in der Regel wichtiger, innerparteilichen Pressure-Groups zu gefallen als der Mehrheit der Bevölkerung. Das Ergebnis ist eine immer größer werdende Kluft zwischen dem Zeitgespräch in den Parteien und dem Zeitgespräch in der Gesellschaft.

Damit sind wir wieder bei der Theatralisierung von Politik. Da die politischen Eliten dieses Defizit natürlich empfinden, sinnen sie auf Abhilfe. Wenn man durch die demokratischen Prozeduren („innerparteiliche Demokratie") schon zu weit vom Wähler wegdriftet, muss man ein Medium erfinden, das eine Art telepathischer Beziehung zu diesem unbekannten Wesen, dem Wähler herstellt. Das ist der Spitzenkandidat, der Held, die Verkörperung. Also entwickelt sich zur Korrektur einer Fehlentwicklung eine weitere Fehlentwicklung; man könnte sie – mit einem paradoxen Begriff – demokratischen Cäsarismus nennen. Zur Korrektur der zähen Binnenkommunikation der Zeitreichen erfindet man den Populisten an der Spitze. Dieser Typus, der als Medium engagiert ist, wird häufiger und häufiger. So wird die Verkapselung in Binnenkommunikation kompensiert durch Spitzenfiguren, die mit autoritären Kraftakten die demokratische Meinungsbildung ihrer Partei konterkarieren. Wie dabei eine sachgerechte Reform der Rentenversicherung oder der Krankenversicherung herauskommen soll, ist eine offene Frage.

Die dritte Kommunikationsstörung liegt in der Kommunikationsverweigerung, die die politischen Parteien in Deutschland mehr und mehr betreiben. Die deutsche politische Kultur ist tantenhaft. Sie ist von zahllosen Tabus bestimmt, über die man nicht diskutieren darf. Hintergrund dieser „Tantenhaftigkeit" sind falsche Ideen über die Führbarkeit einer Gesellschaft durch Meinungsmanipulation. Man kann das die deutsche „Publizistenideologie" nennen. Das ist der eingewurzelte Wunsch vieler Journalisten, in die Politikerrolle zu schlüpfen. Viele Journalisten stellen nicht das zur Debatte, was die Gesellschaft bewegt, sondern das, was die Gesellschaft ihrer Meinung nach bewegen sollte. Ausdruck der Publizistenideologie ist die als Ethos kostümierte Auffassung, man dürfe doch X oder Y kein „Podium bieten". Wem ich ein Podium biete, sagen viele Journalisten, entscheide ich selbst. Die Folge ist eine immer größer werdende Kluft zwischen öffentlicher und veröffentlichter Meinung.

Journalisten sind im System einer demokratischen Verfassung, z. B. des Grundgesetzes, Vermittler, nicht Strategen, die entscheiden, wer „aufgewertet" wird und wer nicht. Die Tantenhaftigkeit der deutschen politischen Kultur führt aber dazu, dass bewegende Debatten in der Politik kaum mehr stattfinden. Die Extrempositionen werden ausgegrenzt, die großen Protagonisten (Bundeskanzler Kohl als Beispiel) stellen sich keinen kontroversen Debatten, also bleiben Diskussionen von wenig profilierten und wenig unterschiedenen Repräsentanten der sogenannten „politischen Mitte". Das Ergebnis: das deutsche Volk interessiert sich weit mehr für Thomas Gottschalk, Boris Becker und das Nabtal-Duo als für politische Debatten.

Die Deckstühle auf der Titanic

Die Probleme, die die Gewerkschaftsapparate haben, sind denen der politischen Parteien nicht unähnlich. Viele verweigern sich der „Job-Shift", die der digitale Kapitalismus mit sich bringt. Obgleich die Berufe mit weißen Kragen in Deutschland längst über 70 Prozent der Beschäftigung ausmachen, organisiert der Deutsche Gewerkschaftsbund weniger als 25 Prozent Angestellte. Die gewerkschaftliche Mitgliederstruktur entspricht also der Arbeitswelt der 50er Jahre. Das mittlere Management vieler Großfirmen wird ausgekämmt, die Zahl der „Selbstangestellten" wächst. In den Gewerkschaftsapparaten aber liegt die Macht oft genug bei einer „Lähmschicht", die „Management by Potemkin" betreibt. Immer mehr Funktionäre sind für Arbeitergruppen zuständig, die immer kleiner werden. Und während die moderne Kommunikationstechnik netzwerkartige Teams nahelegt, die gemeinsam an Projekten arbeiten und sich nach Erledigung ihres Auftrags auflösen und neu zusammensetzen, herrscht in Gewerkschaftsapparaten oft das „feudalistische Modell", bei dem Entscheidungs- und Fachkompetenz auseinanderfallen. Die Lernfähigkeit einer Organisation hängt vom freien Fluss der Information und der Fehlertoleranz ab. Im feudalistischen Modell aber entscheiden „die Abteilungs- und Regionalleiter – die Barone – weitgehend selbstherrlich, welche Informationen in ihrem Bereich gesammelt, wie sie interpretiert und in welchem Format sie dem ‚König' überbracht werden" (Ulrich Klotz/IG Metall). Die Folge ist oft eine grölbackige Wagenburg-Mentalität. Ungeschminkte Analyse wird zur Nestbeschmutzung. Man nimmt die neuartigen Bedürfnisse neuartiger Kundengruppen gar nicht mehr wahr. Stallgeruch wird wichtiger als Sachkompetenz. Das Ergebnis: Man kämpft um die Deckstühle auf der Titanic.

Die Beweglichkeit der Tanker

Sind die Tanker modernisierbar oder müssen sie einfach ins Schiffsmuseum? Darauf gibt es keine generelle Antwort. Inzwischen ist der Streit zwischen Traditionalisten und Modernisierern so laut, dass man sein eigenes Wort nicht mehr versteht. Es gibt technokratische Vorschläge zur Reform der alten Organisationen. So stellt Ulrich Pfeiffer „Konzeptionsvereine" zur Debatte, die die Binnenkommunikation der Parteien aufbrechen sollen. Sie sollen den zeitarmen Protagonisten des Zweidrittelblocks Möglichkeiten der Mitwirkung bieten. Die Kommunikation soll also nicht mehr im Hinterzimmer „Zum Grünen Baum" stattfinden, sondern in einer Mail-Box. Chat-Groups im Internet sollen vergleichbare Rechte bekommen wie Aktivisten-Zirkel, die sich die Donnerstagabende freinehmen können. Ob die Aktivistenzirkel diese Verfassungsänderungen des Parteiensystems hinnehmen, ist allerdings eine vollständig offene Frage.

Radikaler sind Vorschläge zur Veränderung des gesamten politischen Systems. Wenn die politischen Parteien selbst nicht reformierbar sind, weil die bisherigen Inhaber der innerparteilichen Macht an ihrer eigenen Entmachtung natürlich nicht mitwirken wollen, bliebe die Möglichkeit einer sanften Entmachtung der Parteien selbst. Debattiert werden Veränderungen des politischen Systems sowohl an der Spitze als auch an der Basis, so die Verstärkung der Kompetenzen des Präsidenten und seine Volkswahl wie die Einführung des Referendums (das in Deutschland zwar in Kommunen und Ländern, nicht aber auf der nationalen Ebene möglich ist). Wenn die Parteien strukturelle Reformen nicht mehr zustande bringen – so lautet der Grundgedanke dieser Vorschläge – muss man der Gesellschaft mehr Möglichkeiten zur Intervention in das politische Geschäft geben. Auch diese Vorstellungen sind allerdings schwer zu verwirklichen. Die meisten europäischen Verfassungen sind mit ihren Fundamenten tief in die Erde eingelassen und kaum umbaubar, es sei denn, es käme irgendein Sprengmeister daher.

Bleibt also alles beim Alten? Das kann man ausschließen. Wenn der Sozialstaat ausrinnt, weil die Kraft zu seiner Reform fehlt; wenn die Renten unsicher werden, weil die Rentenformel nicht stimmt; wenn die Besteuerung für bestimmte gesellschaftliche Gruppen zu drückend wird, werden sich Veränderungen Bahn brechen. Die zu Attentismus, Durchwurstelei und symbolischer Politik verurteilten oder jedenfalls angehaltenen politischen Eliten verlieren Stück für Stück ihre Reputation. Genau dieser Prozess ist in einer Reihe von europäischen Gesellschaften im Gang. Noch ist nicht erkennbar, wie sich dieser Konflikt lösen wird. Im digitalen Kapitalismus werden neue politische Organisationsformen nötig. Die Gefahr ist nicht von der Hand zu weisen, dass in den Übergangsphasen ernsthafte Krisen auftreten: Rechtspopulistische Revolten, autoritäre Zwischenspiele, kleinere oder größere Warnkatastrophen.

Mediendemokratie

In welchen Zustand gerät also das politische System der westlichen Demokratie im digitalen Kapitalismus? Wie lebt es sich unter den Bedingungen von „Silicon Politics"?

Die gängige Kritik kratzt nur an der Oberfläche des Problems herum. Die Parteiendemokratie verändere sich immer mehr zu einer Mediendemokratie, die Talkshow ersetze den Ortsverein, wer drei Stunden täglich vor dem Fernsehgerät sitze, dem fehle die Zeit, sich an politischen Prozessen persönlich zu beteiligen. Die spitzen Gegenfragen lauten: Ist es nicht zwingend (und im Sinne der Mehrheit), dass manche der strukturkonservativen Glaubenssätze der einseitig zusammengesetzten politischen Aktivisten über die Medien korrigiert werden? Bietet manche (nicht jede) Talkshow nicht kontroversere und inhaltsreichere Kommunikation als die durchschnittliche Parteiversammlung? Kann man fernsehend nicht oft genug mehr lernen als im Versammlungsraum der Altentagesstätte der Arbeiterwohlfahrt oder im Kolpinghaus?

In der Tat haben sich die audiovisuellen Medien insbesondere im Zug der Kommerzialisierung des Fernsehsystems eine unschlagbar starke Stellung im Meinungsbildungsprozess erobert. Mit ihnen sind ihre Bedienungsmannschaften stärker geworden; die Anchor-Men können über ihre Nachrichtenpolitik zwar keineswegs frei entscheiden, aber – als täglich ankommende Boten, Gesprächspartner der Macht und mimische Kommentatoren – haben sie spürbaren Einfluss. Die Demagogie liegt als Möglichkeit bereit. Die neue Punkt-zu-Punkt-Struktur der Computerwelt wird diesen Einfluss bei einem wichtigen Segment der beschleunigten Gesellschaften, bei den Symbolanalytikern, abschwächen, aber nicht aushebeln. Insofern bleibt es dabei, dass Politik als Theater inszeniert werden wird und das Publikum gut daran tut, sich eine gemäßigt zynische, jedenfalls coole Rezensentenmentalität anzutrainieren. Das wird natürlich nur einem Teil dieses Publikums gelingen. Der ist allerdings größer als die Kulturkritiker vermuten. Man nennt die Fertigkeiten dieser starken Minderheit neuerdings „Medienkompetenz".

Die eigentlichen Gefahren von „Silicon Politics" liegen in folgenden, aufeinander aufbauenden Entwicklungszügen:

– Der Cafeteria-Staat des digitalen Kapitalismus ist machtloser als der europäische Sozialstaat einiger Jahrzehnte nach dem Zweiten Weltkrieg, also moderationsunfähiger, eingriffsschwächer.

– Das führt zu einer Verschlechterung des politischen Personals. Die wirtschaftlichen Eliten haben weit mehr zu entscheiden als die politischen. Also drängen die stärksten Figuren in die Wirtschaft, nicht in die Politik, in der immer mehr wirtschaftlich abhängige Aufsteiger aus den beiden Mittelschichten das Bild bestimmen.

– Die Konsequenz ist eine Vereinseitigung der politischen Organisationen. Wichtige Schlüsselmilieus der beschleunigten Gesellschaft sind dort nicht mehr repräsentiert. Sie versuchen, ihre Interessen auf anderem Wege durchzusetzen und sind dabei ziemlich erfolgreich.

– So wächst in den jungen Generationen das Desinteresse an „Politik". Die Muster der höchst kompliziert über viele Ebenen verteilten Entscheidungsprozesse werden undurchschaubar. Die Idee eines nicht professionellen bürgerschaftlichen Engagements erscheint sehr vielen jungen Leuten romantisch, unpraktisch und zeitfressend. Man will mit seinem Leben etwas Aufregenderes anfangen.

Es ist leichtfertig und auf die dumme Weise zynisch, aus diesen Entwicklungen zu schließen, Politik sei nur noch Simulation, Theater und Event-Management. Auch an der Jahrtausendwende und in einer vom digitalen Kapitalismus schon stark imprägnierten Gesellschaft ist zielorientiertes, um Legitimierung bemühtes, auf den Rechtszustand der jeweiligen Gesellschaft gerichtetes Handeln möglich. Die politischen Klassen sind schwächer geworden, aber weder machtlos noch überflüssig. Sie können Menschen immer noch zusammenbringen oder auseinander dividieren. Das vielzitierte „starke und langsame Bohren von harten Brettern mit Leidenschaft und Augenmaß zugleich" (Max Weber) ist immer noch ein wichtiges Kunsthandwerk. Allerdings sind die Bretter dicker geworden, die Bohrer stumpfer.

Die Sprache der Zellen

Martin J. Lohse

Stellen Sie sich vor, Sie wären an der Regierung. Sie hätten Verantwortung für ein Volk von 50 Billionen, und das Fehlverhalten eines Einzigen könnte das Ganze gefährden. Und stellen Sie sich vor, dass Sie nicht nur ein paar Jahre, sondern viele Jahrzehnte erfolgreich regieren wollten.

Diese Vision ist Realität: unser Körper ist ein Volk von 50 Billionen Zellen. Das sind etwa 10.000mal mehr, als Menschen auf der ganzen Erde leben. Sie zu zählen, würde etwa 1 Million Jahre brauchen. Es ist nicht schwer, sich vorzustellen, dass es einer ungeheuren Koordination bedarf, alle diese Zellen unter einem Hut zu halten – dass diese Aufgabe ungleich komplizierter ist, als eine Fabrik, eine Behörde, eine Universität oder auch ein Kabinett zu koordinieren. Was in uns geschieht ist offenbar besser gelöst als das, was wir selbst dann damit tun. Der Schlüssel zu diesen erstaunlichen Leistungen liegt in einer exzellenten Kommunikation: Zellen sprechen miteinander, sie stimmen sich ab. Und Verstöße gegen ihre Regeln werden eisern geahndet.

Was sind Zellen? Sie gelten als die kleinsten selbständigen Einheiten des Lebens. Diese Erkenntnis wurde im Jahr 1838 für die Pflanzen von Matthias Schleiden formuliert und im Jahr darauf von Theodor Schwann auf die Tiere ausgedehnt. Wenig später entwickelte der damals in Würzburg lehrende Rudolf Virchow die Zellularpathologie, das Konzept, dass nicht nur das Leben, sondern auch die Krankheit ihren Sitz in den Zellen habe. Zellen können allein leben – allein im Meer, im Boden, im Körper eines größeren Lebewesens oder auch in Labors.

Lassen Sie uns einen Blick in eine menschliche Zelle werfen. Damit es dabei nicht zu eng wird, wollen wir alles ein wenig vergrößern. Stellen Sie sich vor, ein Mensch wäre eine Million mal größer als Sie es jetzt sind – also etwa 1800 km lang, knapp 500 km breit und vielleicht 300 km dick. Der Kopf wäre in Jütland, die Füße in Sardinien, und das Herz – natürlich – hier, in Bremen. Dann entspräche der Raum, in dem wir uns befinden, in seinen Ausmaßen einer größeren einzelnen Zelle – unserer Lage entsprechend etwa einer Herzmuskelzelle (die bis zu 100 m lang wäre, und 20 bis 50 m breit und hoch). Nach außen ist unsere Zelle durch eine dünne Membran, eigentlich eine kompliziert aufgebaute dünne Fettschicht, abgegrenzt. In unseren Dimensionen wäre sie drei mm dick. Das mag einem sehr instabil vorkommen, und das wäre es auch, wenn nicht zwei besondere Bedingungen herrschten. Erstens können Zellen nur in Flüssigkeit existieren; innen wie außen muss salziges Wasser sein, und zwar draußen Natrium-reiches und hier innen Kalium-reiches. Wenn eine Zelle an Luft grenzt, dann muss sie durch eine dicke Hornschicht geschützt sein. Unsere Zelle ist also eher eine im Wasser schwimmende Fettblase.

Und zweitens ist die dünne Außenmembran von innen mit einem Gerüst verstärkt, das wir als Cytoskelett bezeichnen. Dieses Skelett der Zelle darf man sich nicht wie die Knochen des Körpers oder wie das Betonskelett eines Gebäudes als starre Konstruktion vorstellen, sondern es ist ein sich schnell veränderndes, elastisches Gebilde. Es besteht aus langen und kurzen Seilen, die – in unseren Dimensionen – eine Stärke von ein bis zwei Zentimetern haben.

Dieser so stabilisierte Raum ist gefüllt mit zahlreichen Gebilden: in der Mitte befindet sich der Zellkern, eine Kugel von einigen Metern, die vor allem die DNA, das Erbgut, enthält. Daneben finden sich noch einige andere ähnlicher Größe; wir nennen sie die Zellorganellen, und wir können sie als kleine Fabriken verstehen, die der Energiegewinnung, dem Auf- und Abbau des Zellmaterials und seinem Transport dienen. Die Organellen sind ihrerseits von einer Membran umgeben, die aus ihnen eigene Funktionseinheiten macht.

Überall in der Zelle, in den Organellen ebenso wie im Raum dazwischen, befinden sich Proteine. Proteine bestehen aus einigen Dutzend bis zu vielen hundert Aminosäuren und werden nach den Plänen der DNA zusammengesetzt. Im Mittel sind sie in unserem Maßstab so groß wie ein Kirschkern. Zellen haben sehr viele Proteine. Eine so große Zelle wie unsere Herzmuskelzelle kommt auf einige Milliarden Proteine – einige Milliarden Kirschkerne in diesem Raum. Es wird also eng. Zwischen den einzelnen Kirschkernen ist nicht einmal ein Zentimeter Platz.

Diese Proteine leisten die eigentliche Arbeit in der Zelle. Einige, die wir Enzyme nennen, sind Katalysatoren chemischer Reaktionen; tüchtige Enzyme vollbringen mehr als 10.000 chemische Reaktionen in der Sekunde, manche noch viel mehr. Andere bilden das Cytoskelett. Wieder andere dienen dem Transport. Auch die Organellen lassen ihre Arbeit von Proteinen machen. All dies ist in allen Zellen so.

Darüber hinaus gibt es in spezialisierten Zellen auch noch spezialisierte Proteine; unsere Herzmuskelzelle etwa ist völlig dominiert von ihrem Kontraktionsapparat. Das sind Seile wie die des Cytoskeletts, aber in größerer Stärke und in ungeheurer Anzahl. Sie drängen alles andere an den Rand. Diese Seile laufen alle parallel, ziehen sich im Rhythmus zusammen und verkürzen damit die Zelle. So schlägt das Herz.

Proteine sind also für fast alles zuständig, was in einer Zelle geschieht: für den Aufbau, für den allen Zellen gemeinsamen Basisbetrieb und für die spezialisierten Funktionen. Zu diesen spezialisierten Funktionen gehört auch die Kommunikation zwischen Zellen.

Bis jetzt nämlich ist unsere Zelle noch völlig isoliert. Die Zellmembran ist zwar relativ durchsichtig, aber die Zelle hat ja keine Augen und bis jetzt auch noch keine anderen Möglichkeiten der Wahrnehmung ihrer Außenwelt. Wir sitzen also hier drinnen in unserer Zelle und wissen nicht, was draußen vor sich geht. Das ist aus vielen Gründen ungünstig. Und das war es auch schon zu Beginn der Evolution von Zellen, als jede Zelle noch allein durch das Leben ging. Denn um zu überleben, müssen die Zellen „wissen", wo es gut für ihre Überlebenschancen steht und wo schlecht. Sie müssen Nahrung finden und Gefahren meiden. Kurz, jede Zelle benötigt Instrumente zur Wahrnehmung der Außenwelt.

Um die Prinzipien dieser Wahrnehmung zu verstehen, wollen wir für einen Moment unsere Herzmuskelzelle verlassen und in einen einzelligen Organismus einziehen, von denen es auch heute zahlreiche Varianten gibt. Auch die meisten Einzeller benötigen eine wässrige Umgebung.

Unser Einzeller hat einen hohen Nahrungsbedarf. Um Nahrung zu finden, muss er sie wahrnehmen können. Das Beste wäre es, sie riechen zu können – und ganz ähnlich geschieht es auch: Einzeller können Stoffe in ihrer Umgebung wahrnehmen. Insbesondere Stoffe, die von Nahrungsquellen abgesondert werden. Dazu bedarf es eines spezialisierten Apparates. Dieser Apparat muss zwei wesentliche Funktionen vollbringen: erstens die Wahrnehmung eines Nahrungsstoffes und zweitens die Übermittlung dieser „Nachricht" in das Zellinnere, so dass eine Reaktion der Zelle ausgelöst wird. Auch diese Funktionen werden wieder von Proteinen wahrgenommen. Wir bezeichnen sie als Rezeptoren. Die meisten Rezeptoren sitzen in der Zellmembran. Wir müssen sie uns wieder als kirschkerngroße Gebilde vorstellen, die in die drei Millimeter dicken Wände dieses Raumes eingelassen sind. Wenn nun an der Außenseite ein Stoff auf seinen spezifischen Rezeptor trifft, so hält dieser ihn fest. Dabei passiert auch mit dem Rezeptor etwas: er ändert seine Form. Und zwar nicht nur dort, wo er den Stoff festhält, sondern auch im Zellinneren. Wie diese Formänderung genau geschieht, wie also ein Signal von außen nach innen gelangt, das ist eines der vielen ungelösten biologischen Geheimnisse. Diese Formänderung bewirkt, dass entweder der Rezeptor selbst zu einem Enzym wird oder dass er indirekt ein Enzym aktiviert. In beiden Fällen entstehen intrazellulär die Produkte einer enzymatischen Reaktion. Diese lösen dann eine Reaktion der Zelle aus. Die Reaktion einer Zelle kann etwa darin bestehen, dass sie sich zur Nahrung hinbewegt. Für diese Bewegung haben Zellen ganz unterschiedliche, originelle und technisch anspruchsvolle Antriebe.

Im Großen und Ganzen „handelt" also ein einzelliges Lebewesen nicht viel anders als wir: es nimmt Nahrung wahr, bewegt sich auf sie zu und verschlingt sie. Auch beim Verschlingen gibt es verschiedene Techniken, gute Tischmanieren und schlechte. Einige Einzeller sind Vegetarier, andere Fleischfresser, dritte bevorzugen leblose Rohstoffe. Einzeller können auch übereinander herfallen. So gibt es welche (Didinium), die auf der Suche nach anderen Einzellern durch das Wasser schwimmen, ihre Beute mit Schüssen lähmen und schließlich mit Haut und Haaren verschlucken.

Hier haben wir also eines der einfachsten Beispiele, wie Zellen die Außenwelt wahrnehmen, und dabei spielen spezialisierte Rezeptoren eine entscheidende Rolle. Dieses Prinzip der Wahrnehmung über spezifische Rezeptoren hat sich im Laufe der Evolution in vielen Varianten erhalten.

Eine der wesentlichsten Varianten ist, dass Zellen nicht nur Signale der Außenwelt, sondern auch die anderer Zellen wahrzunehmen begannen. Aus Wahrnehmung wird damit Kommunikation. Ein schönes Beispiel hierfür sind die Schleimpilze, Dictyostelium. Sie leben im Waldboden als einzelne Zellen, ernähren sich von Bakterien und Hefen und vermehren sich. So lange ausreichend Nahrung vorhanden ist, geht dies gleichförmig vor sich hin. In der Regel aber wird die Nahrung nach einer Weile knapp. Und dann passiert etwas Besonderes: die kleinen Einzeller stoßen einen Notruf aus. Dieser „Notruf" ist ein chemisch definierter Stoff: das cyclische Adenosinmonophosphat, kurz cyclo-AMP. Dieser Stoff wird von den einzelligen Schleimpilzen, wenn sie zu hungern beginnen, in die Umwelt abgegeben. Wenn man also einen hungernden Schleimpilz suchen will, so braucht man nur der Konzentration an cyclo-AMP nachzugehen, und dort, wo sie am höchsten ist, wird man ihn finden. Genau das tun die anderen Schleimpilze: sie nehmen das cyclo-AMP wiederum mit einem spezifischen Rezeptor wahr, sie können dabei sogar messen, auf welcher Seite der Zelle die Konzentration am höchsten ist, und sie bewegen sich dann dorthin. Auch hier bindet der Rezeptor einen von außen kommenden Stoff und löst im Zellinneren enzymatische Reaktionen aus. All das ist dem Auffinden von Nahrung sehr ähnlich, mit dem Unterschied, dass das Signal, das cyclo-AMP, von einem Artgenossen kommt.

Dieses Signal bringt nun die einzelligen Schleimpilze dazu, sich zu versammeln. Viele Tausend hängen schließlich aneinander und beginnen, einen vielzellulären Organismus zu bilden. Zuerst bewegen sie sich zusammen als eine wenige Millimeter große schleimige Scheibe über den Boden. Dann bildet sich eine Differenzierung der einzelnen Zellen heraus: ein kleiner Prozentsatz der Zellen bildet einen einige Millimeter in die Höhe ragenden Stängel. Auf ihm sitzen die anderen Zellen und verwandeln sich zu Sporen. Die sehr resistenten Sporen können nun von Wind und Wetter verweht werden, bis sie – wenn die Bedingungen für sie günstig sind – zu neuem Leben als Einzeller erwachen. Die Zellen aber, die den Stängel bilden, sterben.

Wir haben hier also eine ganze Reihe scheinbar vernünftiger Verhaltensweisen vor uns: das Mitteilen und „Verstehen" eines Notrufes, das Bilden eines vielzelligen Organismus und schließlich ein quasi soziales Verhalten, mit dem sich einige Zellen als Stängel opfern, während die übrigen Zellen sich mit der Hoffnung auf neues Leben in Sporen verwandeln dürfen. Das biochemisch Entscheidende aber ist, dass sich zu einem wahrnehmenden Rezeptorapparat ein zweiter Apparat gesellt, der das Signal aussendet. Hier geht es um Kommunikation zwischen Zellen – in der einfachen, technischen Grundsituation: Sender, Signal und Empfänger.

Sender und Empfänger sind in dieser Situation gleichartig, das heißt, sie können ihre Rollen tauschen. Das Signal ist einfach, kann aber in seiner Intensität moduliert werden. Es enthält mehrere festgelegte Bedeutungen: 1. zeigt es dem Empfänger an, dass ein Sender da ist; 2. enthält es eine Aussage über die Befindlichkeit des Senders – nämlich, dass er Hunger hat; 3. warnt es auch den Empfänger vor Hunger; 4. liegt ein Kommando darin, dem sich der Empfänger nicht entziehen kann, nämlich sich auf den Sender zuzubewegen; und 5. wird schließlich in dem Empfänger ein komplexes Differenzierungsprogramm gestartet, die Umwandlung in Stängel bzw. Sporen. Dieses Differenzierungsprogramm braucht dann allerdings noch weitere Signale, die durch mehrere andere Signalstoffe verkörpert sind.

Ist dies schon Sprache? Es gibt unterschiedlich anspruchsvolle Definitionen von Sprache. In seinen Philosophischen Untersuchungen hat Wittgenstein eine primitive Sprache folgendermaßen skizziert: „Die Sprache soll der Verständigung eines Bauenden A mit einem Gehilfen B dienen...Sie bedienen sich einer Sprache aus den Wörtern „Würfel", „Säule", „Platte",

„Balken". A ruft sie aus; B bringt den Stein, den er gelernt hat auf diesen Ruf zu bringen. – Fasse dies als vollständige primitive Sprache auf." Nun, das können Schleimpilze in etwa auch. Man kann sogar sagen, dass sie zu Elementaraussagen in der Lage seien. Mehr aber darf man nicht erwarten. Selten wird man sie in Unterhaltungen um der sozialen Interaktion willen, in metasprachlichen Reflexionen oder in Diskussionen über die Regeln ihrer Grammatik antreffen.

In dieser primitivsten Form der Kommunikation zwischen zwei Einzellern ist im Prinzip schon alles angelegt, was wir bei den viel komplizierteren höheren Organismen finden. Wir können deshalb in unsere Herzmuskelzelle zurückkehren. Wenn wir jetzt die „kirschkerngroßen" Proteine in den Außenwänden genau anschauen, dann können wir den cyclo-AMP Rezeptor der Schleimpilze wiedererkennen. Die Rezeptoren der Schleimpilze und die unserer eigenen Zellen sehen sich zum Verwechseln ähnlich. Das betrifft nicht nur das Aussehen der Rezeptoren selbst, sondern auch ihre nähere Umgebung. Auch unsere Zellen kommunizieren mit Hilfe von chemischen Stoffen und durch Stimulation spezifischer Rezeptoren.

Die Unterschiede sind vor allem quantitativ, weil die Kommunikation zwischen 50 Billionen unterschiedlichen Zellen ungleich komplizierter ist als die zwischen gleichartigen Einzellern. Entsprechend gibt es eine Vielzahl verschiedener Signalstoffe und eine Vielzahl von Rezeptoren; man schätzt, dass es insgesamt mehrere Tausend Varianten davon gibt, dass mithin einige Prozent des menschlichen Genoms für Rezeptoren reserviert sind. Aber alle diese Rezeptoren leiten sich von vier wesentlichen Prototypen ab, die wir schon bei den Einzellern finden – es sind nur Varianten davon. Interessanterweise haben übrigens einige dieser Rezeptoren bei uns weiterhin die Funktion, von außen kommende Reize wahrzunehmen: die Rezeptoren für Geruchsstoffe in der Nase und für Licht im Auge sind ganz enge Verwandte der vielen Rezeptoren im Körperinneren.

Wir kennen zwei Arten von Stoffen, die im menschlichen Körper als Signale zwischen Zellen fungieren: Hormone und Neurotransmitter. Hormone dienen der langsamen und diffusen Kommunikation. Ein Beispiel: In Stresssituationen setzen Zellen in der Nebenniere das Hormon Adrenalin frei. Mit dem Blut gelangt Adrenalin in alle Organe, auch zu unserer Herzmuskelzelle. Dort wird es von seinen Rezeptoren festgehalten, und diese lösen im Zellinneren eine enzymatische Reaktion aus, nämlich die Produktion von cyclo-AMP, das wir schon als Signalstoff bei den Schleimpilzen kennengelernt haben. Diesmal aber dient es als Botenstoff innerhalb der Zelle (2nd messenger). Dieser zweite Botenstoff löst eine komplizierte biochemische Reaktionskette aus, in der verschiedene unserer kirschkerngroßen Signalproteine jeweils das nächste aktivieren. Auch diese Proteine kommunizieren also miteinander. Am Ende dieser Kette steht der Kontraktionsapparat – die dicht gespannten Seile, die unsere Zelle durchqueren –, der daraufhin schneller und kräftiger arbeitet. Wie schon das Signal der Schleimpilze erteilen also Hormone Befehle: Adrenalin befiehlt dem Herzen, schneller und kräftiger zu schlagen.

Neurotransmitter sind die Signalstoffe der Nervenzellen. Nervenzellen leiten an sich ihre Signale elektrisch: das geht schneller und genauer. Aber an den Kontakten von einer Nervenzelle zu einer anderen Zelle findet die Kommunikation – mit wenigen Ausnahmen – wieder mit Hilfe chemischer Stoffe, nicht elektrisch statt. Die Entdeckung dieser chemischen Übertragung gelang 1920 in Graz Otto Loewi, der dafür 1936 den Nobelpreis erhielt und zwei Jahre später von den Nazis vertrieben wurde. In einer Rückschau, die er viele Jahre später schrieb, schildert er die Geschichte geradezu alttestamentarisch. Er habe, sagt er, schon viele Jahre gedacht, dass Nervenendigungen Substanzen enthielten, die sie bei elektrischer Erregung freisetzten und damit den Impuls auf andere Zellen, z.B. des Herzens, übertragen. Aber er habe kein Experiment gesehen, dies zu beweisen. In der Osternacht kam ihm dann im Traum die Lösung; er erwachte und machte sich Notizen. Am nächsten Morgen aber konnte er sie nicht mehr entziffern. In der folgenden Nacht kam der Traum wieder. Er erwachte, ging sofort – morgens um drei Uhr – in das Labor und führte ein Experiment durch. Er tat ein isoliertes Froschherz in eine Salzlösung, in der es weiter schlägt. Dann reizte er mit einer Elektrode den Nerv, der zum Herzen führt und es langsamer schlagen lässt. Nach einigen Minuten gab er die Salzlösung aus diesem Herzen auf ein zweites isoliertes Froschherz, das daraufhin langsamer schlug. In der Salzlösung muss sich also ein Stoff befunden haben, der vom elektrisch gereizten Nerv freigesetzt wurde und der in der Lage war, den Herzschlag zu verlangsamen. Damit war also gezeigt, dass Kommunikation von Nervenzellen und anderen Zellen im Prinzip gleich erfolgt, nämlich über Signalstoffe und ihre Rezeptoren.

Nun leisten aber die menschlichen Zellen, besonders die Nervenzellen, in der Kommunikation noch sehr viel mehr als die Einzeller. Sie empfangen nämlich viele verschiedene Signale gleichzeitig, und sie können diese Informationsflut verarbeiten. Eine einzelne Nervenzelle kann Signale von Tausenden anderer Nervenzellen empfangen, von denen jede wieder auf Tausende von Rezeptoren wirkt. Die empfangende Zelle muss alle Signale integrieren und zu einer Antwort verarbeiten. Dies geschieht, indem die einzelnen Reaktionen auf die einzelnen Signale sowohl räumlich als auch zeitlich summiert werden. Wenn also die Stimulation einiger Rezeptoren das cyclo-AMP in der Zelle erhöht, andere Rezeptoren es aber erniedrigen, so ergibt sich eine mittlere Konzentration, die die Summe aller Impulse darstellt. Auf graduelle Unterschiede der Stimulation können Zellen mit ebenso graduellen Unterschieden der Antwort reagieren. Gegenüber Computern, die mit An/aus-Schritten und Additionen von 0 und 1 arbeiten, zeigen Zellen durch die Fähigkeit der Summation von eingehenden Signalen und der Graduierung ihrer Reaktionen ein viel komplizierteres Spektrum an Informationsverarbeitung.

Diese Fähigkeiten werden noch erheblich erweitert durch die Fähigkeit zur Veränderung. Die für die Kommunikation zwischen Zellen verantwortlichen Elemente zeigen eine ungeheure Plastizität und Regulation. Hierfür sollen zwei Beispiele genannt sein: Lernen und Desensibilisierung.

Lernen können schon einzelne Zellen. Das ist zum Beispiel in langjährigen Experimenten von Eric Kandel an Meerschnecken gezeigt worden: nur ganz wenige Nervenzellen sind an einem Reflex beteiligt, den diese Meerschnecken erlernen können. Noch reduzierter kann man Lernen an der Schnittstelle zwischen zwei Nervenzellen, sogenannten Synapsen, sehen. An diesen Synapsen findet die chemische Signalübertragung von einer Nervenzelle auf eine zweite statt. Bestimmte Synapsen funktionieren nach häufiger Benutzung besser, und zwar für viele

Tage. Mit anderen Worten: diese Synapsen lernen. Viele verschiedene Mechanismen sind daran beteiligt. Vor kurzem ist gezeigt worden, dass in solche Synapsen neue Rezeptoren einwandern, die vorher quasi in Reserve gehalten wurden. Mit diesen zusätzlichen Rezeptoren funktioniert die Signalübertragung dann natürlich besser.

Das zweite Beispiel für Plastizität ist das Gegenteil des ersten: Verlust an Empfindlichkeit, oder Desensibilisierung. Darunter verstehen wir, dass eine wiederholt oder langfristig genutzte Signalübertragung zunehmend schlechter funktioniert. Auch hierfür gibt es verschiedene Mechanismen; die wichtigsten bestehen in einem Abbau von Rezeptoren und in einem Abschalten der verbleibenden. Desensibilisierung von Rezeptoren gibt es übrigens schon bei Schleimpilzen und Hefen.

Aus diesen Beispielen wird deutlich, dass die Kommunikation zwischen Zellen kein starres System ist, sondern dass sich Sender wie Empfänger in Richtung auf eine verbesserte oder auch eine verschlechterte Kommunikation verändern können. Zellen können hinhören oder auch weghören.

In die spezifische Kommunikation zwischen Zellen kann man von außen eingreifen: künstliche und natürliche Stoffe können die daran beteiligten Proteine aktivieren oder blockieren. Das geht besonders gut bei den Rezeptoren, denn die sind ja gerade für die Erkennung von Stoffen geschaffen. Solche Stoffe benutzt man als Arzneimittel. Man kann mit ihnen Rezeptoren und dadurch Zellfunktionen steuern, man kann sie aktivieren oder ihre Aktivität reduzieren. Das ist – grundsätzlich – bei allen Erkrankungen sinnvoll, bei denen Organ- und Zellfunktionen gestört sind. Und davon gibt es viele. Ein Drittel der bei uns verwendeten Arzneimittel wirken auf Rezeptoren, und etliche weitere wirken auf den Sendeapparat.

Die rasant fortschreitende Identifizierung menschlicher Gene zeigt, dass es noch viel mehr spezifische Rezeptoren gibt, als wir je erwartet haben. Dies gibt uns Hoffnung, dass sich noch viel spezifischere Stoffe werden finden und entwickeln lassen, mit denen ganz gezielt die Kommunikation bestimmter Zellen verändert werden kann. Ein großer Teil der jetzt auch in Deutschland an Kraft gewinnenden biotechnologischen Arzneimittelforschung zielt daher darauf ab, Proteine zu finden, die in der zellulären Kommunikation wichtig sind, und Stoffe zu entwickeln, die auf sie passen. Von solchen Stoffen erwarten wir wesentliche Fortschritte in der Therapie von Krankheiten.

Wo es Sprache gibt, da gibt es auch ihre Störung. Das ist auch zwischen Zellen so. Aus ihnen können Krankheiten resultieren. Selten sind dabei genetische Defekte im Spiel. Viel eher handelt es sich um echte Verständigungsprobleme. Dann entspricht die Reaktion des Empfängers nicht dem vom Sender ausgesandten Signal.

Beim Diabetes etwa ist die Kommunikation von Insulin und seinem Rezeptor gestört, bei der Allergie die zwischen Cytokinen und ihren Rezeptoren. In unserer Herzmuskelzelle gibt es eine Störung zwischen Adrenalin und seinem Rezeptor beim chronischen Herzversagen. Diese resultiert offenbar aus einem scheinbaren Interessensgegensatz zwischen dem Gesamtorganismus und den Herzmuskelzellen: Der Organismus fordert über vermehrtes Adrenalin eine Verstärkung der Herzarbeit ein. Dies kann aber die schon geschädigte Herzmuskelzelle nicht leisten. Der Konflikt wird entschieden, indem die Rezeptoren desensibilisieren: trotz erhöhtem Adrenalinspiegel im Blut arbeitet die Herzmuskelzelle nicht vermehrt. Interessanterweise scheint das Herz bei diesem Streit recht zu haben; denn wenn man seine Reaktion auf Adrenalin durch Blockierung der Rezeptoren noch weiter abschwächt, dann lebt auch der Gesamtorganismus länger. Sprachstörungen können also auch sinnvoll sein.

Andere Sprachstörungen dagegen sind für Zellen fatal. Bei der Ausbildung des Gehirns überleben nur solche Nervenzellen, die die Kommunikation mit den richtigen anderen Nervenzellen hinbekommen. Das Signal, das sie durch diese Kommunikation bekommen, ermöglicht ihnen das Überleben. So behält das Gehirn von seinen im Überfluss angelegten Nervenzellen nur die, die die richtigen Verbindungen gefunden haben.

In der Kommunikation zwischen Zellen wissen wir relativ viel über Sender und Empfänger, aber wenig über die Signale selbst – das also, was die eigentliche Sprache ist. Einfache Bedeutungen können wir erfassen. Viel Adrenalin bedeutet: das Herz soll schneller schlagen. Viel Insulin bedeutet: die Muskeln sollen den Zucker aus dem Blut schaffen. Man kann sagen: wir verstehen die lauten Rufe der Zellen. Aber so einfach sind die meisten Signale nicht. Nervenzellen zeigen zeitlich gestaffelte Schwankungen und auch Hormonspiegel schwanken im zeitlichen Verlauf stark. Was damit kodiert wird, ob es so etwas ist wie eine einfache Morsesprache, das wissen wir nicht. Aber wir wissen, dass dieser zeitliche Ablauf der Signale für das Funktionieren der Kommunikation zwischen Zellen essenziell ist. Wir wissen auch, dass die Kommunikation zwischen Zellen zumindest einer Reihe von Bedingungen des Sprachmodells Bühlers genügt: Sender und Empfänger verständigen sich über Sachverhalte, die Signale enthalten Information über den Sender – sind also „Ausdruck" wie Bühler es nennt – und zielen auf den Empfänger, sind „Appell".

Natürlich fehlt den Zellen das Bewusstsein über diese Vorgänge, und damit das Wesentliche von Sprache, wie wir Menschen sie benutzen. Es fehlt ihnen Metasprache und vermutlich auch Poesie. Aber im Pragmatischen funktioniert die Sprache der Zellen exzellent. Nur mit ihrer Hilfe gelingt es, die Funktion unserer 50 Billionen Zellen zu organisieren. Für dieses Gelingen sind drei Elemente wesentlich: 1. Die Kommunikation erfolgt mit vielen verschiedenen chemischen Stoffen, die jeweils von spezifischen Rezeptoren erkannt werden. Die Kommunikation zwischen Zellen erfolgt also auf vielen Kanälen, die einander nicht stören. 2. Zellen können eine enorme Integration von Information leisten. Und 3. Die Aufgaben der Koordination von Zellen sind sinnvoll verteilt. Ganz anders als in unserem Alltag übernehmen übergeordnete Zellen nur das, was notwendig ist. Ihre Befehle sind allgemeiner Art – zum Beispiel, dass das Herz kräftiger schlagen soll. Die Ausführung der Befehle regeln die Zellen eines Organs selbst, indem sie untereinander auf einem anderen Kanal kommunizieren. Und auf weiteren Kanälen, also wieder mit anderen Stoffen, erfolgt die Rückkopplung: die Bestätigung, dass der Befehl ausgeführt ist. Zellen sind also nicht nur Meister im Kommunizieren, sie sind auch Meister im sinnvollen Verteilen von Aufgaben.

Einige laute Rufe dieser Sprache zwischen Zellen kennen wir, ihre Worte nicht. Aber: „Wovon man – noch – nicht sprechen kann, darüber muss man forschen".

Was darf die Genforschung?

Über die ethischen Grundsätze ihrer Anwendung

Dietmar Mieth

Die im August 1999 in den Medien begonnene Debatte über einen Vortrag des Philosophen Peter Sloterdijk mag sinnvoll sein, weil sie die Sensibilität für mögliche Menschenzüchtung erhöht und weil die Philosophen aus dem Olymp ihrer Dialoge mit den geistigen Höhen der Jahrhunderte herabsteigen. Aber Sloterdijks Kritik des Humanismusparadigmas war wohl nicht ethisch, sondern diagnostisch gemeint. Er mag in dieser Diagnose, wie ich meine, Unrecht haben. Man mag sich zudem fragen, warum er die Sensibilität für ethische Assoziationen vermissen ließ. Man mag sich auch fragen, warum seine Gegner nicht diagnostisch, sondern moralisch reagierten. In jedem Fall ist man in dieser Debatte, wie Jens Reich gut nachvollziehbar (Süddeutsche Zeitung 14. September 1999) dargestellt hat, außerhalb des biotechnisch Erreichbaren und außerhalb des moralisch Vertretbaren. Man muss freilich zugestehen, dass Sloterdijks Phantasien, ohnehin mehr als Kunstproduktionen und rhetorische „Denkstücke" von ihm verstanden, durchaus auch in den Köpfen wissenschaftlich ernst zu nehmender Wissenschaftler vorkommen. Freilich nicht in der Variante, dass das „Versagen" des „Zähmens" das „Züchten" nahelegt, sondern in der Variante der „Whynot"-Philosophie: wenn wir schon „Zähmen" (erziehen), warum dann nicht „züchten"? Ein Paradigmawechsel vom „Zähmen" des Menschen durch Erziehung zum „Züchten" des Menschen (z. B. gegen Gewalt und Aggression) ist ein ungeheuerliches Missverständnis erzieherischer Absichten, die Einflüsse kontrollieren und Selbstbestimmung ermöglichen wollen, und ebenso eine maßlose Unterschätzung der Komplexität genetischer Zusammenhänge und Möglichkeiten. Würde man diesen Träumen folgen, so würde man nur eine sehr selbstkritische Hochkultur des Humanum durch Pfusch und Barbarei ersetzen. Die Konjunktur von Phantastereien sollte nicht die ernsthafte und geduldige interdisziplinäre ethische Arbeit verdecken, für welche es immer noch zu wenig institutionelle Ressourcen in Forschung und Ausbildung gibt.

Größere Probleme durch Problemlösung

Wer sich mit Ethik in der Biomedizin und in der Biotechnik beschäftigt, wird auf dem Grundsatz bestehen: man soll Probleme nicht so lösen, dass die Probleme, die durch Problemlösung entstehen, größer sind als die Probleme, die gelöst werden. Problemlösungen sehen oft in einer isolierten Laborwelt anders aus als im Zusammenhang mit ökologischen, sozialen, psychologischen und ethischen Fragen. Sie müssen sich also einem breiten gesellschaftlichen Diskurs, einer genauen Technikfolgenabschätzung und den sozialethischen Kriterien der Verantwortung stellen.

Die Menschenrechte, der Rechtsstaat, weltweite Codices der Berufsethik (z.B. für Ärzte) sind hier herausgefordert, ihre praktische Wirksamkeit zu zeigen. Sie sehen sich neueren Versuchen der Veränderung unserer „wertkonservativen" Moralkriterien gegenüber. Die einen betreiben die Lockerung: die Freigabe frühester menschlicher Lebensformen, die Keimbahnzellenmanipulation unter Voraussetzung einer relativen Sicherheit der Beherrschung, die Verbesserung des Erbgutes über Krankheitsindikationen hinaus, die Verhinderung von „Diskriminierung" gentechnischer Produkte, die Erweiterung von „erlaubter" Gentechnik zu Patentierungsprivilegien und zu Beteiligungspflichten für alle Länder: wer Zutritt haben will, soll zahlen. Die anderen betreiben die Verschärfung: Pflanzen und Tiere sollen besser geschützt werden, Ungewissheiten hinsichtlich der Folgen sollten erst fallweise aufgeklärt werden, technische und ökonomische Entwicklungen sollten erst ihre Nachhaltigkeit (Gesundheitsverträg-lichkeit, Umweltverträglichkeit, Sozialverträglichkeit, Friedensverträglichkeit) beweisen, die Grenzen zwischen Korrektur und eugenischer „Verbesserung" sollten genauer bestimmbar sein.

Zwischen diesen auseinanderstrebenden Tendenzen der Prioritätensetzung bewegen sich „wertkonservative" Positionen, denen es vor allem auf Erhaltung der menschlichen persönlichen Selbstbestimmung gegen die Manipulation der Interessen durch fragwürdige Bedarfsweckung ankommt: Menschenwürde gegen Interessenmoral. Unter „Interessenmoral" ist dabei nicht nur zu verstehen, dass sich Interessen einseitiger und fragwürdiger Art durchsetzen, z.B. Interessen schneller Kommerzialisierung der Wissenschaft, sondern auch, dass die Gentechnik in den Sog der üblichen Einwerbung von Interessen gerät: Die Nachfrage wird dann nicht abgerufen, sondern, oft durch zu euphorische Versprechungen, erst gemacht.

Im öffentlichen Diskurs werden pränatale Gendiagnostik und somatische Gentherapie (letztere trotz des schleppenden Vorwärtsganges und ungelöster Probleme) weitgehend akzeptiert. Gendiagnostik und Gentherapie sind Anwendungsfelder der Gentechnik am Menschen, bei denen wir gründlich unterscheiden müssen, was wir für die Zukunft wollen, bevor wir unter Druck geraten, nur noch über kosmetische Begleitmaßnahmen zu sprechen (bzw. sprechen zu können). Möglichst viele Menschen zu informieren und an der Debatte zu beteiligen, ist ebenso wichtig, wie sich über die Realistik der Ziele und die Zulässigkeit der Mittel auf dem Laufenden zu halten.

Umgang mit neuem Wissen

In diesem Zusammenhang ist der Umgang mit neuem genetischen Wissen unter eine besondere Verantwortung zu stellen. Dieses Wissen darf nicht als Detail für das Ganze des Menschen stehen. Seine Einschränkung muss anerkannt werden. Wenn z. B. eine mit derzeitigen

Methoden diagnostizierbare Form von Brustkrebs bei einer Frau ausgeschlossen werden kann, so ist damit nicht ausgeschlossen, dass diese Frau aus anderen Ursachen heraus, auch genetischen, Brustkrebs bekommen kann. Dies mahnt zur Vorsicht. Ebenso kann die Diagnose einer möglichen genetischen Veranlagung auf Brustkrebs nicht einfach zu einer präventiven Brustchirurgie – in USA wird sie empfohlen, in Frankreich wird davon in den Richtlinien abgeraten – führen.

Gentechnik und Umwelt, Gentechnik und Ernährung sind nicht nur (aber auch) Fragen der Sicherheit, sondern auch Fragen unserer Freiheitskultur. Die Menschen müssen wissen, wie produziert und was ihnen angeboten wird, damit sie aus eigener Verantwortung und eigenem Risiko sich dazu stellen können. Die DFG formuliert im Vorwort ihrer Denkschrift: „Der international zu beobachtende Trend, Wissenschaft und Forschung als bloße Wirtschaftsfaktoren zu betrachten, Wissen möglichst rasch und gewinnbringend in Privat- und Staatseigentum zu verwandeln, statt die Möglichkeiten zur Entstehung neuen Wissens in den Freiheitswurzeln der Gesamtkultur eines Landes (oder auch eines Kontinentes) zu suchen, die neuesten Versuche, nun auch das freieste aller Güter, die wissenschaftlich anregende, wechselseitige Information zu kommerzialisieren, zu proprietarisieren und zu monopolisieren, sind nur Symptome dieses nicht zu unterschätzenden Entwertungsprozesses." (1996)

Neue Ethiken

In der internationalen Diskussion kann man beobachten, dass neue Ethiken jenseits der Menschenwürde gesucht werden. Unter Stichworten wie „Harmonie mit der Natur" (Asien), Kampf gegen den „Speziesismus" (der die Zugehörigkeit zur Gattung Mensch als zureichendes Kriterium für Würde und Unantastbarkeit betrachtet) und berechenbaren „Lebensqualitäten" (sog. qualies) wird die moralische Kultur, die wir mühsam genug zu behaupten versuchen, fortschreitend entwertet. Dazu gehört, dass der Zweck die Mittel heiligen soll und dass immer wieder auch unmoralische Zwecke (z. B. populationsgenetische Gefahrenabwehr) im Angebot erscheinen.

Da unsere Zeit die Autonomie des Menschen moralisch hoch schätzt, kommt alles darauf an, was man darunter versteht und wie sich die so verstandene Autonomie zur Menschenwürde verhält. Fraglos ist die Würde des Menschen erst dadurch plausibel, dass er sich in vernunftgeleiteter Freiheit selbst bestimmen kann. Dies ist aber nicht mit willkürlicher Selbstverfügung zu verwechseln, sondern beinhaltet auch die Selbstverpflichtung, die menschlichen Güter auch beim anderen zu respektieren. Was den Menschen als Menschen auszeichnet, kann nicht noch einmal vom Menschen als Gattung unterschieden werden. Das Ergebnis wäre dramatisch: Man würde eine Scheidelinie zwischen unverfügbarem und instrumentalisierbarem Menschsein zu ziehen versuchen. Damit gerät entweder die Einbeziehung der Schwachen, Nicht-selbstbestimmungsfähigen, in Gefahr oder, wie in der angelsächsischen Philosophie oft üblich, man betrachtet die „Würde" nur noch als ein schwaches Kriterium, als ein Symbolwort für die Pietät gegenüber den Mitgliedern der menschlichen Gattung, die nicht über sich selbst bestimmen können und deshalb nur in schwächerer Form anerkannt werden. Es ist kein Wunder, dass Behindertenverbände gegen diese Sichtweise Sturm laufen.

Mit der In-Vitro-Fertilisation, mit der Gendiagnostik vor der Einpflanzung sind in der Regel auch Embryonenversuche verbunden. Frühes menschliches Leben wird immer mehr in reduktiver Weise betrachtet: als Summe seiner genetischen Information. Menschliches Leben kann aber nicht mit seiner Genetik identifiziert werden. Die neue „Eugenik" – verstanden als Selektion guter Gene – beruht auf einem genetischen Reduktionismus im Menschenbild, auf einer Einengung des Personbegriffs (Person = artikulationsfähiger Interessensträger).. Dieser ist auch in der „Europäischen Menschenrechtskonvention zur Biomedizin" (1997) zu betrachten, wenn bereits in der Präambel zwischen der Achtung vor dem Menschen als Individuum und dem Menschen als Mitglied der Gattung unterschieden und dann erst kombiniert wird. Die Kernfrage bleibt stets, ob dem Menschen aufgrund seiner Existenz oder aufgrund zusätzlicher Eigenschaften Würde zugesprochen wird. Die neue „Eugenik" beruht auch auf einer Verschiebung der gesellschaftlichen Solidarität: An die Stelle der Solidarität mit dem behinderten Leben tritt die Solidarität mit den Menschen, die durch behindertes Leben belastet werden. Die Koalition des Mitleids ist deswegen zugleich eine Koalition der Ausgrenzung.

Überall dort, wo unser Wissen und unser Können zunimmt, wo wir mehr machen können als früher, nimmt zugleich unsere Einsicht in das Nichtwissen, das Nichtkönnen, in das Nichtmachbare zu. Nichts anderes ist gemeint, wenn wir ethisch sagen, dass wir „Respekt" vor dieser Struktur der Wirklichkeit haben, die wir Natur nennen, oder wenn wir theologisch sagen, dass wir Respekt vor der Schöpfung haben. Die Einsicht in die genetischen Strukturen, auch in die weiteren Strukturen von Zellen, ist ungeheuer schwierig. Diese Widerständigkeit der Wirklichkeit unserem Forschen und Erkennen gegenüber bleibt bei aller Eingriffstiefe, die dieses Forschen und Erkennen inzwischen angenommen hat, erhalten.

Die Lebenswelt der Menschen

Über das Schöpfungsargument hinaus stellt sich die Frage nach der ethischen Relevanz der Lebenswelt des Menschen. Unsere Lebenswelt ist unsere Kultur, in der wir beispielsweise Geburt, Sexualität und Tod in bestimmter Weise gestalten. Diese Knotenpunkte menschlichen Daseins sind kulturell und religiös, und sie sind moralisch besetzt. So haben wir bei der Geburt eines Menschen die Vorstellung, dass dieser Mensch mit seinen biologischen Eltern als Familie zusammenleben soll. Wir haben für den Bereich von Reproduktion und Geburt eine Kultur der Ehe und Familie geschaffen. Angesichts des Klonens wurde der Vorschlag gemacht, man müsste einen Paragraphen in das deutsche Embryonenschutzgesetz einfügen, dass sich jedes entstehende Kind einer Ei- und Samenzelle von geschlechtsverschiedenen Eltern, die das Kind gemeinsam betreuen wollen, verdanken sollte. Denn so ist bislang unsere kulturelle Norm, selbst wenn sie begrenzte Ausnahmen zulässt. Wenn wir das Alleinerziehen als ein Manko betrachten, warum sollten wir diese und andere Situationen technisch vermehren? Auch wenn wir die biologische Elternschaft, die erotische Gemeinschaft und die kindliche Nestwärme trennen können, warum sollten wir es tun und unsere kulturellen Standards gefährden, indem wir uns in Spaltungen dessen fügen, was zu einer integrierten Kultur gehört?

Was wollen wir eigentlich?

Das wichtigste Kriterium in der Ethik ist die Menschenwürde. Die Frage, ob das Klonen mit der Würde des künftigen Kindes verträglich ist, ist falsch gestellt. Denn auch wenn dieses Kind erstens in seiner Freiheit nicht grundsätzlich eingeschränkt ist und wenn es zweitens, psychologisch damit zurecht kommt, dass Eltern nicht nur sein Dasein, sondern auch sein Sosein zu kontrollieren versuchten, liegt das Defizit moralisch weniger im einzelnen Ergebnis als in der Intention des elterlichen Handelns: Einen Menschen als „Kopie" eines anderen auf Wunsch eines dritten zu „erzeugen", stellt einen Eingriff in dessen Selbstzwecklichkeit dar. Die Folgen dieses Eingriffs können mehr oder weniger glücklich sein, aber sie sind von den handelnden Menschen (hier den Eltern, in anderen Fällen den Forschern und Ärzten) nicht zu beherrschen. Wer hier, wie in anderen Fällen, nur einzelne Ergebnisse beurteilen will, begibt sich zum einen der Bewertung von Handlungen und zum anderen der Bewertung der mit den Ergebnissen verbundenen Unsicherheit und Ungewißheit. Umgekehrt gilt für generationsübergreifende Eingriffe in Keimbahnzellen: die abstrakte therapeutische Absicht kann nicht über die Sicherheitsprobleme, die Nebenfolgen und die Ungewissheit langfristiger Folgen hinweggehen.

Ethische Leitsätze

1. Der Mensch ist keine Sprachkonvention. Alle noch so unzulänglichen Gestalten des Menschseins haben an der Menschenwürde teil. Eine Spaltung des Menschlichen in einerseits selbstzweckliche und andererseits instrumentalisierbare Menschen wäre in der Tat eine „neue Sklavenmoral" (J. Habermas).
2. Der Mensch darf nicht die Kopie eines zweiten auf Wunsch eines dritten Menschen sein. Deshalb ist Klonen verboten. Es verletzt das Prinzip der Nicht-Instrumentalisierung des menschlichen Soseins (Design-Verbot). Unsere Kultur baut bisher auf dem natürlichen Zufall auf. Wir müssen eine höhere Verantwortung tragen, wenn wir ihn ersetzen. Können wir diese übernehmen?
3. Eingriffe in die Keimbahn sind verboten
   – wegen ihrer Folgen-Ungewissheit
   – wegen ihrer Irreversibilität (Unumkehrbarkeit)
   – weil zukünftige Menschen davon gezeichnet werden, ohne in Freiheit zustimmen zu können. Zudem: Wer übernimmt für die Risiken der künftigen Generationen die Verantwortung?
4. Natur- und Kulturentwicklung verweisen auf Werte, die erhaltenswert sind (z. B. die Einbettung von Kindern in Liebesbeziehungen). Der damit vertretene Wertkonservatismus

schließt progressive Strukturen nicht aus, ja bedarf ihrer sogar; vor allem einer demokratischen Beteiligung, eines offenen gesellschaftlichen Diskurses und einer Begrenzung expertokratischer Macht durch Medientransparenz und allgemeine Bildung.

5. Alle genetischen Tests stehen unter den Voraussetzungen der freien und informierten Zustimmung, des Datenschutzes, der Heilung und Vorsorge für einzelne Menschen, der Begleitung durch kompetente, nicht-direktive Beratung und des Selektionsverbotes im Interesse von bevölkerungspolitischen Überlegungen („Volksgesundheit", Biopolitik).

6. Menschen dürfen nicht im fremdnützigen Interesse medikalisiert, kommerzialisiert und mediatisiert werden. Dies gilt auch für Teile des menschlichen Körpers. Die Würde des Menschen umfasst die Unantastbarkeit seiner Leiblichkeit.

7. Sofern sich der Fortschritt in der Biotechnologie (Gentechnik, Reproduktionsmedizin, Biotechnik) in den von der Menschenwürde gesetzten Grenzen bewegt und die von ihr anvisierten Ziele mit angemessenen Mitteln verfolgt, kann er dazu führen, mehr Menschen ein gutes Leben zu ermöglichen, die Güter der Erde unter ihnen besser zu verteilen und Schäden von der Umwelt abzuwenden.

Goethe und die Wissenschaftler

Zum 250. Geburtstag

John Neubauer

Verdienen Goethes naturwissenschaftliche Aktivitäten jene Aufmerksamkeit, die ihnen in diesem Goethejahr zweifellos zukommen? Mein Titel heißt „Goethe und die Naturwissenschaftler" – also nicht „Goethe und die Natur" oder „Goethe und die Naturwissenschaft" – weil ich zeigen will, dass Goethes Umgang mit der Natur stets mehr ein Studium des mit der Natur umgehenden Menschen wurde. Mein Thema ist also Goethes erstaunlich paradoxe Aussage an Zelter vom 29. Januar 1831: *„Hätt' ich mich mit den Naturwissenschaften nicht abgegeben, so hätt' ich die Menschen nie kennen lernen."* Ich meine, dass eben dieses psychologische und soziologische Thema für uns noch von großer Bedeutung ist.

Goethe hat 1784, vier Jahre nach dem Franzosen Vicq d'Azyr, aber unabhängig von ihm, die Existenz des menschlichen Zwischenkieferknochens entdeckt. Er berichtete am 27. März 1784 ekstatisch über seine Entdeckung an Herder und Charlotte von Stein; aber an Johann Heinrich Merck schrieb er einen Monat später auffallend nüchtern. Er wollte aus seiner Entdeckung keine weiteren Konsequenzen ziehen, denn er befürchtete, man würde ihn der Spekulation bezichtigen.

Seine Befürchtung bestätigte sich: sein Freund Merck, die hochangesehenen Anatomen Sömmering und Blumenbach und der führende internationale Fachexperte, der niederländische Petrus Camper, lehnten die Entdeckung ab. Goethes Enttäuschung war groß: er hielt die Schrift vom Druck zurück und zog das Fazit: „[E]inem Gelehrten von Profession traue ich zu dass er seine fünf Sinnen abläugnet. Es ist ihnen selten um den lebendigen Begriff der Sache zu thun, sondern um das was man davon gesagt hat" (an Merck, 8. April 1785).

Goethes folgende wichtige naturwissenschaftliche Idee war die vielbesprochene *Urpflanze*. Die Reaktion der Fachwelt fiel diesmal positiver aus, aber Goethe hat von den meisten erst später, nach der Veröffentlichung der *Farbenlehre*, Kenntnis genommen. Im Jahre 1806 glaubte er noch, *Die Metamorphose der Pflanzen* habe „eine kalte, fast unfreundliche" Rezeption erfahren; sein „redliches Bemühen" sei „ganz ohne Wirkung" geblieben. Trotz dieses vermeintlichen Misserfolgs bemühte sich Goethe in den folgenden Jahren um die Ausbreitung der Metamorphosenidee auf die Tierwelt und die Entwicklung einer vergleichenden Anatomie. Er machte in der ersten Hälfte der 1790er Jahre ausführliche Aufzeichnungen zu einer vergleichenden Knochenlehre. Seine Ideen waren nicht nur originell, sie waren als „the cutting edge" durchaus auf dem Niveau der biologischen Spitzenforschung, die damals vor allem in Paris geleistet wurde durch Cuvier und Geoffroy, die befreundeten und später miteinander streitenden Professoren im Muséum d'Histoire Naturelle. Leider blieben Goethes Schriften bis 1820 unveröffentlicht und nahmen an der Entwicklung der vergleichenden Anatomie zunächst nicht teil.

Methodologie der Naturwissenschaften

Die morphologischen Studien der 1790er Jahre überschneiden sich mit dem Beginn von Goethes lebenslanger Polemik gegen Newtons Farbentheorie, die sein Bild von der Wissenschaft und den Wissenschaftlern radikal verdunkelte. Wie Goethe am Anfang seiner Polemik über die Naturforschung dachte, entnehmen wir aus seinem 1792 geschriebenen Aufsatz, *Der Versuch als Vermittler von Objekt und Subjekt*, seinem wichtigsten Beitrag zur Methodologie der Naturwissenschaften.

Goethes Postulate an den Wissenschaftler knüpfen überraschenderweise an denen an, die Kant an den ästhetischen Betrachter stellt. Kant behauptete, dass ästhetische Urteile interesselos, d. h. der Existenz der Sache gegenüber „ganz gleichgültig" sein müssen. In ästhetischen Urteilen darf das Wohlgefallen oder Missfallen keine Rolle spielen. Goethe überträgt diese Forderung der Interesselosigkeit aus der Ästhetik in die Erkenntnistheorie, indem er fordert, dass auch die Wissenschaftler ihre Subjektivität unterdrücken sollten. Im täglichen Leben dürfte man die Gegenstände mit Recht auf sich selbst beziehen; die Naturwissenschaftler erforschen aber die Gegenstände der Natur in sich und in ihren Verhältnissen untereinander: „Es fehlt ihnen der Maßstab des Gefallens und Missfallens, des Anziehens und Abstoßens, des Nutzens und Schadens, diesem sollen sie ganz entsagen, sie sollen als gleichgültige und gleichsam göttliche Wesen suchen und untersuchen, was ist und nicht was behagt".

In der *Forderung*, die Wissenschaftler sollten als „gleichsam göttliche Wesen" ihre Forschung treiben, schwingt natürlich eine leise Ironie gegen die Ausführbarkeit dieser Forderung mit. Denn Goethe weiß, „wie schwer diese Entäußerung dem Menschen sei", und er zählt in einer stilistisch glänzenden Formulierung die psychologischen Gegenkräfte auf: „Man kann sich daher nicht genug in Acht nehmen, dass man aus Versuchen nicht zu geschwind folgere, dass man aus Versuchen nicht unmittelbar etwas beweisen, noch irgendeine Theorie durch Versuche bestätigen wolle: denn hier an diesem Passe, beim Übergang von der Erfahrung zum Urteil, von der Erkenntnis zur Anwendung ist es, wo dem Menschen alle seine inneren Feinde auflauern, Einbildungskraft, die ihn schon da mit ihren Fittichen in die Höhe hebt, wenn er noch immer den Erdboden zu berühren glaubt, Ungeduld, Vorschnelligkeit, Selbstzufriedenheit, Steifheit, Gedankenform, vorgefasste Meinung, Bequemlichkeit, Leichtsinn, Veränderlichkeit, und wie die ganze Schar mit ihrem Gefolge heißen mag, alle liegen hier im Hinterhalte und überwältigen unversehens den handelnden so auch den stillen von allen Leidenschaften gesichert scheinenden Beobachter".

Diese Aufzählung menschlicher Schwächen stellt allerdings nur die *Realisierbarkeit* der Forderung nach Interesselosigkeit in Frage; ihre Notwendigkeit und Rechtfertigung bleibt unangetastet. Die unrealisierbare Forderung muss Leitgedanke der Forschung bleiben; die „hypothetische Unmöglichkeit" der Sache, wie Goethe sie nennt, darf uns „nicht abhalten das Möglichste zu tun".

Goethe hat diese Forderung nach der Realisierung einer „hypothetischen Unmöglichkeit" nie widerrufen, er hat sich aber später immer mehr für den wirklichen Wissenschaftsbetrieb interessiert und nicht für den gewünschten Idealfall. Seine Aufmerksamkeit galt später nicht unausführbaren Maximen, sondern den psychologischen, soziologischen und institutionellen Faktoren, die jene gewünschte Objektivität immer wieder verhinderten. Ein beträchtlicher Teil von Goethes späteren naturwissenschaftlichen Schriften illustriert aus eigener Forschung und historischer Erfahrung, wie Leidenschaften und institutioneller Zwang die Richtung der Forschung bestimmen.

Der *Versuch als Vermittler* sucht noch eine Bändigung der Leidenschaften durch methodologische Strenge. *Versuch* ist für Goethe nicht beliebiges Experimentieren, sondern wenn „wir die Erfahrungen, welche vor uns gemacht worden, die wir selbst oder andere zu gleicher Zeit mit uns machen, vorsätzlich wiederholen und die Phänomene die teils zufällig teils künstlich entstanden sind, wieder darstellen". Goethe nannte den Aufsatz auch „Kautelen des Beobachters", und er richtete ihn vor allem gegen Forscher, die beobachtete Erscheinungen voreilig in ihr eigenes Weltbild zwingen: „der Mensch erfreut sich nur einer Sache, insofern er sich dieselbe vorstellt, sie muss in seine Sinnesart passen, und er mag seine Vorstellungsart noch so hoch über die gemeine erheben, noch so sehr reinigen, so bleibt sie doch gewöhnlich nur eine Vorstellungsart; das heißt, ein Versuch, viele Gegenstände in ein gewisses fassliches Verhältnis zu bringen, das sie, streng genommen, untereinander nicht haben, daher die Neigung zu Hypothesen, zu Theorien, Terminologien und Systemen".

Die vorgestellte Methode wird damit zu einer unverhüllten Kritik an Newtons Begriff eines *experimentum crucis*. Auf Newtons Auffassung, ein einziges entscheidendes Experiment könne die Korrektheit einer Theorie beweisen, antwortet Goethe, ganz deutlich Karl Popper antizipierend, „dass ein Versuch, ja mehrere Versuche in Verbindung nichts beweisen, ja dass nichts gefährlicher sei als irgend einen Satz unmittelbar durch Versuche beweisen zu wollen, und dass die größten Irrtümer eben dadurch entstanden sind, dass man die Gefahr und die Unzulänglichkeit dieser Methode nicht eingesehen". Newton sucht sich laut Goethe jene Bedingungen aus, bei denen die zu demonstrierenden Eigenschaften am deutlichsten zu Tage treten. Sein Drang nach Theorie und System läßt ihn eine einzige Beziehung auf Kosten vieler anderer bevorzugen; sein Modell abstrahiert von der empirischen Vielfalt. Goethe dagegen betrachtet die *Vermannigfaltigung eines jeden einzelnen Versuches* als „die eigentliche Pflicht eines Naturforschers". Er bezichtigt die vermeintlich objektive Newtonsche Methode der Subjektivität: Sie suche die Bestätigung vorgefasster Meinung und ziehe aus unzulänglichem Beweismaterial voreilige Schlüsse. Diese Kritik an Newtons Methode teilen heute viele Wissenschaftshistoriker; sie bleibt auch dann gerechtfertigt, wenn man zugibt, dass Goethe ähnlich gesündigt hat.

Forum für Gedankenaustausch

Nachdem die Publikationspläne für die morphologischen Studien 1795 und 1806 misslungen waren, legte Goethe am 2. September 1816 seinem Herausgeber Cotta einen neuen Plan vor, der den Veränderungen in Goethes Denken und der wissenschaftlichen Lage Rechnung tragen sollte. Statt einer monographischen Veröffentlichung fasste er nun die Publikation einer Zeitschrift ins Auge, die als ein Forum für den Gedankenaustausch mit jüngeren Naturwissenschaftlern, als ein Medium für die Aktivierung der naturwissenschaftlichen Amateure und als ein Organ für die Untersuchung der persönlichen, institutionellen und historischen Bedingungen der naturwissenschaftlichen Forschung dienen sollte. So entstanden 1817-1824 die Heftreihen *Zur Morphologie* und *Zur Naturwissenschaft überhaupt*, die Goethe unter dem gemeinsamen Titel *Zur Naturwissenschaft überhaupt, besonders zur Morphologie* herausgab.

Die Aufgabe, die Beziehungen zu wohlgesinnten Wissenschaftlern zu kultivieren, ergab sich, als Goethe in den Arbeiten von Carl Gustav Carus, Nees von Esenbeck und anderen jüngeren Biologen eine Weiterentwicklung seiner morphologischen Ideen wahrzunehmen glaubte. Er sah sich nun „mit nahen und fernen, ernsten, tätigen Forschern glücklich im Einklang", und suchte die Zusammenarbeit: Er rezensierte Neuerscheinungen, veröffentlichte Aufsätze von anderen und lud befreundete Wissenschaftler zu gemeinschaftlichen Arbeiten ein. So wurde die Zeitschrift tatsächlich ein Sammelpunkt für Wissenschaftler, die Goethe freundlich gesinnt waren.

Mit der Aktivierung der Laien hoffte Goethe eine zweite Gruppe für sich zu gewinnen; dies war aber nicht sein einziger Grund. Naturwissenschaftliche Beiträge von Amateuren waren ihm über das Persönliche hinaus deshalb wichtig, weil er glaubte, dass die Amateure durch die Professionalisierung, die Spezialisierung und die Entwicklung von hochabstrakten, mathematischen Modellen mit dem Aussterben bedroht waren.

Das verwandte Ziel, die Popularisierung der Wissenschaften, hat Goethe wohl weitgehend verfehlt. Zwar bestand er darauf, dass alle Beiträge einfach und allgemein verständlich geschrieben wurden, aber Werbung machte er (und sein Verleger Cotta) nur wenig. Die Reaktion der deutschen Fachwelt auf Goethes Morphologie war gering; die Zeitschrift erreichte kein breiteres Publikum, und die enttäuschenden Verkaufsauflagen trugen dazu bei, dass die Publikation nach sechs Doppelheften schließlich eingestellt wurde.

Überraschenderweise fand Goethes Morphologie nach einigen Jahren doch ihr Publikum – allerdings im französischen Sprachgebiet. Dies begann mit dem Schweizer Botaniker Augustin Pyrame de Candolle, der in seinem 1827 veröffentlichten *Organographie végétale* behauptete, Goethe habe die Pflanzenstruktur auf eine „wahrhaft bewundernswürdige Art" gleichsam „erraten" und durch einige glücklich gewählte Beispiele „mit Geist ins Allgemeine geführt". Jetzt stünde nur noch die Bestätigung seiner „geniale[n] Hypothesen" aus. Zwei Jahre später veröffentlichte Frédéric de Gingins-Lassaraz eine französische Übersetzung der *Metamorphose der Pflanzen* und 1830 brach der Streit zwischen Cuvier und Geoffroy aus, in dem Goethe schließlich ein Mitspieler wurde.

Hatte Goethe sich mit den Biologen versöhnen können, so wurde sein Verhältnis zu den Physikern immer schlechter, und seine Wut auf sie mündete schließlich in eine allgemeine Verurteilung der naturwissenschaftlichen „Gilden". Im *Versuch als Vermittler* betrachtete er noch die Akademien, Universitäten und andere wissenschaftliche Einrichtungen als Orte des freien Gedankenaustausches. Am Ende seines Lebens beschuldigte er die institutionalisierte Wissenschaft der dogmatischen Starrheit und Geschlossenheit. In einem seiner letzten Briefe, vom 4. Februar 1832 (einige Wochen vor seinem Tode), hieß es: „Was ist der Akademiker anders als ein eingelerntes und angeeignetes Glied einer großen Vereinigung; hinge er mit dieser nicht zusammen, so wär er nichts, sie aber muss das Überlieferte, Angenommene weiter führen und nur eine gewisse Art neuer, einzelner Beobachtungen und Entdeckungen herein lassen und sich assimilieren. Alles andere muss beseitigt werden als Ketzerei."

Goethe als Ketzer?

Wissenschaftliche Ehrlichkeit verlangt, dass wir abschließend fragen, ob die naturwissenschaftliche Gemeinde Goethe tatsächlich als einen Ketzer verurteilte, wie er das mehr als einmal selbststilisierend behauptete. Die Frage lässt keine pauschale Antwort zu. Wir sahen, dass das ursprünglich gespannte Verhältnis zu den Biologen sich mit der Zeit wesentlich verbesserte, und dass Goethe auch bereit war, dies anzuerkennen. Der zukünftige große Physiologe Johannes Müller betrachtete sich am Anfang seiner Laufbahn als Schüler Goethes; durch Nees von Esebeck wurde Goethe Mitglied der Leopoldina-Gesellschaft; bei der Berliner Tagung der deutschen Ärzte und Naturforscher im Jahre 1828 erhielt seine naturwissenschaftliche Arbeit hohe Anerkennung von Martius und von Alexander von Humboldt, dem Organisator der Tagung.

Anders lag es bei den Physikern. Mit Lichtenberg stand Goethe am Anfang im Gedankenaustausch und mit Thomas Seebeck arbeitete er eine Weile lang eng zusammen. Beide Beziehungen gingen zu Ende, und Seebecks spätere Weigerung, die *Farbenlehre* zu verteidigen, traf Goethe besonders schmerzlich. Unterstützung für seine Theorie fand er eigentlich nur bei Freunden, bei Hegel und Schopenhauer, bei dem böhmischen Physiologen Johannes Evangelista Purkinje und bei einigen unbedeutenden Fachleuten. Wie das so oft der Fall ist, führte die weitgehende Isolierung zu einer Erbitterung und zu einer Versteifung der eingenommenen Position. Goethe, der über die meisten Fragen aufgeschlossen und flexibel dachte, adoptierte in der *Farbenlehre* eine dogmatische Position, und Albrecht Schöne spricht deshalb mit einigem Recht über eine „Farbentheologie". Paradoxerweise hat Goethe jene dogmatische Haltung, die er bei anderen so gut beobachtete und beschrieb, bei sich selbst nicht wahrnehmen wollen oder können. Es entging bereits Thomas Young nicht, dass Goethe genau den blinden Punkt hatte, den er bei Newton zu finden glaubte. Dies Paradox beeinträchtigt den Wert seiner Beobachtungen über die wissenschaftliche Forschung keineswegs.

Wissenschaft in der öffentlichen Wahrnehmung

Ergebnisse einer Allensbach-Umfrage

Elisabeth Noelle-Neumann

Das Volk der Dichter und Denker." Wie weit zurück muss man gehen, um die Quelle zu finden, aus der dieses Nationalstereotyp der Deutschen entsprungen ist? Erklären lassen sich viele der Ergebnisse der Umfrage eigentlich nur mit einer geheimnisvollen Sympathie, die die Deutschen für die Wissenschaftler haben müssen. Mit einer Sympathie, wie man sie aus dem Familienleben kennt, das Gefühl von Verwandtschaft, Gemeinsamkeit, Ähnlichkeit, Vertrautheit. Die „Entlarvung", wie sie die Studentenrevolte der '68er-Generation betrieb, – so vielfältig, oft auch plausibel – war ganz vergeblich. „Wenn sie zu Professoren ernannt sind, werden sie bequem". Das glauben nur 9 Prozent der Bevölkerung über die Professoren. „Sie nützen ihre Studenten und Mitarbeiter aus." Diese Vorstellung hegen 10 Prozent. „Sie geben sich keine Mühe mit der Lehre, nur die Forschung interessiert sie." Das sagen von denen, die einen Professor persönlich kennen, 6 Prozent. „Die Professoren sind autoritär, wollen Alleinherrscher sein", meinen 17 Prozent im Fernbild, im Nahbild 12 Prozent.

Fernbild und Nahbild

Fernbild – Nahbild: Das sind die Fachworte, mit denen der Stereotypen-Forscher die zwei Ebenen unterscheidet, auf denen er sich bei seiner Forschung bewegt. „Fernbild" nennt man die Antworten auf Fragen in der Art: „Was trifft auf die meisten Professoren zu – nach dem, was Sie wissen oder vermuten?" – „Die meisten", „Was trifft ganz allgemein zu?" Das etwa sind die Wendungen im demoskopischen Interview, mit denen das Fernbild herausgelockt wird, die Vorstellung der Befragten über etwas, das sie nicht oder nicht vollständig aus eigener Anschauung, aus eigener Erfahrung kennen. Es gibt dann zwar immer einige Befragte, die entrüstet erklären: „Man soll doch nicht verallgemeinern!" – „Die Menschen sind doch ganz verschieden – es gibt doch solche und solche -", aber die meisten Befragten schenken sich diese Art von politisch korrekten Belehrungen. Für sie sind die Stereotype Realität. Menschen könnten sich über Wahrnehmungen – über Nationalcharakter, über die Charakteristika von Berufsgruppen, Unterschiede zwischen Männern und Frauen, jungen Menschen und alten Menschen – überhaupt nicht verständigen, ohne solche Vereinfachungen zu Hilfe zu nehmen. Den Klassiker zu diesem Thema hat der amerikanische Journalist Walter Lippmann in seinem 1922 erschienenen Buch „Öffentliche Meinung" geschrieben – vor allen Wissenschaftlern. Er nannte die Stereotype „pictures in our heads" und wurde nicht müde zu beschreiben, dass sie unsere eigentliche Wahrnehmung der Welt sind. Neben dem Fernbild existiert das Nahbild, das sich auf eigene Erfahrung und Beobachtung stützt. Bei der Umfrage begann die Serie zur Ermittlung des Nahbildes mit der Frage: „Kennen Sie einen Professor oder sonst einen Wissenschaftler, der an einer Universität lehrt, persönlich?" Die im Fragebogen vorgegebenen Antworten lauteten: „Ja, kenne einen oder mehrere Professoren persönlich" – „Bin selbst Professor" – „Nein, kenne keinen Professor persönlich." 21 Prozent der Bevölkerung sagten, dass sie einen oder mehrere Professoren persönlich kennen. Wenn jemand mehrere Professoren persönlich kannte, bat der Interviewer, die folgenden Fragen für den Professor zu beantworten, den der Befragte am besten kenne.

Wenn man die Ergebnisse zu Professoren allgemein und zum persönlich bekannten Professor vergleicht, sieht man, wie positiv oder wie negativ verzerrt das Stereotyp, das Fernbild gegenüber dem Nahbild, den Eindrücken aus persönlichen Beobachtungen ist. Jetzt erkennt man auch, dass sich manches abwertende Stereotyp über Professoren sehr wohl festgesetzt hat und das Fernbild ein wenig negativer erscheinen lässt als das Nahbild. Man sieht es, wenn man das Stereotyp vergleicht mit den persönlich gewonnenen Eindrücken. Aber dennoch: Die Fratze eines Professors hat sich als beherrschendes Stereotyp nicht durchsetzen können. Wie oft haben wir gehört, weil sie Beamte seien und damit unkündbar, würden sie bequem. Das denkt die Bevölkerung nicht. (Schaubild 1)

Die Demoskopie lebt vom Vergleich. Ob, wie so oft behauptet, die Professoren ihre lebenslängliche Anstellung ausnutzen und bequem werden, ob sie überhaupt ein bequemes Leben führen, wurde auch im Vergleich zu drei anderen Berufsgruppen erfragt. Technisch geht das so vor sich, dass aus den insgesamt über 2.000 Befragten vier statistisch strikt vergleichbare Stichproben gebildet werden mit jeweils rund 500 Befragten. Jede dieser Unter-Stichproben wird nur nach einer Berufsgruppe gefragt, also eine nach dem Professor, eine zweite nach dem Unternehmer, eine dritte nach dem Richter (auch auf Lebenszeit angestellt) und eine vierte schließlich nach dem Politiker. Weitaus am wenigsten hegt die Bevölkerung den Verdacht, dass sich die Professoren ein bequemes Leben machen.

Es wurde weiterhin gefragt, von wem eigentlich die stärksten Impulse für unsere Zukunft ausgehen (Schaubild 2).

Naturwissenschaft und Technik besetzen mit Abstand die Spitzenplätze. Erschrocken sieht man hier, als wie gering die Anregungskraft der Künstler für unsere Zukunft von der Bevölkerung eingeschätzt wird.

Aber das Bild wird doch etwas korrigiert, wenn man die Antworten auf die Frage betrachtet, worauf man als Deutscher stolz sein könne (siehe Schaubild 3 auf der nächsten Seite). Hier sind die Dichter und die Komponisten diejenigen, die den Deutschen das Herz erwärmen. Der Stolz wird leider allgemein mit Hochmut, Ehrgeiz, Eitelkeit verwechselt. Im Stolz verbindet sich ein Mensch mit einer anderen Existenz, Institution, Erscheinung, die er gerade nicht selbst ist: Er ist stolz auf seine Kinder, aber auch stolz auf seine Arbeit, seinen Verein oder eben sein Land. Und dieses Sichverbinden mit etwas, was er nicht selbst ist, aber zu dem er so etwas wie Liebe empfindet, das ist es, was wärmt. Auch beim Stolz erreichen Wissenschaft und Forschung einen hohen Rangplatz. Man denkt bei dieser Rangliste wieder an den Ausspruch: „Das Volk der Dichter und Denker." Mit jeder Frage wird deutlicher, dass sich Wissenschaft und Wissenschaftler in Deutschland in einem Meinungsklima befinden, um das andere sie nur beneiden können. Das zeigt auch die klassische Meinungsklima-Frage: „Haben Sie von den deutschen Professoren und Wissenschaftlern alles in allem eine gute Meinung oder keine gute Meinung?" (Schaubild 4).

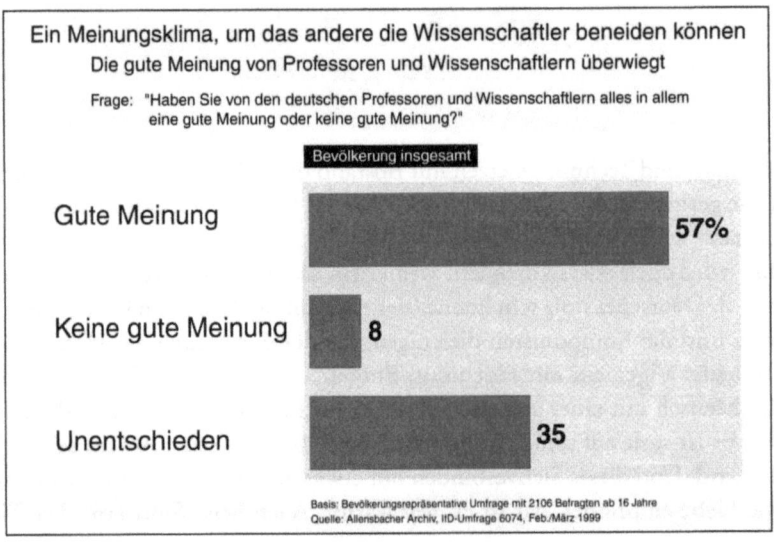

Verantwortung des Wissenschaftlers

Sämtliche Leimruten, die man ausgelegt hat, um die Wissenschaftler zu Sündenböcken zu machen, vermeidet die deutsche Bevölkerung. Gewiss, was liegt näher, als das Verursacher-Prinzip auch auf die Wissenschaft, die Wissenschaftler anzuwenden? Wer trägt die Verantwortung, wenn wissenschaftliche Erkenntnisse zu Katastrophen führen? In der Umfrage wurde diese Frage in eine Dialog-Frage übersetzt (Schaubild 5).

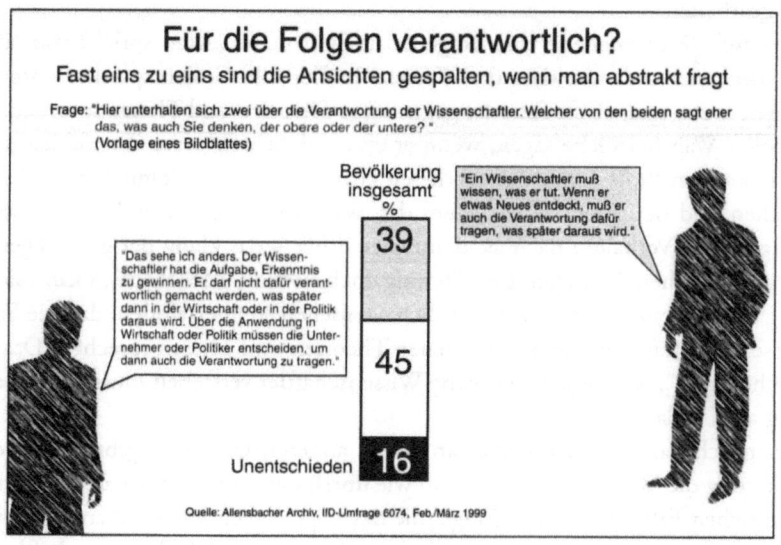

Die Dialog-Frage ist das Werkzeug der Meinungsforscher, um komplizierte Themen, die eigentlich in ihrem Schwierigkeitsgrad das Verständnis der Mehrheit der Bevölkerung weit überfordern, doch so darzubieten, dass sie wie in einem ganz alltäglichen Gespräch am Arbeitsplatz oder in der Kneipe wirken. Diese Frage lautete: „Hier unterhalten sich zwei über die Verantwortung der Wissenschaftler. Wer von beiden sagt eher das, was auch Sie denken?" Der einen Figur wurde in den Mund gelegt: „Ein Wissenschaftler muss wissen, was er tut. Wenn er etwas Neues entdeckt, muss er auch die Verantwortung dafür tragen, was später daraus wird." Darauf antwortete der andere: „Das sehe ich anders. Der Wissenschaftler hat die Aufgabe, Erkenntnis zu gewinnen. Er darf nicht dafür verantwortlich gemacht werden, was später dann in der Wirtschaft oder Politik daraus wird. Über die Anwendung in Wirtschaft oder Politik müssen die Unternehmer oder Politiker entscheiden, um dann auch die Verantwortung zu tragen." Es ist schon bemerkenswert, dass etwa die Hälfte der Bevölkerung – ohne dass diese Frage angemessen und ausführlich genug in breiter Öffentlichkeit diskutiert worden wäre – sagt, dem Wissenschaftler kann man nicht die Schuld für die Folgen der Erkenntnisse seiner Forschung aufbürden.

Akademische Ethik

Dennoch stellen Wissenschaft und Wissenschaftler in gewisser Weise eine Provokation für die Bevölkerung dar. Man kann das am Beispiel des Begriffs der „Akademischen Ethik" beschreiben. Dieser Begriff ist in Deutschland fast außer Gebrauch gekommen. Es gibt aber wohl keinen Sozialphilosophen, der so viel für die Wiederbelebung dieses Begriffs getan hat, wie Edward Shils, der viele Jahrzehnte lang als Soziologe an der Universität von Chicago gelehrt hat. Er hat in einem schmalen Band, „The Academic Ethic", die Essenz des Begriffs herausgearbeitet.

Die Umfrage entwickelte eine Frage dazu. Sie lautete: „Man spricht von ‚akademischer Ethik' und meint damit, dass der Wissenschaftler alle Gesichtspunkte untersuchen und berichten muss, egal, ob sie für oder gegen seine Theorien und Thesen sprechen. Er soll auch mit großer Wahrheitsliebe sagen, wenn er etwas nicht weiß oder Zweifel hat. Glauben Sie, dass die meisten Professoren sich an diesen Grundsatz der akademischen Ethik halten, oder erforschen und berichten sie vor allem das, was ihre Theorien und Thesen stützt, was sie bestätigt?" Das Verhalten nach akademischer Ethik – das klang der gutwilligen, so wissenschaftsfreundlichen deutschen Bevölkerung doch zu bunt. Mehrheitlich kann sich die Bevölkerung nicht vorstellen, dass sich wirklich Menschen so überwinden, dass sie Forschungsergebnisse berichten, die gegen ihre eigenen Theorien und Thesen sprechen. Das heißt, „akademische Ethik", wie sie jeder ehrliche Wissenschaftler verstehen muss, stößt bei der Bevölkerung auf Unglauben.

Aber gleich darauf erkennt man an einem anderen Umfrageergebnis, dass die deutsche Bevölkerung die Wissenschaftler so nah wie überhaupt nur möglich an ein solches Ideal der akademischen Ethik rückt. Die Frage, die das zeigt, haben wir in Allensbach einer internationalen Untersuchung entnommen, die der weltberühmte Politikwissenschaftler und Demokratietheoretiker Seymour Martin Lipset, Hoover Institution an der Stanford University, zum Thema „Korruption" durchführte. Bei dieser Untersuchung stellte er die Frage: „Bei welchen Berufsgruppen würden Sie sagen, dass sie besonders ehrlich sind?" In der Reihe der 26 Berufsgruppen, die den Befragten dabei zur Auswahl vorgestellt wurden, erschien neben Abgeordneten, Polizisten, Journalisten und Autoverkäufern auch die Gruppe der Professoren. Unsere Wiederholung der Frage führte im Frühjahr 1999 zu einem ganz ähnlichen Ergebnis, wie es auch schon Lipset erzielt hatte: Gemeinsam mit den Geistlichen, den Ärzten und Pharmazeuten – alles Berufe, die auf wissenschaftlicher Ausbildung fußen – belegten die Professoren hier einen der Spitzenplätze. Sie gelten als besonders ehrlich. Ein entsprechendes Bild stellt sich ein, wenn man danach fragt, in welchen Berufsgruppen besonders viel geheuchelt wird. Bei den Antworten auf diese Frage nennt die Bevölkerung die Professoren und Wissenschaftler besonders selten (Schaubild 6 auf der nächsten Seite).

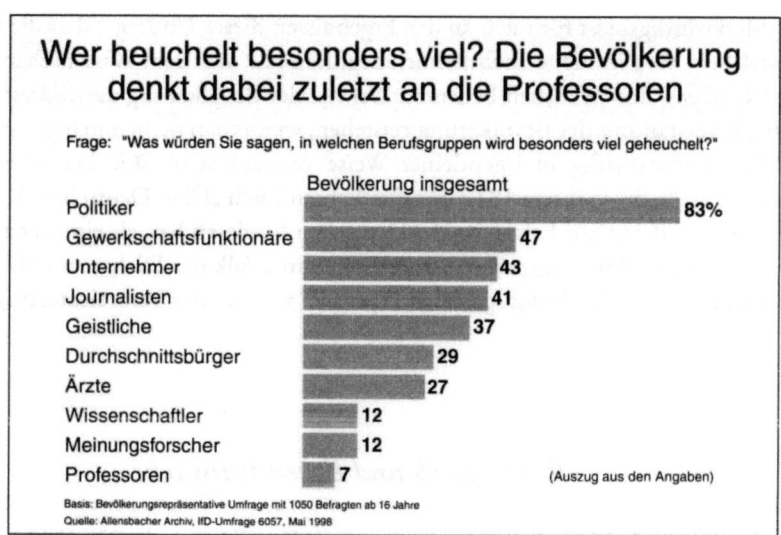

Die Wissenschaftler sind ehrlich, denkt die deutsche Bevölkerung. Was ist denn anderes gemeint mit der akademischen Ethik, als ehrlich erforschen zu wollen, wie eine bestimmte Forschungsfrage nach bestem Wissen, besten Methoden, bestem Forschungsvermögen zu beantworten sei.

Politiker und Wissenschaftler

Man versteht an diesem Punkt auch, warum ein guter Politiker in der Regel kein guter Wissenschaftler sein kann. Die Bevölkerung vermutet das ganz richtig. An der Spitze aller Berufe, von denen man vermutet, dass sie besonders gut zu heucheln verstehen, stehen die Politiker. An das andere Ende gehören die Professoren. Es sind zwei für diese Gesellschaft äußerst wichtige Berufsgruppen mit ganz verschiedenen Motiven, geradezu entgegengesetzten Anlagen, die sie brauchen, um bei ihren Aufgaben erfolgreich zu sein. Schlimm ist nur, wenn Politiker und Wissenschaftler das nicht verstehen und die jeweils so anders veranlagte Berufsgruppe nach ihrem eigenen Maßstab messen, wenn also der Politiker vom Wissenschaftler verlangt, er solle sich besser durchsetzen und wenn der Wissenschaftler vom Politiker verlangt, er solle ehrlicher sein. Sehr genau weiß über solche Sachverhalte Ralf Dahrendorf Bescheid, der über dieses Thema – Wissenschaftler in der Politik – zum zehnjährigen Jubiläum des Biedenkopf-Miegel-Instituts (IWG, Institut für Wirtschaft und Gesellschaft) einen Vortrag gehalten hat und beschrieb, wie sich ein solcher Wissenschaftler wie auf einer Brücke zwischen zwei Welten bewegt.

Das Merkwürdigste ist für mich an den Ergebnissen dieser Umfrage, dass die Bevölkerung – auf welchem Weg immer – mehrheitlich begriffen hat, was dem Wissenschaftler Erkenntnis bedeutet, was ihm Wahrheit bedeutet. Wer hat der Bevölkerung das erklärt? Wie könnte man dieses Verständnis der Bevölkerung verstehen, wenn man nicht annähme, es müsste den Deutschen wesensmäßig in irgendeiner Weise vertraut sein? Wie bemerkenswert, dass Madame de Staël, die in ihrem 1812 veröffentlichten Buch „Über Deutschland" einen so verblüffenden Scharfsinn zur Erfassung der Deutschen bewiesen hat, als eine der ersten die um 1783 im Weimarer Milieu geprägte Vorstellung vom „Volk der Dichter und Denker" adaptiert und mit der Zuschreibung „patrie de la pensée" viel zu ihrer Verbreitung beigetragen hat.

Wettbewerb und Erkenntnissuche

Das dominierende Motiv, mit dem sich heute die Bevölkerung das Handeln von Menschen erklärt, ist der Wettbewerb: der Wettbewerb der Sportler, der Unternehmer, der Schönheitsköniginnen. Aber wiederum nimmt die Bevölkerung mehrheitlich die Wissenschaftler aus und billigt ihnen als treibendes Motiv etwas anderes zu, die Suche nach Erkenntnis. Sonst so empfindlich gegenüber Privilegien, respektiert die Bevölkerung die Sonderrolle, die der Wissenschaft im Artikel 5, Absatz 3 des Grundgesetzes eingeräumt wird: „Kunst und Wissenschaft, Forschung und Lehre sind frei." Fast zwei Drittel beantworten die Frage „Braucht man eigentlich Gesetze, die garantieren, dass Forschung und Lehre sich frei entfalten können....?" mit einem entschiedenen: „Die Wissenschaft braucht diese Freiheit." (Schaubild 7).

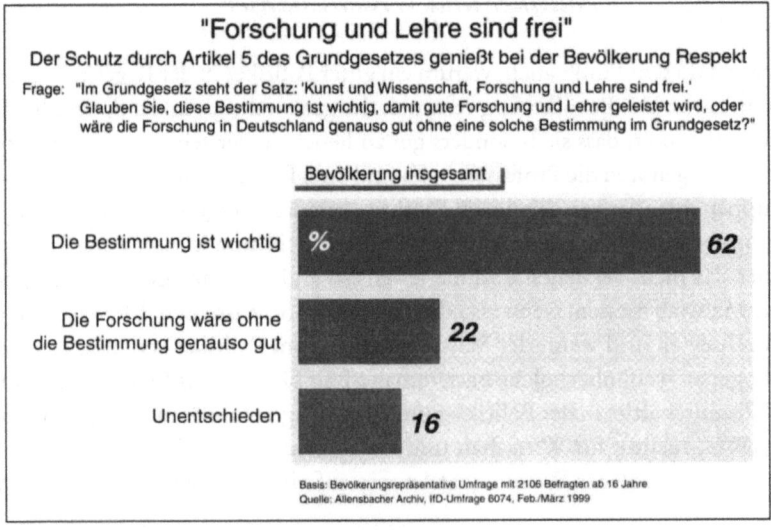

Wer hat das der Bevölkerung erklärt? Und war es je ein Gegenstand der intellektuellen Diskussion, warum das Grundgesetz so eigentümlich in diesem Artikel 5, Absatz 3 Kunst und Wissenschaft sozusagen in einem Atem zusammenfasst? Diese beiden bahnbrechenden menschlichen Tätigkeiten, die den Menschen zur Erkenntnis führen – den Künstler zur subjektiven Erkenntnis, den Wissenschaftler zur objektiven Erkenntnis. Und wer hat der Bevölkerung erklärt, dass Erkenntnissuche nur unter Bedingungen völliger Freiheit möglich ist? Kritiker der Umfrage meinten, die meisten dieser schwierigen Fragen würden mit einem überwältigenden Prozentsatz von „Da bin ich unentschieden. Das weiß ich nicht" beantwortet werden. Aber davon kann nicht die Rede sein. Nur 17 Prozent der Bevölkerung blieben bei dieser Frage unentschieden.

Zu den wichtigsten Aufgaben der Demoskopie gehört es, die Widersprüche aufzudecken, die das Denken der Bevölkerung bestimmen. Dieselbe Bevölkerung, die so überraschend den Grundsatz der Freiheit der Wissenschaft verteidigt, ist mit Nachdruck überzeugt, dass es möglich sein müsste, Forschungen, die in gefährliche Richtung führen, zu verbieten (Schaubild 8).

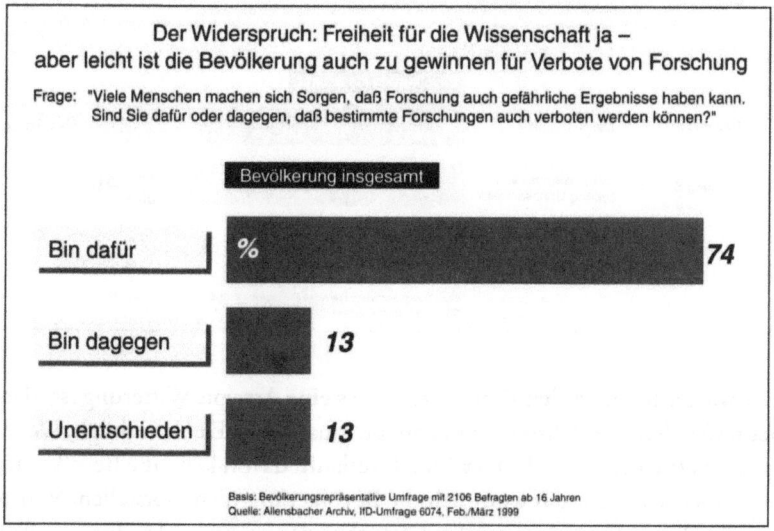

Vor einigen Jahren legten wir bei einer Allensbacher Umfrage der Bevölkerung 16 Forschungsbereiche vor und fragten, welche davon als Forschungsgebiete gefördert und welche gestoppt werden sollten. Bei der Hälfte aller Forschungsgebiete wünschte sich die Bevölkerung, die Forschung auf diesem Gebiet sollte gestoppt werden. Man kann sich vorstellen, was bei einem Missverständnis von Forschung im Sinne des „Mehr Demokratie wagen" auf die deutsche Forschung zukäme.

Keine pragmatische Wissenschaft

Seit der Geburt der modernen Wissenschaft mit der Gründung der Universitäten am Ende des Mittelalters widerstehen die Wissenschaftler der Forderung, die Forschung müsste in erster Linie nützlich sein. Wissenschaftspolitiker – von Francis Bacon (1561-1626) bis hin zu den modernen Wissenschaftspolitikern – haben gefordert, die Forscher sollten sich gefälligst auf diejenigen Probleme konzentrieren, für die die Gesellschaft am dringendsten Antworten, Lösungen braucht. Es ist überaus erstaunlich, dass die Bevölkerung sich solchen plausiblen Forderungen nicht rückhaltlos anschließt. (Schaubild 9)

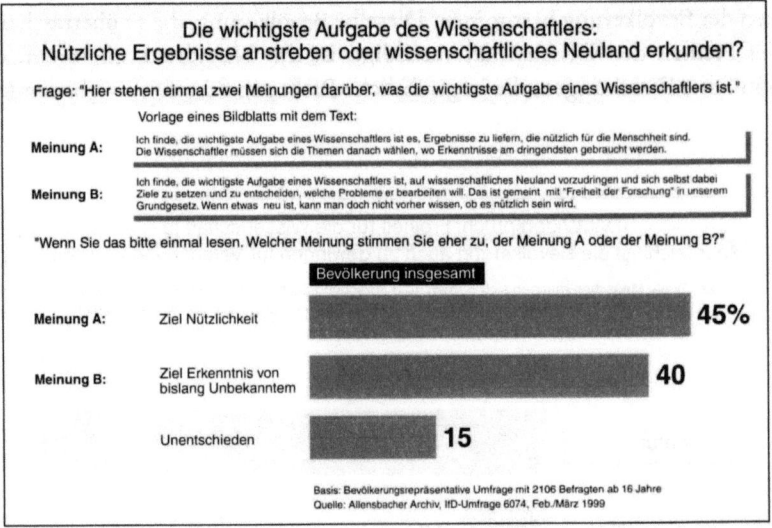

Immer wieder hat man den Eindruck, dass es eine Art von Witterung ist, die die Bevölkerung beim Urteilen über Wissenschaft vom pragmatischen Denken abhält. Denn wie der Weg des wissenschaftlichen Fortschritts wirklich verläuft, davon kann die Bevölkerung aus eigener Erfahrung nichts wissen, das kann sich die Bevölkerung nicht vorstellen. Von „Grundlagenforschung" haben zwar viele einmal gehört, aber das ist auch alles. Eine einigermaßen richtige oder vielleicht vage, aber wenigstens nicht falsche Erklärung, was Grundlagenforschung bedeutet, kann höchstens ein Fünftel der Bevölkerung geben. (Schaubild 10 auf der nächsten Seite)

> **"Wir können nichts vom künftigen Wissen wissen - sonst wüßten wir es schon heute"**
> Die Paradoxie der Grundlagenforschung: Sie ist das Wichtigste, aber für die Bevölkerung fast nicht zu verstehen
>
> Fragen: "Haben Sie schon einmal von Grundlagenforschung gehört, daß an Universitäten und wissenschaftlichen Instituten Grundlagenforschung betrieben wird?"
> Falls 'Ja, schon davon gehört': "Könnten Sie mir sagen, was Grundlagenforschung ist, was damit gemeint ist?"
>
> | | Bevölkerung insgesamt | Personen mit Studium |
> |---|---|---|
> | ● Es haben schon von Grundlagenforschung gehört | 55 % | 90 % |
> | davon Richtige Erklärungen des Begriffs: Vordringen auf Neuland, Beschäftigung mit Prinzipien, Methoden und Grundlagen von Wissenschaftsgebieten, bzw. nicht anwendungsorientierte Forschung oder vage, aber nicht falsche Erklärungen | 21 | 52 |
> | Falsche Angaben oder kann den Begriff nicht erklären | 34 | 38 |
> | ● Habe den Begriff noch nicht gehört | 45 % (55) | 10 % (90) |
>
> Basis: Bevölkerungsrepräsentative Umfrage mit 2106 Befragten ab 16 Jahre
> Quelle: Allensbacher Archiv, IfD-Umfrage 6074, Feb./März 1999

Wissenschaftler werden sich kaum Rechenschaft darüber ablegen, was sie der Bevölkerung, der Öffentlichkeit eigentlich zumuten, wenn sie fordern, dass trotz aller fühlbaren Geldknappheit Wissenschaft mit erheblichen finanziellen Mitteln unterstützt werden soll.

Das Thema lautete: „Wissenschaft in der öffentlichen Wahrnehmung". Dabei wird „öffentliche Wahrnehmung" ausgelegt als „öffentliche Meinung", und zwar öffentliche Meinung in der klassischen, über zweitausend Jahre alten Bedeutung. Bereits im Jahr 50 v. Chr. schrieb Cicero in einem Brief an Atticus von „publicam opinionem". Und er meinte damit nicht öffentliche Meinung im Sinn eines klugen Urteils (wie man öffentliche Meinung seit der Aufklärung verstand), sondern öffentliche Meinung im Sinne von „soziale Kontrolle", einer weit bei der Bevölkerung verbreiteten moralischen oder ästhetischen Übereinstimmung, eines Werturteils, von dem abzuweichen bedeutet, dass man sich selbst zum Außenseiter macht. Es kann sich bei einer solchen öffentlichen Meinung auch um einen Irrtum handeln. Für einen Irrtum, dem er nur gefolgt sei, weil er „publicam opinionem" gefolgt sei, entschuldigt sich Cicero bei Atticus.

Über Wissenschaft in der öffentlichen Meinung habe ich zu Ihnen gesprochen. Dabei fanden wir die öffentliche Meinung manchmal geprägt vom Irrtum, aber oft von erstaunlicher Hellsichtigkeit – vor allem, wenn man die extreme Schwierigkeit des Gegenstandes Wissenschaft bedenkt. Viele Irrtümer müssen wir eigentlich nach mannigfachen Kampagnen gegen Professoren in den letzten Jahrzehnten erwarten. Aber nicht überwiegend Irrtümer haben wir gefunden, sondern ein ganz unerwartetes Verständnis der öffentlichen Meinung für die Wissenschaft. Sie alle kennen den Ausspruch eines Politikers: Man kann sich sein Volk nicht aussuchen, sondern muss sein Volk nehmen, wie es ist. Wir, die Wissenschaftler, müssen uns freuen, dass wir Angehörige eines Volkes sind, das – genau betrachtet – die Wissenschaft, ihre Erkenntnissuche, ihre Wahrheitssuche liebt.

Das Schweigen der Lämmer

Dieter Simon

I.

„Der Krieg geht tiefer, und je angestrengter wir so tun, als ginge er uns nichts an, desto mehr dringt er in uns ein" schrieb Slavenka Drakulic, die auch in Deutschland gut bekannte kroatische Schriftstellerin sieben Wochen nach dem Beginn des Luftkriegs gegen die Serben.

Inzwischen, nach weiteren vier Wochen, hat der Krieg ein Ende genommen. Die Anstrengung, so zu tun, als gehe uns das Geschehen auf dem Balkan nichts an, darf aufgegeben werden. Wir können gelassen prüfen, ob der Krieg in uns eingedrungen ist und uns verändert hat oder ob alles wieder ist wie früher. So wie es uns unsere Börse vorgemacht hat, von der am zweiten Tag nach der Einstellung der Angriffe die herzerfrischende Meldung zu hören war: „Die Börse hat den Kosovo abgehakt". Also sozusagen: „Ende gut, alles gut"? – nur dass wir nicht getanzt und in die Luft geschossen haben, wie die Serben, als das Bombardement endete, was aber nichts besagt, denn wir haben auch am Anfang und zwischendurch nicht getanzt. Alles wie früher oder sogar besser? Die Demokratie hat donnernd gesiegt? Die Europäer freuen sich und zahlen den angerichteten Schaden – mit Ausnahme der Kollateralschäden, denn die sind schon bezahlt.

Ob wir geblieben sind, was wir waren, oder ob wir tatsächlich verändert wurden, wird sich zuerst an unserem Reden über die Ereignisse zeigen. Vermutlich werden die Wissenschaftler jetzt doch ihr Schweigen brechen – im Zweifel schon deshalb, weil der Kommentar, also die Bewertung post festum, eine ihrer liebsten Äußerungsformen ist. Warum haben sie eigentlich die ganze Zeit, von einigen wenigen und unauffälligen Ausnahmen abgesehen, so beharrlich geschwiegen? Andere taten dies doch auch nicht. Schriftsteller und Künstler, Kulturkritiker, Philosophen und Theologen haben sich ausführlich zu Wort gemeldet. Unsere bedeutendste überregionale Tageszeitung hat einen fulminanten und erregenden Diskurs über den Krieg angezettelt. Die Wissenschaft dagegen war seltsam abwesend. Die Studenten: reglos. Die Assistenten: unsichtbar. Die Professoren: stumm. Emsige Stille auch in den vielen außeruniversitären Werkstätten der Wissenschaft.

Nichtbefassungspolitik? Oder ist den Wissenschaftlern nur nichts eingefallen? Oder litten sie heftig an ihrer bekannten deutschen Krankheit, der mangelnden Zivilcourage? Wollten sie voller Bescheidenheit ihre persönliche Meinung nicht als Expertise verkaufen? Oder waren sie schlicht – ein Wort, dem man in den Journalen der letzten Monate am häufigsten begegnete – „hilflos"?

Eine spannende, eine schon fast wissenschaftliche Frage, eine Frage auch und gerade für einen Rückblick. Weshalb sich der Rechenschaftsbericht des Präsidenten der Berlin-Brandenburgischen Akademie der Wissenschaften für diesmal nicht nur in der schon fast traditionellen Wohlgelauntheit präsentiert.

Es soll nicht einmal so scheinen, als verfolge die Wissenschaft unbeschwert ihre Erkenntnisziele und gebe sich blauäugig dem Wahn hin, nur friedvollen Zwecken nachzugehen, so dass Krieg als Resultat politischer Entscheidungen nichts sei, womit Akademiker sich angelegentlich zu befassen hätten. Auch die dem Goethejahr eigentlich gemäße geruhsame Heiterkeit, die reimt, dass „an Sonn- und Feiertagen" „wenn hinten weit in der Türkei, die Völker aufeinander schlagen" nichts Besseres zu finden sei, „als ein Gespräch von Krieg und Kriegsgeschrei", – sie verbietet sich. Nicht nur sind die Zeiten des idyllisch distanzierten Bürgergeplauders global irreversibel vergangen, sondern wir sind auch – wenngleich überwiegend überrascht und verstört – unversehens selbst unter die Draufschläger geraten.

Und das, obwohl wir uns im Artikel 26 unserer zu Pfingsten dieses Jahres üppig gefeierten, bravourösen Verfassung feierlich vorgeschrieben haben, dass von deutschem Boden nie wieder ein Angriffskrieg ausgehen dürfe. Unbeschadet der Interpretationskünste der Verfassungsjuristen und Weltbürgerkundler sowie des beruhigenden Umstandes, dass gegen niemanden nach § 80 StGB wegen Vorbereitung einer Aggression ermittelt wird, kann man sich nur schwer des Eindrucks erwehren, dass das Unheil irgendwie doch auch vom wiedervereinigten Boden seinen Ausgang genommen habe, weshalb aus dem kollektiven Gedächtnis längst obsolet geglaubte Denkfiguren und Ideologiefragmente wie der „Tyrannenmord" oder der „gerechte Krieg" unerwartet emporstiegen und von den Intellektuellen beklommen hin und her gewendet wurden.

Jedenfalls hier – in Berlin und in dieser Akademie – haben wir Anlass, uns nach dem Umgang mit dem Krieg und dem Schweigen der Lämmer zu befragen, uns, die wir uns lauthals als jene bekennen, die nicht nur das Erbe der Vergangenheit verwalten, sondern die nationale Gegenwart zur Artikulation und zur Verantwortung bewegen wollen. Das muss auch gelten, wenn diese Gegenwart für Euterpe, die Muse der Wissenschaft, gerade nicht zu sprechen ist, weil sie einem Mars ohne Kollateralschäden huldigt.

Selbstbefragung gewährt außerdem einen Vorsprung. Denn die Fremdbefragung wird nicht ausbleiben. Unsere Zukunft arbeitet bereits an der empirischen Erhebung, wo Fragebögen ausgefüllt werden müssen, Kästchen anzukreuzen sind und Skalen sorgsam gestufter Antworten von „sehr wichtig" bis „weiß nicht" ein ausgewogenes Urteil erheischen. Im Vorfeld, solange wir gleichsam nur proben, dürfen wir es uns noch einfach machen. Einfach, das heißt: fünf Fragen nach dem Akademiker im Kriege – gestellt nach dem Kriege, in gestellter Szene, wenn die Rechnungen bezahlt werden – im Übrigen aber das Wetter wieder schön, die Angst histo-

risch und die Verantwortung symbolisch geworden sind. Die Antworten sind unverbindlich
– heute haftet nur der, der spricht.

II.

Frage eines Bürgers: Was machen die Wissenschaftler eigentlich im Kriege? Machen sie sich
auch, vielleicht besondere, Gedanken, und wenn ja, welche?
Antwort eines Akademikers: Was sollen die Wissenschaftler schon machen? Sie gehen
ihrer Wissenschaft nach. Ihr Hauptgeschäft ist schließlich die Wissenschaft. Und soweit diese
nicht selbst dem Krieg hilft, weil sie zum Beispiel – was nur sie kann – an der Entwicklung
von intelligenten kriegschirurgischen Eliminiergeräten, Aufspürapparaten, Giftzerstäubern
und anderen Vernichtungsmitteln mit Hochschulabschluss werkelt, hat sie mit Krieg und
Frieden nicht eigentlich etwas zu schaffen. Wie überall, wo man nichts merkt, triumphiert
der Alltag.

Was das heißt? Das heißt für die Akademie: Wir wählen neue Mitglieder (115 sind wir jetzt)
und entpflichten alte. Wir stellen neue Mitarbeiter ein (262 – darunter 124 Wissenschaftler
– haben wir zur Zeit) und versuchen uns (meist erfolglos) von anderen zu trennen.

Wir planen unverdrossen unser 300-jähriges Jubiläum, das ohne jede Rücksicht auf äußere
Ereignisse im nächsten Jahr in Erscheinung treten wird. Wir führen regelmäßig unsere ordentlichen und außerordentlichen Akademievorlesungen durch. Wir verleihen unsere Preise und
sind deren Stiftern dankbar. Wir schicken unser Circular in Umlauf, arbeiten für den „Disput über Wissen" an unserer Zeitschrift „Gegenworte", die sich prächtig entwickelt und es zu
schaffen scheint, auf Altes einen neuen Blick zu werfen und Neues nicht erst zu entdecken,
wenn es schon alt geworden ist. Wir treffen uns mit den Staatssekretären aus den für uns
zuständigen Wissenschaftsministerien zum Gedankenaustausch am Stammtisch. Wir vergeben unsere kleinen Stipendien, präsentieren den gütigen Förderern eine anspruchsvolle wissenschaftliche Causerie und planen und beantragen neue Akademievorhaben und tagen mit
und in ihren zahlreichen Betreuungskommissionen. Wir vergessen den 250. Geburtstag des
Olympiers aus Frankfurt nicht, der, wenn schon nicht leidenschaftlich, doch unser Mitglied
gewesen ist. Eine Ausstellung läuft schon, eine zweite wird rechtzeitig zum Geburtstag fertig
werden. Wir bereiten Tagungen vor: New Cultures mit dem Einsteinforum ist die nächste,
„Das Europa der Diktaturen" zusammen mit dem Hannah Arendt Institut für Totalitarismusforschung, dem Potsdamer Zentrum für Zeithistorische Studien und dem Max-
Planck-Institut für Europäische Rechtsgeschichte folgt auf dem Fuße, das dritte Kolloquium
zur Akademiegeschichte sowie die „Qualitätsbewertung in der Wissenschaft" und „Der
Ursprung der Sprache" schließen sich chronologisch in rascher Sequenz an.

Wir kümmern uns um unser Haus, das fortdauernd die spekulativen Gelüste verschiedenster Wohl-Täter anlockt, die ihre Wohltaten allerdings nicht für uns, sondern für sich planen.

Nachdem uns aber der hochgesinnte Hauptstadtregent persönlich eine neue Fassade in Aussicht gestellt hat, mag die Hoffnung berechtigt sein, dass nach mehr als 50 Jahren die damaligen Kriegsschäden auch im Inneren beseitigt werden können. Bomben wirken lange nach – auch wenn die äußeren Spuren längst getilgt sind. Ein Architektenwettbewerb hat erfolgreich stattgefunden. Ermutigendes Kopfnicken bei potenziellen Sponsoren wurde gesichtet. Es scheint nicht mehr ausgeschlossen, dass wir mit dem mit uns einstweilen nur durch ein großes Portal verbundenen Wissenschaftsforum alsbald nicht nur gemeinsame Sache, sondern auch gemeinsame Sachen machen können.

Zu dem, was nur mit anderen zu bewerkstelligen ist, gehören auch die wissenschaftlichen Tagungen, die wissenschaftspolitischen Planungen, die Beratungssitzungen, Workshops und Hirnübungen, kurz, all das, wozu wir uns eine Tagungsstätte außerhalb der Groß- und Hauptstadt gewünscht haben, weil nur dort Muße und Konzentration, die Mütter jedes innovativen Schaffens, zu garantieren sind. Wir haben die Stätte, Schloss und Park Blankensee, am 17. Oktober 98 bekommen – leer freilich, ohne Stuhl, Tisch und Bett, aber kundig renoviert, idyllisch gelegen und nachgefragt. Nach einigen Beschwerlichkeiten, Friktionen, selbst leichten Verstimmungen über Bewirtschaftungskonzept, Betriebsorganisation, Tagungsstättenleitung und manches andere, was zur Eröffnung eines solchen Hauses dazugehört, scheint jetzt das angestrengt kooperative, manchmal auch agonale Zusammenwirken von Brandenburg und Berlin zum Nutzen der Akademie doch zum Erfolg zu führen.

Aber es wird natürlich nicht nur verwaltet, administriert und organisiert, sondern auch geforscht und gedacht. Wir haben drei neue interdisziplinäre Arbeitsgruppen eingerichtet. Eine zum Thema „Gemeinwohl und Gemeinsinn", eine weitere unter dem Titel „Gesundheitsstandards", eine dritte möchte die „Sprache des Rechts" unter den Stichworten „Vermitteln, Verstehen, Verwechseln" untersuchen. Da die Arbeitsgruppe RULE ihre Arbeit unter Vorlage eines besonders schönen Abschlussbandes beendet hat, arbeiten im Referat Interdisziplinäre Arbeitsgruppen zur Zeit sechs Gruppen und acht fachübergreifende Initiativen. Das Digitale Wörterbuch der Deutschen Umgangssprache hat es geschafft, den Vorsitzenden seines Kuratoriums zum Bundespräsidenten wählen zu lassen und kann nicht nur deshalb, sondern auch wegen des vielversprechenden Engagements der Österreicher und der Schweiz auf rasche Fortschritte hoffen.

Das Referat Akademienvorhaben mit gegenwärtig 29 Arbeitsstellen ist nachhaltig in Bewegung geraten. Alle Vorhaben haben sich inzwischen mehr oder minder deutlich auf drei vorgegebene Ziele eingelassen:

○ Umstrukturierung von der reinen Wissenserschließung zur auch wegweisend arbeitenden Forschungsstelle,
○ umfassende digitale Modernisierung,
○ nachdrückliche Vermittlung aller Resultate an die Öffentlichkeit.

Ein geglücktes Beispiel für das Letztere ist die weltweite, positive Resonanz auf den ersten mehrteiligen Band der renovierten Marx-Engels-Gesamtausgabe; für die Umstrukturierung durch Einbau innovativer Forschung können die praktisch gewordenen Versuche, ein Alexander von Humboldt-Forschungszentrum zu schaffen, zitiert werden; die digitale Modernisierung schließlich lässt sich am eindrucksvollsten an jenem unserer Forschungsbereiche studieren, der – heute eher irreführend – „Wörterbuch der ägyptischen Sprache" heißt.

In den Stammreihen der Vorhaben wurden im letzten Jahr 27 Bände publiziert, 91 Aufsätze in Sammelbänden und Zeitschriften kommen hinzu.

Für die Details der Arbeitsergebnisse darf und muss der Interessierte auf das in Kürze erscheinende Jahrbuch der Akademie verwiesen werden.

Aber auch ohne aufgegliederte Aufzählung sieht man: Wissenschaftler haben keine Zeit, um an den Krieg zu denken, und folgerichtig noch weniger, um darüber öffentlich zu reden.

III.

Frage eines Akademiemitglieds: Aber hätten wir Wissenschaftler nicht wenigstens eine Erklärung zum Krieg abgeben sollen?
Antwort eines anderen Akademikers: Wenn Wissenschaftler Erklärungen zur Politik abgeben, begeben sie sich in doppelte Gefahr. Äußern sie sich moralisch und allgemein, stehen sie anschließend eventuell blamiert da – wie jene letztlich bedauernswerten 93 deutschen Professoren, die sich wegen ihrer Erklärung „An die Kulturwelt" vom Jahre 1914 später als bellizistische Kriegernaturen apostrophieren lassen mussten. Der Belgrader Akademie der Wissenschaften wird es allen Anzeichen nach mit ihrem „Memorandum zur Lage des serbischen Volkes" von 1986 vermutlich ähnlich ergehen. Äußern sich die Wissenschaftler aber politisch und konkret, scheinen sie, da sie gemeinhin als Experten anerkannt sind, besondere Sachkunde in Anspruch zu nehmen, die ihnen tatsächlich aber nicht zukommt. Das wird ihnen dann sofort vorgehalten. Den Herren fehle doch wohl die außen- und militärpolitische Kompetenz, ließen Strauß und Adenauer 1957 verbreiten, als die Göttinger Erklärung der Kernphysiker zur atomaren Bewaffnung der Bundeswehr erschien. Zur Abwehr solcher Argumente sehen sich die Erklärenden zu der Feststellung genötigt, dass sie sich nicht als Experten, sondern nur „als Staatsbürger", „als Lehrer der Jugend" oder einfach „als Menschen" äußern. Das schwächt ihre öffentliche deklamatorisch-pädagogische Position und rückt sie unvermeidlich in die Nähe des Stammtisches. Stammtischparolen von Wissenschaftlern wird nicht nur die übliche Verachtung zuteil, sondern sie schädigen auch den Ruf der Experten als Experten.

Hätten wir aber ungeachtet dieser wenig verlockenden Konstellation gleichwohl eine Erklärung abzugeben uns bemüht – wir hätten sie nicht zustande gebracht. Da das Wissenschaftssystem sich der Wahrheit als oberstem Wert verpflichtet fühlt, ist Konsens schlechterdings undenkbar in einer Situation, in der die Fototafeln eines erschütterten Kriegsministers, die Kitschphrase vom „humanitären Krieg", der militante Neologismus „Souveränitätsfanatiker", die Placebo-Losung „Weltinnenpolitik" und die giftige Schmähung der „Kriegstreiber" in einer wüsten Gemengelage auftauchten. Selten hat man in einer ansonsten doch eher homogenen Gruppe soviel Uneinigkeit, Meinungsverschiedenheit und Zwist gehört und gespürt wie in diesem Fall.

Einig war man sich vermutlich nur darin, dass unsere Politiker im Krieg standen, bevor sie es noch richtig begriffen hatten. Auch wenn die Anekdote nicht stimmen sollte, dass der plötzlich zum Kriegsminister mutierte Verteidigungsminister nur 15 Minuten Zeit hatte, um den NATO-Plänen zuzustimmen – sehr viel gründlicher kann der Ablauf kaum bedacht worden sein. Anlass zur Schadenfreude bestand gleichwohl nicht. Denn offenkundig haben bei uns Land und Bürger großes Glück gehabt. Weniger wegen des relativ glimpflichen Ausgangs des teuren Abenteuers als wegen des Umstandes, dass der Krieg von Parteien getragen wurde, die unbestritten auf eine explizit unkriegerische, partiell pazifistische Tradition zurückblicken. Diese Tradition hätte sich im umgekehrten Falle, also einer Regentschaft durch die heutige Opposition, zweifellos bis zu Aufruhr und innerer Unruhe verselbständigt. So aber nahm man an der Regierung je nach eigener Färbung entweder einen leichten melancholischen Hauch wahr, wie er zum Handeln tragischer Figuren gehört, oder ein ironisches Timbre, weil jemand anders klingt als er gestimmt ist – beides kein geeigneter Gegenstand für eine dramatische Erklärung durch die Wissenschaft.

Im Übrigen konnte man eine eher geringe Solidarität der Wissenschaftler mit ihrer Regierung beobachten. Am stärksten ist sie sicher noch bei jenen ausgeprägt, die wie schon ihre Vorgänger und Vorvorgänger zum Beispiel in technischen Distrikten mittelbar oder unmittelbar für den Krieg arbeiten. Niemand legt sich leichthin mit seinem Brotherrn an. Am wenigsten identifiziert sind dagegen jene, die im Dienste der Wirtschaft stehen. Sie verspüren in der Regel keine über die allgemeine Loyalitätspflicht des Staatsbürgers hinausgehende Neigung zur Eintracht mit dem Regenten. Wieder anders ist es bei den im Staatsdienst beamteten Wissenschaftlern. Sie wissen, was sie den Regierenden schuldig sind. Schließlich sind mit ihrer Finanzierung herkömmlich bestimmte Verpflichtungen verbunden. „Bringschuld" pflegt man neuerdings in nassforschem Missbrauch eines Fachworts der Juristen das zu nennen, was zu jenen Zeiten, als die Akademie noch die Preußische Akademie der Wissenschaften hieß, einfach als „Pflicht" bezeichnet wurde. Zur Staatsdienerpflicht aber gehört es, zu Zeiten den Mund zu halten. Was natürlich nicht völlig unkritisch geschehen muss. Einzelnen wird das Recht auf Widerspruch zugebilligt. Theologen zuvörderst. Dann den Philosophen, den Militärexperten, auch den Juristen, etwas entfernt schon den Historikern oder Ethnologen. Der ordinäre Naturwissenschaftler, die Mediziner, Mathematiker oder Philologen sollten dagegen von vorlauter Zungensucht Abstand nehmen.

Wo von Innen und Außen so wenig Ermutigung einzuwerben ist, da herrscht ein schlechtes Klima für gemeinsame Erklärungen. Da geht die Neigung dahin, den Standpunkt der Standpunktlosigkeit einzunehmen. Der ist moralisch durchaus vertretbar, nämlich dann, wenn alle Standpunkte entweder im Recht oder im Unrecht sind. Und beides schien im vorliegenden Fall häufig gut begründbar.

Also werden Wissenschaftler wohlberaten sein, wenn sie, falls überhaupt, nur zu Fragen der Wissenschaft oder der Wissenschaftspolitik Erklärungen abgeben. Was schließlich nicht bedeutet, dass sie in allen anderen Dingen zum Schweigen verurteilt wären. Die Medien sind in der Regel gern bereit, professorale Bekundungen aller Art zu veröffentlichen, so dass sie ihre politischen Ansichten ungeschminkt zum Besten geben können. Unter den Bedingungen der

Unfreiheit ist das bekanntlich anders. Es wäre sicher aussichtslos gewesen, 1933 den Versuch zu machen, die Medien gegen die Entlassung jüdischer Kollegen zu mobilisieren. Entsprechende Versuche sind allerdings nicht bekannt geworden.

IV.

Frage eines Journalisten: Wenn man keine Erklärung zum Krieg abgeben kann, kann man aber vielleicht den Krieg wissenschaftlich erklären?
Antwort eines Akademikers: Akademiker wären keine Wissenschaftler, versuchten sie nicht, das Unverständliche zu verstehen und es den anderen zu erklären. „Es hat also der Mensch seine innere und äußere Umwelt selbst zu ordnen. Dafür zur Verfügung stehen ihm äußere Erfahrungen und inneres Rückerinnern", hat Gottfried Benn unter der Losung „Erkenne die Lage!" seinen Zeitgenossen und allen Späteren ins Stammbuch geschrieben. Wie also ist die Lage?

Manche glauben, dass es sich bei dem Krieg um eine gerechte Sache gehandelt habe oder jedenfalls jetzt handele, wo der Erfolg irgendwie Recht zu geben scheint. Die Rechtsfrage hat Konjunktur, wobei allenfalls auffällt, dass Nichtjuristen besonders prominent an den juridischen Träumen beteiligt sind. Das Ergebnis ist noch unklar, aber jedenfalls wird der 24. März 1999 ein welthistorisches Datum werden. Denn wir sind die Zeugen einer Revolution, die noch nicht weiß, ob der Tag als Markstein ruchlosen Übergangs vom Völkerrecht zum Faustrecht oder als kühner Schlussstrich unter das alte, im Souveränitätsmodell befangene Denken im Gedächtnis bewahrt werden wird.

Manche träumen davon, der scheußliche Abschluss dieses vom Ethnonationalismus entstellten Jahrhunderts möge einen tieferen Sinn gehabt haben. Man montiert sich ein gutes Gewissen durch die Beschwörung höherer Werte. „Humanitärer Krieg" nennt sich diese, nicht bloß sprachliche Verirrung. Der höhere Wert sind die Menschenrechte der Vertriebenen, zu deren Schutz wir aufgebrochen sind, ohne sie mit den eingesetzten Mitteln schützen zu können. Zwar muss dann wohl die bewährte Formel des Immanuel Kant aufgegeben werden, wonach „kein Staat .. sich in die Verfassung und Regierung eines anderen Staates gewaltsam einmischen [soll]". Aber das lässt sich rechtfertigen. Nicht bloß mit Bildern, die uns anschreien, oder mit der rhetorischen Frage, ob denn Souveränität wirklich grenzenlos sein dürfe. Man kann darauf verzichten, jemanden als „Souveränitätsfanatiker" zu beschimpfen oder Pazifismus mit Zynismus gleichzusetzen, wenn es gelingt, die faktische, bald Gewohnheit werdende Weiterentwicklung des Völkerrechts wissenschaftlich darzulegen oder – noch besser – wenn man Kant mit der „humanitären Intervention" überholt, indem man die kosmopolitische Weltgesellschaft, den Weltverfassungsstaat ohne Nationen und Ländergrenzen, für angebrochen erklärt.

Jedenfalls virtuell, denn realiter sagen uns Benns „äußere Erfahrungen", dass es zur Zeit eigentlich überall nach Zunahme und nicht nach Abnahme des Nationalismus aussieht. Aber kosmopolitische Virtualität genügt schon für den logischen Schluss, dass keine Grenzen verletzt werden konnten, so dass Kant doch noch gilt, und sei es auch nur im Verhältnis zu den Extraterrestrischen.

Zu den rechtlichen Erklärungen gesellen sich die moralischen Urteile. Zum Beispiel, dass wir es unserer Geschichte schuldig wären, das brutalste und gewalttätigste Regime Europas zu beseitigen. Was freilich nicht geglückt ist. Oder, dass die Menschenrechte vor Frieden gehen müssen, wenn der Boden für Demokratie, Marktwirtschaft und andere Werte bereitet werden soll. Was aber gewinnt verbrannte Erde durch westliche Werte, bei deren „innerem Rückerinnern" zudem regelmäßig der Wert unserer Waffenlieferungen auf den Balkan vergessen wird. Anderseits behauptet sich auch die Vorstellung, die NATO sei mittels Bomben auf der Suche nach einer neuen Identität, die Waffenproduzenten hätten einen Intelligenztest ihrer Superwerkzeuge benötigt oder die Amerikaner wollten sich in typischer Mischung aus Imperialismus und Altruismus als Weltpolizisten inszenieren... und was dergleichen halbplausiblen Traumgesichte mehr sind.

Was also erkennt der nüchterne Wissenschaftler angesichts dieser Lage?

Die Lage ist unkenntlich und deswegen sind der Lehren viele. Historische und machtpolitische, philosophische, theologische, juristische und ethnologische An- und Einsichten häufen sich und versperren einander die Sicht.

Es bleibt: Der Balkan ist der Balkan. Und: der Wissenschaftler gehört tatsächlich zu den Hilflosen. Seine bittere Lehre formuliert ihm Thomas Bernhard: „Was mit den Menschen zusammenhängt, ist immer grotesk, und der Krieg und seine Umstände und Zustände sind die groteskesten". Aber die Hauptlehre: „Nie wieder Krieg!" ist genauso anfällig für die Zeitläufe wie Heraklits Weisheit, dass der Krieg „der Vater aller Dinge" sei – anfällig wie wir selbst.

Als Forschungsprojekt wird aufzunehmen sein, was die Vertriebenen künftig mit den Menschenrechten, die wir ihnen gerettet haben, anfangen werden.

Der NATO-General hatte Recht, wenn er am 26. Mai, als die Zweifel an den Bombengründen sich allmählich nachhaltig meldeten, durch das Radio funkte: „Unsere Gründe sind noch genau so gut wie am Anfang": Ganz richtig. Es war von Anfang an klar und der in diesen Tagen zu beobachtende Abzug einer nahezu intakten serbischen Armee hat es nochmals gezeigt: Die Kriegsziele – auch die gegen die ursprünglichen später eingetauschten – waren niemals zu erreichen. Dieser Krieg ist wissenschaftlich nicht zu erklären.

Die Welt aber sieht auch ohne Wissenschaft: Die fehlende europäische Sicherheitsordnung kann nicht durch Bomben herbeigedonnert werden. Der Wissenschaftler kann jetzt nur noch versuchen, mitzuschreiben und dadurch mitzuentscheiden, wie später einmal von diesem Krieg erzählt werden wird.

V.

Frage eines Staatssekretärs: Wenn ich recht verstehe, ist es den Wissenschaftlern weder möglich, eine politische Erklärung zum Kriege abzugeben, noch eine wissenschaftliche Erklärung der Kriegspolitik zu finden. Hoffentlich steht es bei der Wissenschaftspolitik besser?
Antwort eines Akademikers: Auf diese Frage sind viele Antworten möglich: Unseriös wäre die Feststellung, dass die Akademie viel zu wenig Mittel hat, um eine Wissenschaftspolitik, die sich lohnt, ins Auge fassen zu können. Schließlich sind wir – wie alle heutzutage – dankbar, wenn unsere Finanzierungsträger „Überrollen" in Aussicht stellen und unsere Bemühungen um die Flexibilisierung des Budgets unterstützen. Korrekter wäre: wir waren erfolgreich, was angesichts unserer finanziellen Grundlagen mehr als erstaunlich ist. Und völlig präzise: Ohne als Unterstützung verkleidete Behinderungen wären wir vielleicht sogar weiter.

Ein Beispiel für das Letztere: Es ist willkommen und erfreulich, wenn uns das Parlament zur Mittelumschichtung aus abgestandenen Akademienvorhaben in aktuelle und gesellschaftlich relevante Unternehmungen ermuntert. Aber die energische verwaltungsmäßige Einforderung solcher Taten wirft uns zurück, solange der wohlmeinende Souverän nicht auch die Möglichkeit hat, sicherzustellen, dass auf dem Verschiebeweg die Mittel nicht vollständig verloren gehen. Brave sozialpolitische Absichten hat schließlich sogar das Arbeitsrecht. Aber solange öffentlich bedienstete Wissenschaftler mit den Schutznormen für Industriearbeiter umhegt werden, wird jede akademische Qualitätsbesinnung zur hilflosen Geste.

Ein Beispiel für den Erfolg: Die bevorstehende Gründung der Jungen Akademie. Höchstens 50 junge Wissenschaftler im jüngeren Erwachsenenalter (zwischen Promotion und Habilitation) – also in einer Zeitspanne, die für die Ausbildung wissenschaftlicher Eliten besonders bedeutsam ist, wo aber die staatlichen Programme bisher ausgesprochen lückenhaft sind oder überhaupt fehlen – werden in die Lage versetzt, sich in größter Freiheit transdisziplinären Aufgaben zu widmen. Die Vorbereitungen für diese Neugründung sind abgeschlossen. Die Ausschreibung ist angelaufen. Das Experiment kann im nächsten Jahr zum 300-jährigen Geburtstag der Akademie an den Start gehen. Es ist ein Experiment, das gleichzeitig ein zweites, viel wichtigeres, unterstützen und auf den Weg bringen soll. Wir gründen nämlich „Die Junge Akademie" gemeinsam mit der Leopoldina, der Gesellschaft der Naturforscher in Halle. Dem gemeinsamen Geschöpf ist außer der Nachwuchsförderung die Aufgabe zugedacht, eine mehr als projektmäßig unverbindliche Zusammenarbeit zwischen BBAW und Leopoldina einzuläuten. Es handelt sich um den Testfall für den Bau eines großen Vereinigungsreaktors.

Ich füge einige Beispiele für wissenschaftspolitische Essayistik an, die in der Regel für ein Geringes möglich ist: ein Strategiepapier über die Wissenschaftsentwicklung Brandenburg, das vor einigen Tagen im Kabinett in Potsdam diskutiert wurde; ein Papier über die Schwerpunktbildung Molekulare Medizin in Berlin, das in der vorigen Woche Senator Radunski übergeben werden konnte; ein Gentechnologiebericht, den wir als Periodicum über Stand und Zustand der gentechnischen Forschung vorbereiten; ein Anlauf zu einer im Jahre 2001 zusammen mit der Leopoldina einerseits, mehreren Wissenschaftsorganisationen andererseits durchzuführenden Wissenschaftsmesse, die uns endlich das public understanding, das öffentliche Verständnis für die Wissenschaften und ihre Anliegen, verschaffen soll.

Abschließend noch einige betrübliche Beispiele für Investitionen, die unsere Wissenschaftspolitik wesentlich effizienter machen würden, wenn wir die Möglichkeit hätten, sie zu bezahlen : es fehlen uns immer noch die Experten, die die Digitalisierung der Akademiearbeit endgültig auf den Weg bringen können; es fehlt uns dringend der Arbeitsplatz für den Ausbau der internationalen Beziehungen, an deren Installation der Vizepräsident ebenso unverdrossen wie einsam werkelt; es fehlen uns die Arbeitsplätze für ein professionelles, nicht laienhaft und unbeholfen durch den Präsidenten und seine Generalsekretärin betriebenes Fundraising; und – last not least – die Betreuung der Publikationen, Broschüren, Prospekte und Plakate der Akademie lebt von der Hand in den Mund.

Also mit einem Wort: Die Wissenschaftspolitik läuft gut und macht Spaß. Allenfalls: Die Kosten versalzen das Vergnügen.

VI.

Frage eines Kindes: Wird es auch eine Wissenschaftspolitik für die Jugoslawen geben oder nur für uns?

Antwort eines Akademikers: Wissenschaftspolitik für Jugoslawien – und seine Nachbarn – kann nur in der Gewährung von Hilfe bestehen. Diese Hilfe kann sich sicher nicht darin erschöpfen, dass die Wissenschaftler sich darauf berufen, sie würden bereits als Staatsbürger mit ihren Steuern dazu beitragen, wieder aufzubauen, was nicht sie, aber andere mit ihrer Billigung zerstört haben. Es wird auch nicht genügen, dass die Wissenschaft ihre Berücksichtigung in einem Marshall-Plan für den Balkan fordert – ein Plan der kommen muss, weil er angesichts der zerstörten zivilen Infrastruktur des Landes unvermeidbar ist. Es ist schließlich überhaupt nicht angebracht, andere aufzurufen, etwas zu unternehmen. Denn es entspricht rechtshistorisch gut bezeugtem Menschengedenken, dass die Täter selbst etwas tun müssen – und leider befinden wir uns in diesem Fall unter ihnen. Außerdem sollten wir zeigen, dass uns der Krieg verändert hat im vorhin zitierten Sinne von Slavenka Drakulic.

Wissenschaftler können allerdings nur mit den bescheidenen Mitteln der Wissenschaft helfen. Und was sie damit zu bewerkstelligen in der Lage sind, ist das, was in Forschung und Lehre ohnehin ihr tägliches Geschäft ist: Ergebnisse formulieren und sich an Kollegen und andere Wissenschaftler wenden, um sich auszutauschen und zu diskutieren, Studenten unterrichten und im In- und Ausland als Wissenschaftsbotschafter auftreten. Daraus Hilfe abzuleiten bedeutet wenig und viel zugleich. Wenig, da nur ein winziger Teil der Notleidenden betroffen ist. Viel, weil es stets von größtem Gewinn ist, wenn dem friedvollen Miteinander via Wissenschaft irgendwo zum Durchbruch verholfen wird. Außerdem sind Wissenschaftler Multiplikatoren der Rationalität. Friede und Vernunft: wieviel Wissenschaft dazu beitragen kann, hat man nicht zuletzt in Deutschland nach dem 2. Weltkrieg erfahren.

Deshalb startet in diesen Tagen eine „Balkan-Initiative" der Berliner und der Brandenburgischen Wissenschaft. Was „Balkan" geographisch heißt, ist, wie nach anderen Slavoj Zizek kürzlich wieder gezeigt hat, eine Frage der Perspektive. Für die einen beginnt er hinter Wien, für die anderen hinter Belgrad, für die dritten hinter Paris. Bei unserem Vorhaben meinen wir das heutige Jugoslawien und seine unmittelbaren Nachbarn. Die Initiative gilt den Wissenschaftlern dieser Region.

Initiatoren sind die Präsidenten der drei Berliner Universitäten, Jürgen Ewers, Peter Gaehtgens und Hans Meyer, die Präsidenten der drei Universitäten Brandenburgs, Wolfgang Loschelder, Ernst Sigmund und Hans Weiler, der Rektor des Wissenschaftskollegs, Wolf Lepenies, der Präsident des Wissenschaftszentrums Berlin, Friedhelm Neidhardt, der wissenschaftliche Vorstand des Max-Delbrück-Zentrums für Molekulare Medizin Berlin-Buch, Detlev Ganten, und die Mitglieder der Berlin Brandenburgischen Akademie der Wissenschaften. Ferner haben aus dem Raum Berlin und Brandenburg zahlreiche Direktoren und Institutsleiter der Herrmann von Helmholtz-Gemeinschaft, der Max-Planck-Gesellschaft und der Wissenschaftsgemeinschaft Gottfried Wilhelm Leibniz ihre Mitwirkung an der Initiative in Aussicht gestellt.

Es geht nicht darum, ein Programm der Umerziehung zu entwerfen, um westeuropäische Wertestandards zu vermitteln; eine politisch und sozial destabilisierte Region geistig zu kolonialisieren oder die arrogante westeuropäische Einmischungspolitik mit wissenschaftlichen Mitteln fortzusetzen.

Es geht darum, Hilfe von Wissenschaftlern für Wissenschaftler zu organisieren, in der Hoffnung, die ihnen gemeinsamen Grundhaltungen so zu stärken, dass sie in das Fundament einer gemeinsamen europäischen Zukunft eingehen werden. Es geht darum, die Wissenschaftler auf dem Balkan untereinander und mit uns wieder in das normale wissenschaftliche Gespräch zurückzuführen, wobei jenen wissenschaftlichen Einrichtungen, die in unmittelbarer Nachbarschaft der Kriegsregion arbeiten, eine führende Rolle zufallen soll. Und es geht um wissenschaftliche Hilfe bei der gigantischen Aufbauanstrengung, die jetzt nötig ist, wobei einige Einsichten aus unserer jüngsten Geschichte von allgemeinem Nutzen sein könnten.

Für die Initiatoren bedeutet dies, dass sie – an der BBAW – eine Kopfstelle bilden und dass zunächst jeder in seinen schmalen Ressourcen kramt, um Stipendien, Gastprofessuren, Austauschprogramme, Sommerkurse, Aufbauworkshops und was immer es in diesem Bereich an Möglichkeiten gibt, aufzuspüren und als erste Hilfe zur Verfügung zu stellen. Aber wir werden uns auch um öffentliche und private Unterstützung und Mittel bemühen.

Wenn Sie helfen wollen, können Sie noch heute beginnen. Vielleicht hat der Krieg ja auch Sie verändert.

Philosophische Aspekte der Globalisierung

Peter Sloterdijk

Herr Ministerpräsident, meine Damen und Herren, ich betrachte es als eine Ehre und als ein Vergnügen, vor diesem eminenten Kreis einige Überlegungen zu Ihrer Grundlagenreflexion beisteuern zu dürfen – einer Reflexion, die im gegebenen Fall auch die Selbstbestimmung einer Branche oder eines Wirtschaftszweiges betrifft. Ich werde versuchen, in der notwendigen und unvermeidlichen Indirektheit zu sprechen, die ein philosophischer Beitrag zu einem Thema wie diesem annehmen muss.

Man hätte mich sicher nicht eingeladen, zu Ihnen zu reden, wenn man nicht bereit wäre, die Frage nach der Globalisierung der Wirtschaft auch in einer nicht direkt sachdienlichen, nicht ökonomischen Tonart für behandlungswürdig zu halten, denn man weiß im allgemeinen, dass Philosophen nicht so sehr zur Sache als zu den Bedingungen der Sachen sprechen. Und eben in meiner Eigenschaft als Experte für Bedingungen von Sachen im allgemeinen darf ich mich an Sie wenden. Darum arbeitet sich mein Vortrag, anders als bei sonstigen ordentlichen Sachvorträgen, heute nicht vom Allgemeinen zum Besonderen voran, sondern vom Allgemeinen zum sehr Allgemeinen, wobei mir nur die Hoffnung bleibt, dass Sie, was nun folgt, nicht als einen unangebrachten Höhenflug interpretieren werden.

Im wesentlichen möchte ich die Grundthese, die wir von Frau Kollegin Ohr gehört haben, mit anderen Mitteln noch einmal verstärken. In der Tat: Die Globalisierung ist nichts Neues, die Europäer globalisieren seit 500 Jahren unentwegt. Ich schlage in dieselbe Kerbe, indem ich zeige, dass die terrestrische Globalisierung und die Flucht vor ihren Folgen gleich alt sind – nämlich ein volles halbes Jahrtausend, sofern wir die erste Kolumbusfahrt von 1492 als den Auftakt zum Zeitalter der real geschehenden Globalisierung interpretieren. Die Wettbewerbsfurcht der älteren Europäer hat sich ausgedrückt in der Furcht der agrarischen und physiokratischen Mentalität gegenüber der aufkommenden Industrie und der maritimen Weltwirtschaft. Die führenden Antiglobalisierer der letzten Jahrhunderte waren ozeanophobische Charaktere. Wir hingegen sind heute mehr phobisch gegenüber der globalisierten Börse, die in einer gewissen Weise die Fortführung des ozeanischen Spiels auf einer anderen Ebene darstellt.

Aber lassen Sie mich zunächst einmal zu den einfachen Allgemeinheiten kommen, die ich versprochen habe. Meine Analyse beginnt damit, dass ich den Begriff Globalisierung in seinem etymologischen Kern viel ernster nehme, als dies üblicherweise in den öffentlichen Diskussionen geschieht. Die Deutschen haben den Vorzug, zusammen mit den Amerikanern in dieser Angelegenheit den richtigen Begriff zu benutzen – nämlich „globalisation" – im Unterschied zu den Franzosen, die hier von Mondialisation sprechen, was ein falscher Begriff ist. Es geht nämlich in der Tat um den Globus als solchen. Was ist aber ein Globus? Ein Globus ist fürs erste nichts anderes als eine mathematische Konstruktion, er gehört also zunächst den Geometern und den Philosophen und erst in zweiter Linie den Globographen, den Kosmographen und ganz zuletzt den Ökonomen und den Touristen. Der Globus ist darum kein deutsches Patent, auch wenn das erste erhaltene Erdglobenexemplar, wie Sie vielleicht wissen, aus deutschen Händen stammt. Er steht im Germanischen Nationalmuseum zu Nürnberg – ein Globus, der seltsamerweise in dem schicksalhaften Jahr 1492 durch den Nürnberger Kaufmann Martin Behaim nach portugiesischen Modellen angefertigt wurde. Er zeigt noch den vorkolumbianischen Umriss der Kontinente und präsentiert somit noch das alte ptolemäische Drei-Kontinente-Weltbild, und doch schon auf der richtigen Form, nämlich der des Kugelplaneten, aufgetragen. Daher kann man sagen, dass Behaim genauso recht hatte wie Kolumbus, denn Amerika entdecken und den Globus darstellen sind sinngemäß dieselbe Aktion in zwei verschiedenen Medien.

Kurzum, ich möchte Sie darauf hinweisen, dass die Globalisierung zunächst eine antike Mathematikerangelegenheit gewesen ist. In dieser Hinsicht kommt ihr eine ganz andere Bedeutung zu, als wir ihr heute beizumessen geneigt sind. Denn die Grundthese aller antiken Globalisierungsdiskussionen, die unter dem Titel Metaphysik bekannt sind, läßt sich mit dem Satz wiedergeben: „Es ist mit der Form des Kreises und der Kugel todernst." Die Kugel ist das Ernsteste, worüber Menschen überhaupt nachdenken können. Warum? Weil wir in der Gestalt der Kugel ein Mittel entdeckt haben, uns der Form des Weltganzen zu vergewissern; weil die Kugel die Gestalt darstellt, unter welcher allein sich eine überzeugende rationale Vorstellung vom Kosmos gewinnen lässt. Diese Auffassung wurde klassisch gemacht in der naturphilosophischen Schrift des späten Platon, Timaios, die von der Schöpfung der Welt durch einen vollkommenen und weisen Schöpfer handelt. Dieser Urheber aller Dinge konnte aufgrund seiner Bestheit nicht anders, als seinem ersten Werk die beste aller Formen zu verleihen – weswegen der Kosmos unweigerlich kugelgestaltig geraten musste.

Der Kosmos ist eine alles enthaltende Kugel. Diese naturphilosophische Erkenntnis ist der wirkliche Anfang der Globalisierung. Mithin sind letztlich die Philosophen an der Globalisierung schuld. Sollten Sie je in die Verlegenheit kommen, meine Damen und Herren, einen Schuldigen zu suchen, und sollten die Herren Martin und Schumann und Frau Forrester, denen wir die wirksamsten Plädoyers der Anklage gegen den Schrecken der ökonomischen Globalisierung verdanken, sich eines Tages doch an die wirklichen Schuldigen wenden wollen, dann sollten Sie sie an die philosophische Adresse weiterschicken und ihnen erklären, die Nationalökonomen hätten nur eine Teilzuständigkeit in dieser Angelegenheit und die Gesamtzuständigkeit befände sich, falls überhaupt irgendwo, bei den alten Metaphysikern und ihren neuzeitlichen Erben. Ich denke, mit dieser Umadressierung kommen wir in der Ursachen- und

Urheberfrage ein gutes Stück weiter und können das Globalisierungsproblem auf reelle Grundlagen stellen.

Der Sinn der philosophisch-geometrischen Konstruktion im Großen bestand offenkundig darin, den Menschen auf eine neuartige und verbindliche Weise zu erklären, wo sie sind, wenn sie in der Welt sind. Der Nutzen einer solchen Erklärung liegt auf der Hand: Man fühlt sich in der Welt verloren, man möchte wissen, wo man sich aufhält. Die Antwort der alten Metaphysiker war das erste überzeugende, ja vielleicht überhaupt das überzeugendste Orientierungssystem, das jemals den Menschen in der westlichen Welt angeboten worden ist. Denn sie erteilte den Ratsuchenden die Auskunft: „Du bist, wo immer du sein magst, in einer Kugel, aus der du nicht herausfallen kannst. Du bist in einer Ordnungsstruktur enthalten, die zu verlassen schlechterdings nicht möglich ist, weil die Kugel eben genau das ist, was alles umfaßt. Du bist, wo immer du bist, am Platz." Diese Information ist sozusagen ein morphologisches Evangelium, das von den frühen Philosophen verkündet wurde, um den Menschen unruhiger Zeiten, wie es die antiken und spätantiken Jahrhunderte waren, beruhigend zuzusprechen. Der philosophisch-kosmologische Zuspruch übermittelte eine Art von guter Nachricht aus jener Welt der Ordnung, an der wir zur Hälfte Anteil haben, sofern wir mit dem erleuchteten Teil unseres Intellekts in die intelligible Sphäre hineinragen, während wir im übrigen von den empirischen Turbulenzen verschlungen werden.

Globalisierung beginnt – das muss nachhaltig herausgearbeitet werden – als eine Geometrisierungsrevolution des Denkens, genauer als eine uranometrische Revolution. Wenn wir hier den Ausdruck Geometrie benutzen, dürfen wir nicht an das denken, was uns unsere Mathematiklehrer über diesen Begriff beigebracht haben. Sie erzählen uns nämlich in der Regel die erbauliche Geschichte, dass die Ägypter beim Versuch, die Felder des vom Nil überschwemmten fruchtbaren Landes abzustecken, die Kunst, mit Winkeln, und Radien zu arbeiten, entdeckt hätten. Das ist nicht ganz falsch und doch nur der kleinere Teil der Wahrheit. Der größere Teil erscheint in dem Umstand, dass die griechischen Philosophen am Himmel eine Entdeckung gemacht haben, unter deren Feedback wir bis heute leben. Sie haben am Himmel etwas entdeckt, was es auf Erden nicht gibt: nämlich den reinen Punkt, den puren Lichtpunkt auf dunklem Grund. Auf der Erde gibt es keine Punkte ich weiß nicht, ob Ihnen das aufgefallen ist. Der Blick zum Himmel aber macht eine quasi-mathematische Idee empirisch zwingend, nämlich, dass es Punkte gibt, mit denen man praktisch nichts anfangen kann, die völlig nutzlos sind, außer dass man mit ihnen geometrische Figuren konstruiert. Man kann im bloßen Denken Linien ziehen zwischen Punkten. Mit dieser Erkenntnis beginnt der griechische Zugang zur Geometrie – und dieser ist ein ganz anderer als der der ägyptischen Schlammarbeiter. Die Griechen sind nicht Geometer im genauen Sinn des Wortes, also Erdmesser, sondern eigentlich Uranometer, Himmelsmesser, die durch ihre Leidenschaft für die Struktur des Himmels uns Europäer auf den Weg einer Wissenschaft vom Ganzen gebracht haben, die im Zeichen der Kugel, sprich des runden Kosmos, steht. Die Griechen hätten im übrigen nicht von Globalisierung gesprochen, sondern von Sphärisierung, was in der Sache dasselbe meint; denn was den Griechen die Sphaira ist, das ist den Römern der Globus.

Wie kommen wir von diesem Ausgangspunkt nun zu den aktuellen Fragen, die uns in diesem Zusammenhang bewegen? Eine erste Spur dorthin habe ich schon gelegt, indem ich darauf hingewiesen habe, dass das alte metaphysische Globalisierungswissen den Sinn hat, den Menschen Antworten auf Lokalisierungsfragen zu geben: Wo immer du sein magst, bist du, wenn du in der größten Kugel bist, am richtigen Ort. Der wahre Weise ist derjenige, der verstanden hat, dass er selbst, wo immer er sein mag, nur als eine lokale Funktion des Kosmos funktio- nieren kann. Du bist, wo immer du bist, ein Angestellter des Ganzen. Du bist ein Relais, eine Schaltstelle des Umfassenden. Du kannst nicht aus dem Ganzen austreten. Das bedeutet im übrigen für die Vorläufer der globalisierten Alltagskultur in der Antike, für die Intellektuellen, für die reisenden Philosophen, für die Kaufleute, für die Offiziere im Außendienst, für die entsandten Beamten des Reiches, dass sie allesamt die Fähigkeit erlernen mussten, auch außerhalb ihrer Heimat zu funktionieren – eine Fähigkeit, die sich bekanntlich nicht von selbst versteht. Wer jemals im Außendienst war, weiß, dass Exilfähigkeit ein hohes Gut ist, das man trainieren muss. In der Neuzeit waren die Jesuiten, soweit ich sehe, die erste Gruppe von Europäern, die den entsendbaren Menschen systematisch gezüchtet haben – und zwar in einem sehr harten psychologischen Training, neben dessen Ergebnissen wir zeitgenössische Menschen allesamt einen sehr weichen und verwöhnten Eindruck machen. Denn wir verlangen, wenn wir entsandt werden, dass in Singapur und in Sydney dasselbe Hilton steht wie in Stuttgart. Das konnte der Jesuit auf Außendienst seinerzeit nicht erwarten, denn für ihn hieß es, sich auch unter härtesten Bedingungen den Verhältnissen draußen anzupassen.

Die Globalisierungsproblematik der Neuzeit beginnt sich von dem Augenblick an zu regen, in dem klar wurde, dass die Form der Kugel nicht nur für den Himmel gilt, sondern auch auf die Erde übergreift. Das christliche Mittelalter hat, wie Sie wissen, zu einer relativen Retardierung der kosmologischen Aufklärung geführt und sich zu der bemerkenswerten Weltanschauung bekannt, dass die flache Scheibe der Erde von einem System von kugeligen Ätherschalen umgeben sei.

Nun, der historische Einschnitt der frühen Neuzeit, der sich mit dem Namen Kolumbus verbindet, gehört unmittelbar in die Geschichte unserer aktuellen Sorgen. Wenn Kolumbus den Weg nach Amerika findet, genauer gesagt nach Indien, welches sich zu seiner Überraschung (die allerdings erst postum eintrat) als ein unerwarteter Doppelkontinent namens Amerika erweisen sollte, so hat er den Europäern den Weg nach Westen gewiesen und ihnen den Atlantik als ihr neues Mittelmeer, als modernes mare nostrum erschlossen. Aus seinem Sprung über das Meer nach Westen wurden fünfzehn Jahre nach seinem Tod die weltgeschichtlichen Konsequenzen gezogen – ich spreche von der Magellanfahrt zu den Gewürzinseln der Molukken, aus welcher sich die erste vollständige Weltumsegelung ergeben sollte. Im Jahre 1519 beginnt die Geschichte, an der wir immer noch weiter schreiben: Da rüstet die spanische Krone unter dem Kommando eines abtrünnigen Portugiesen eine kleine Flotte von fünf Schiffen aus, mit 240 oder 280 Mann Besatzung an Bord. Die Angaben sind schwankend, jedoch nicht auf belanglose Weise, denn wenn man die Havariequote und die Verlustrate an Mannschaften und Schiffen dieses ersten umfassenden Globalisierungsabenteuers präzise ausrechnen wollte, wären präzise Ausgangsdaten vonnöten. Gewiss ist lediglich, dass im

Herbst des Jahres 1522 nicht mehr als achtzehn Überlebende der ersten Weltumrundung wieder in Sevilla eintrafen.

Mit der Fahrt, die im August 1519 von Sevilla aus gestartet worden ist, treten wir ein in die Problemlage, die uns heute noch beschäftigt. Was passierte da? Magellan wollte, im Einklang mit den Projekten der spanischen Krone, der erste sein, der auf dem Westkurs einen Weg zu den sagenumwobenen Gewürzinseln findet. Die spanischen Fürsten waren damals gewiss ebenso tüchtig wie die modernen Landesväter von Baden-Württemberg. Ihr Ehrgeiz war es, den damals interessantesten Weltmarkt zu erobern, den Markt der Gewürze. Europäer haben die weite Welt bekanntlich vor allem deswegen aufgesucht, weil sie Gewürzabhängige waren. Sie waren süchtig nach den Luxusdrogen Pfeffer, Zimt, Nelken und so weiter und suchten nach Auswegen aus dieser Abhängigkeit – freilich nicht den Ausweg des Verzichts auf die unentbehrlich gewordenen Geschmacksdrogen, sondern den Weg aus der Abhängigkeit vom venezianischen Monopol auf diesem interessantesten aller Märkte. Man darf so weit gehen zu behaupten, dass der Gewürzhandel der Drogenhandel des ausgehenden Mittelalters gewesen ist – und man sollte sich nicht wundern, dass nicht nur die Gewürze selbst, sondern vor allem auch die märchenhaften Gewinnspannen dieses Handels die Appetite der Zeitgenossen geweckt haben. Und so begannen die iberischen Fürsten, von Flotten zu träumen, deren Ausrüstung sich allen Risiken und Kosten zum Trotz in vorzügliche Geschäfte umrechnen würden, wenn es nur gelänge, jene mysteriösen Molukken zu erreichen, auf denen sich die begehrtesten Güter der Epochen finden ließen: Pfeffer, Nelken, Ingwer – die Aphrodisiaka der damaligen Unternehmerklasse.

Unter den Pionieren der frühen terrestrischen Globalisierung ragt also die Gruppe der Gewürzbeschaffer hervor. Diese Fernhändler sind es, die an die Entwicklungsfähigkeit des europäischen Gaumens geglaubt haben und die ihre Geschäfte auf die Überzeugung aufgebaut haben, dass das bessere Leben am Gaumen beginnt. Der Geist der Utopie und das Unternehmertum sind bis hierher ein und dasselbe, denn beide sind orale Funktionen, beide bedienen denselben Appetit, der seine Unersättlichkeit offen zeigt. Magellan selber ist bei einem überflüssigen Scharmützel auf den Philippinen ums Leben gekommen. Mehrere Schiffe seiner kleinen Flotte gingen im Sturm und bei Meutereien verloren, und eine einzige von den aufgebrochenen Fregatten, die kleine Victoria, kam im September 1522 mit den erwähnten 18 fast verhungerten Seeleuten an Bord nach Spanien zurück. Sie landete in der Hafenstadt San Lucar de Barrameda und bezeugte mit ihrer bloßen physischen Wiederkehr die ungeheuren Tatsachen, auf denen die gesamte Neuzeit beruht: dass zum einen die Erde in einer Richtung umrundet werden kann, dass folglich die sogenannten Weltmeere einen Zusammenhang bilden und global navigierbar sind und dass schließlich der gesamte Planet umgeben ist von einer Atmosphäre, die von europäischen Seeleuten geatmet werden kann – was vor dem Beweis durch die Erfahrung keineswegs so selbstverständlich war wie es in der zurückblickenden Betrachtung scheint. Was die Rückkehrer der Magellanfahrt mitbrachten, war ein nicht länger zu ignorierender Hinweis auf die atmosphärische Einheit der Erdoberflächen – auf das Windsystem und das Klimasystem, welches in gewissen Grenzen verläßlich funktioniert. Man weiß jetzt, dass man nicht nur Hinfahrten wagen kann, sondern dass die

Rückkehr ebenso möglich ist. Tatsächlich bedeutet die Globalisierung auch dies: dass man Europa zunehmend mit den Augen der Zurückkommenden sieht.

Eben dies ist der Moment, in dem sich die Standortfrage zum ersten Mal in ihrer weltgeschichtlichen Bedeutsamkeit meldet. Denn ein Standort – das fühlen alle, die das Wort benutzen, ohne es philosophisch herzuleiten –, ein Standort ist ein Ort mit dem es eine nicht geheure Bewandtnis hat – ein Ort, der auf eine typisch moderne, ja revolutionäre Weise in den Vergleich und den Wettbewerb der Orte hineingezogen worden ist. Das Besondere an einem Standort ist nicht die Tatsache, dass man an ihm lebt, weil man an ihm geboren ist – der Standort ist ja das Gegenteil einer ursprünglichen Heimat. Vielmehr ist er die Auffassung von einem Ort, wie man sie gewinnt, nachdem man aus ihm entwurzelt ist – einem Ort, den man verlassen hat, um die Welt zu umrunden, und den man nach der großen Schleife um das Ganze herum wieder erreicht.

Das Leitwort, das sich hinter der Frage nach dem Standort verbirgt, lautet somit Erreichbarkeit. Mit diesem Begriff kann man erläutern, warum zahllose Menschen in Europa, insbesondere die Deutschen, die Standortdebatte so intensiv und so beunruhigt führen: Erreichbarkeit ist in der Tat das latente und manifeste Tiefenthema der gegenwärtigen Epoche. Deren Kennzeichen ist es, dass die Erreichten nun nicht mehr allein die anderen sind, sondern auch wir selbst. Wir sind somit offensichtlich in die zweite Phase in der Geschichte der Erreichbarkeit eingetreten: 450 Jahre lang haben wir das Thema Erreichbarkeit allein unter dem Gesichtspunkt der Hinfahrt diskutiert und haben dabei die Globalisierung im wesentlichen als ein europäisches Privileg betrieben. Europäer sind die Hinfahrer par excellence im Globalisierungsprozess gewesen, sie haben die Erstschlagkapazität in Globalisierungsangelegenheiten besessen und haben den Primat der Hinfahrt radikal ausgekostet, nicht selten bis zum bitteren Ende für die betroffenen anderen; sie haben unerhörte Gewinne eingefahren und sich als die legitimen Herren des Globus gefühlt. Jetzt aber treten sie in eine Phase ein, wo auch die anderen das Hinfahren ebenso gut gelernt haben wie sie selbst. Von da an sind die Europäer nicht mehr nur Entdecker, sondern auch Entdeckte, nicht mehr nur Erreichende, sondern auch Erreichte.

Wir sind somit in das Zeitalter der Gegenentdeckungen eingetreten und müssen uns damit auseinandersetzen, dass die Perspektiven reversibel geworden sind. Zwar waren wir es, die die anderen zuerst entdeckt haben, inzwischen aber entdecken sie uns auch. Sie haben sie, meine Damen und Herren, sicher wahrgenommen, diese Fremden, die überall in unseren Städten aufgetaucht sind und uns photographieren, als wären wir exotische Eingeborene. Sie demonstrieren uns, obwohl sie nur harmlose Touristen sind, den Ernst der Lage. Sie zeigen uns, dass wir eingetreten sind in das Zeitalter der Gegenerreichbarkeit – das ist tatsächlich der entscheidende Ausdruck. Es stellt sich jeden Tag deutlicher heraus, dass die anderen es zu uns nicht mehr weiter haben als wir zu ihnen – und dass dies für Personen, Güter und Informationen gilt. Aus der Summe unserer Erfahrungen mit dem Gegenverkehr der anderen ergibt sich erst diese neue Globalisierungsnervosität, die uns heute in besonderer Weise durcheinanderwirbelt. Wir spüren, dass epochale Privilegien verlorengegangen sind und dass ein neues Realitätsprinzip seine Forderungen anmeldet. Die Europäer haben mit dem Hinfahren, mit dem Globalisieren in der aktiven Phase, aufs Ganze gesehen sehr vorteilhafte Erfahrungen gemacht, und sie fragen sich jetzt, ob sie auch künftig im Besitz ihrer gewohnten Globalisierungsvorteile bleiben werden. Für sie ist eine Periode selbstkritischer Besinnung angebrochen, seitdem sie das Unrecht, das in der imperialistischen und kolonialistischen Einseitigkeit lag, haben einsehen müssen. Erst recht müssen sie jetzt den Gegenverkehr tolerieren, den sie selber ausgelöst und provoziert haben.

Wenn man eine Großraumbetrachtung des Globalisierungsvorganges vornimmt, zeigt sich eine Situation, auf die wir uns eben nicht nur aus wirtschaftlichen Gründen, sondern auch mit Rücksicht auf die moralische Gesamtverantwortung für den Weltprozeß noch viel entschiedener als bisher einlassen müssen. Die Europäer müssen sich, denke ich, viel mehr als üblich zu ihrer 500jährigen Globalisierungsgeschichte bekennen. Es kommt ihnen zu, sich auch im Zeitalter des Gegenverkehrs und der Gegenerreichbarkeit – die man oft ein wenig zu flach als bloße Konkurrenz interpretiert – auf ihr eigenstes Projekt zu besinnen. Und dies geschieht am besten, indem man sich auf das Problem einläßt, das im Jahre 1522 in Sevilla begann.

Damals, in dem Augenblick, als die Erde umrundet war und die Zurückkehrer ihre Stadt betraten, verwandelte sich zum ersten Mal ein Heimatort in einen Standort. Ein Standort – um es noch einmal zu sagen – ist ein Ort, der vom Kapital durchquert wird, weswegen es vor allem Hafenstädte sind, in denen sich die Standorterfahrung zuerst einstellt. Das Kapital unternimmt den Weg um die Erde und kehrt mit einem Plus auf sein Ausgangskonto zurück – dies ist die kinetische Grundfigur des Globalisierungszeitalters. Karl Marx hatte die Bewegung des Kapitals wohl etwas zu einseitig beschrieben, wenn er sie als klassische Waren-Metamorphose darstellte: von der Geldform in die Warenform und zurück zur Geldform. In seiner Darstellung kommt der sozusagen touristische Teil der Seelenwanderung des Werts ein wenig zu kurz. Heute sehen wir etwas deutlicher, dass die langen Wege des Kapitals das Geheimnis des inneren Zusammenhangs zwischen Kapitalverwertung und Globalisierung ausmachen. Das Gewürzgeschäft der frühen Neuzeit ist hierfür paradigmatisch. Tatsächlich muss das Gewürzhandelskapital, um sich zu verwerten, den ganzen Globus umrunden, wenn die Metamorphose von Geld in Ware sich auf den Molukken, das heißt im Land, wo der Pfeffer wächst, abspielt.

Das globalisierte Kapital ist das Geld, das zu seiner Verwertung die volle Erdumrundung braucht. Dies ist eine bemerkenswerte Beobachtung, und sie spiegelt bereits die Wahrheit des frühen 16. Jahrhunderts wider. Man kann die Bedeutung dieser Tatsache kaum überschätzen. Ich darf Ihnen in diesem Zusammenhang eine Anekdote erzählen, die nicht nur den Charakter der frühen Globalisierung drastisch zum Ausdruck bringt, sondern sich auch eignet, die oft gehörte These zu widerlegen, die Weltwirtschaft sei erst in den letzten zwanzig Jahren in den Sog der spekulativen Geldbewegungen geraten. Dass dies bestenfalls eine Halbwahrheit ist, geht aus folgender Geschichte hervor. Im Jahre 1529 schlossen König Johann III. von Portugal und Kaiser Karl V., Kaiser des Römischen Reiches, einen bemerkenswerten Vertrag miteinander ab, der als Vertrag von Saragossa in die Geschichtsbücher eingegangen ist. Ein wichtiger Teil dieses Vertrags war eine Einigung über die schon mehrfach genannten Gewürzinseln. Mit Hilfe von gerissenen Anwälten hatte Karl seinen portugiesischen Rivalen so unter Druck gesetzt, dass dieser die immerwährenden Ansprüche auf die Gewürzinseln von den Spaniern für die Summe von 350.000 Golddukaten erwarb – das entsprach einer langen Maultierkarawane, die von Lissabon nach Madrid zog. Unter welchen Voraussetzungen wurde diese Zahlung geleistet? Unter diesen nämlich, dass beide Parteien keine klare Vorstellung davon hatten, wem die Inseln gehörten, weil beide nicht wußten, wo sie eigentlich lagen. Aber was heißt „gehören" bei Inseln, von denen man nur so viel weiß, dass sie irgendwo bei den Antipoden sein müssen und dass sie bewohnt sind von den Leuten, die den Pfeffer züchten und ernten, jenen Pfeffer, ohne den Europäer schlechterdings nicht leben wollen. Der Vertrag von Saragossa ist der schlagende Beweis für den fundamental spekulativen Charakter auch schon und gerade des frühen Staatskapitalismus. Zwei Könige schüchtern sich gegenseitig wie Pokerspieler so lange ein, bis einer von beiden die Nerven verliert und zum Käufer wird. Das war der größte Spekulationscoup des 16. Jahrhunderts – ein Coup, der noch interessanter wird, wenn man bedenkt, dass aufgrund des Vertrags von Tordesillas aus dem Jahre 1494, das heißt der Weltteilung zwischen Spaniern und Portugiesen, die Molukken sowieso in die portugiesische Welthälfte fielen, was man mangels hinreichend genauer Längengradmessungen auf der Rückseite des Globus zu dieser Zeit jedoch noch nicht sicher wissen konnte. Zehn Jahre später war der geographische Tatbestand durch verbesserte Längengradbestimmungen eindeutig erwiesen, und Karl V. soll sich noch lange über die Wutausbrüche seines königlichen Kollegen amüsiert haben.

Ich komme nach diesem anekdotischen Hinweis auf meine These zurück: Die Europäer können sich nicht aus der Verantwortung in Globalisierungsfragen herausargumentieren. Sie dürfen heute nicht die Wehleidigen spielen, nachdem sie sich 500 Jahre lang in der Rolle der Robusten gefielen. Ich glaube, eine solche defensive und ausweichende Haltung ist nicht nur unwürdig, sondern sie ist auch schlicht und einfach falsch, und zwar in historischer wie in politischer und ökonomischer Hinsicht.

Ich darf vielleicht, um meine Überlegungen abzuschließen, ein paar sehr allgemeine Bemerkungen über die sozialpsychologischen Folgen der Globalisierung hinzufügen. Es wäre unangebracht, die Nervosität der Menschen in Europa angesichts der Vorgänge im Großen nicht sehr ernst zu nehmen. Es handelt sich in der Tat und eine Krise – eine sozialpsychologische Krise und eine Krise der Lebensformen von einiger Tiefe, und ich glaube, dass Ministerpräsident Teufel ganz im Recht war, die gegenwärtige technologische Revolution, die zu einer dramatischen Zurückführung des Faktors Arbeit im Wirtschaftsgeschehen führen wird, zu vergleichen mit der grünen Revolution und der Land-Entvölkerungsrevolution des 19. Jahrhunderts. Auch diese Vorgänge waren mit schwerwiegenden Umstilisierungen der menschlichen Lebensformen verbunden – mit Umstellungen, die sehr weit reichten und von denen ich überzeugt bin, dass sie keineswegs abgeschlossen sind.

Ich möchte niemandem von Ihnen, meine Damen und Herren, zu nahe treten, aber ich meine, bei vielen von Ihnen noch Reste des einstigen Bauern zu erkennen, ich sehe manchen von Ihnen noch den inneren Bauern an, der den Umzug in die Stadt noch nicht ganz geschafft hat. Was ich damit sagen will, ist dies: Der Umzug in eine ganz städtische, in eine ganz ungrüne Lebensform ist etwas, was Menschen außerordentlich nahegeht, denn angesichts der zehntausend Jahre Seßhaftigkeit, die der größte Teil der Menschheit hinter sich hat, ist die große Mobilmachung der kapitalistischen Gegenwartskultur keine geringe Herausforderung. In dieser langen Periode haben Selbstzüchtigungsprozesse stattgefunden, die den homo sapiens auf agrarische Tugenden hin selektiert haben, und diese Selektion in Richtung auf Qualitäten der Sesshaftigkeit reicht ohne Zweifel bis in die genetische Ebene.

Wir müssen bei allem, was heute geschieht, in Betracht ziehen, dass hundert, zweihundert Jahre Modernität gegen zehntausend Jahre Agraranthropologie stehen – also gegen ein Weltalter, in dem eine ständige Selektion in Richtung auf sesshafte, grüne, agrarische Eigenschaften betrieben wurde. Männer und Frauen haben sich gegenseitig gewählt nach ihrer Fähigkeit, Landwirtschaft, Viehzucht und Häuslebau zu betreiben, und jetzt soll sich das alles über Nacht ändern. Mithin, hier werden Umstilisierungen vorgenommen, die sehr tief reichen und die die Menschen bis in elementare Schichten ihrer Existenz berühren. Ich denke, der Umzug vom ländlichen Leben in das überwiegend städtische Leben ist ein nie ganz abgeschlossener Prozess. Und auch der Übergang von einem Leben, das ganz arbeitsorientiert war, zu einem Leben, das mehr kommunikationsorientiert, mehr freizeitorientiert sein wird, ist nicht weniger schwierig, nicht weniger offen und unabschließbar. Was aber noch schwieriger ist, und da bin ich bei meinem sozialphilosophischen Schlussargument: Es ist nicht leicht, Nationalmenschen in Postnationalmenschen zu transformieren. Unter Nationalmenschen verstehe ich einen Sozialcharakter, der in den letzten 200 Jahren entstanden ist und bei dem das Leben in den Formen des Nationalstaates zur zweiten Natur geworden ist. Es handelt sich dabei um Menschen, die ihr Land und ihre Nation als einen starkwandigen Behälter erleben – meistens einsprachig, bodenständig, vernakular, wie Ivan Iljitsch zu sagen pflegte, im eigenen Winkel zu Hause und eingeschworen auf den Dialekt des Lebens, der dort gedeiht. Wenn solche Menschen nun mit einem Mal aufgefordert werden, sie sollen über Nacht all diese Computersachen lernen, all diese schnellen Trends mitmachen und auf diese neue Internationalität und Multikulturalität aufspringen, dann ist wohl zunächst einmal ein gewisses Zögern zu respektieren – auch wenn es richtig ist, dass dieses Zögern nicht zum Hauptlebensinhalt werden darf, und wenn man richtig beraten ist, wenigstens der neuen Generation so früh wie möglich Umzugshilfen in die smarteren und flexibleren Lebensformen anzubieten.

Lassen Sie mich, meine Damen und Herren, diese Überlegungen und Andeutungen abschließen mit der These, dass wir heute in einer sehr interessanten Umformatierungskrise leben. Denn was die sogenannte Globalisierung mit den Menschen in den Nationalstaaten anstellt, ist doch im Grunde dies, dass wir von einer Gesellschaft der starken Wände, man könnte auch sagen von einer Gesellschaft der dichten Container, uns auf eine Lebensform umorientieren, die man mit dem Prädikat „besonders dünnwandig" auszeichnen darf. Anders gesagt, wir treten ein in ein Weltalter, in dem schwache Grenzen und durchlässige Außenhäute das prägende Merkmal von sozialen Systemen sind. Vielleicht sollten wir, um uns selbst besser zu verstehen, die Lebensformen der Weichtiere studieren. Jedem in der Wirtschaft Tätigen wäre nahezulegen, in seiner Freizeit Molluskenforschung zu betreiben. Nicht die harten Helden von einst, nicht der starke, mit sich identische und mit seiner Umwelt identische Mensch in seinem stabilen Gehäuse ist heute gefragt, sondern der einsatzbereite, anpassungsfähige, flexibilisierte Lebensunternehmer, der am Morgen seine Lieblingsmolluske im Aquarium begrüßt, noch bevor er in den Spiegel schaut.

Wir müssen versuchen, uns klarzumachen, was es heißt, wenn einstmals starkwandige Gesellschaften umgerüstet werden auf eine neue, durchlässigere und elastischere Struktur. Vor allem bedeutet dies, dass wir ein vertieftes Verständnis für die Immunitäts- und Identitätsbedürfnisse von Menschen entwickeln müssen – Bedürfnisse von Individuen, die bislang ihr immunologisches Optimum, was ihre sozialen Definitionen anging, im Regionalismus und im Nationalismus gefunden haben, das heißt in relativ dichten Container-Gesellschaften, in denen der Glaube vorherrschte, dass die Grenzen des eigenen Nationalstaats zum persönlichen Immunsystem der einzelnen gehören. In solchen sozialen Formationen lag es nahe, auf Fremdes a priori mit einer entsprechenden Gereiztheit zu reagieren. Wir sind heute hingegen mit Verhältnissen konfrontiert, in denen die sozialen und politischen Immunsysteme auf unvorhergesehene Weise durcheinander gewirbelt werden – mit dem Resultat, dass die Suche nach Identität und Immunität zunehmend von kollektivistischen auf individualistische Strategien umgestellt werden muss.

Wir sehen das nicht zuletzt bei so aktuellen Themen wie denen der doppelten Staatsbürgerschaft – denn es ist evident, dass Teile der Bevölkerung dieses Reizthema in einer Weise beantworten, die man am besten mit einer allergologischen oder immunologischen Optik beschreiben kann. Dergleichen Reaktionen muss man ernst nehmen, weil es heute auf breiter Front darum geht, das Immunverhalten der Menschen von der Orientierung am umfassenden Schutzstaat auf Selbstschutz und Selbstsorge umzuprogrammieren. Während die

C Menschen im traditionell all-kompetenten Schutzstaat ihre Immunität vor allem von dessen Ordnungs- und Versorgungsleistungen erwarten, ist es für die Zukunft wohl eher realistisch, in zunehmendem Maß auf Eigenleistungen zur Selbstimmunisierung zu setzen. Immer mehr Menschen begreifen, dass niemand mehr für sie tun wird, was sie nicht für sich selber leisten. Es lässt sich prognostizieren, dass immunologische Probleme im weitesten Sinn des Wortes, von der biologischen bis zur sozialen und spirituellen Situation der Einzelnen, in Zukunft weniger auf kollektivem als auf individuellem Niveau abgehandelt werden müssen. Das ist es, was die Gesellschaft der Gegenwart mit einer großen Unruhe in bezug auf ihre künftigen Zustände erfüllt.

Wir leben inmitten einer individualistischen Revolution, die bewirkt, dass Menschen ihr immunologisches Optimum künftig eher in kleinen Gruppen und in persönlichen Arrangements suchen werden. Man versichert sich heute besser, bewusster, wählerischer als früher. Man treibt mehr Sport, man verfolgt eine diätetische Linie, man nimmt die eigene Fitness als Aufgabe ernst, was soviel bedeutet wie, dass man nicht mehr nur einfach hin arbeitet, sondern dass man an der Erhöhung seiner Arbeitsfähigkeit arbeitet. All diese Phänomene ergeben Sinn in einer breiten Strömung, die in den Gesellschaften der Ersten Welt ein neues Konzept von individualistisch verfasster Immunologie durchsetzt. Was die alten Nationalstaaten, soweit sie Versicherungsstaaten und somit Sozialversicherungsstaaten sind, betrifft, so bleiben sie wichtig nur in dem Maß, wie es ihnen gelingt, weiterhin einen Beitrag zur Immunregie der Einzelnen zu leisten. Wir werden nicht mehr alle Immunität, ja nicht einmal den größeren Teil des eigenen Immundesigns von staatlichen Leistungen erwarten können. Vielmehr deutet alles darauf hin, dass wir auf Verhältnisse zugehen, in denen die Individuen sich mehr und mehr ihren eigenen Immunmix zusammenstellen werden. Dann wird die Leistung ihrer politischen Kommune nur ein Faktor unter mehreren Faktoren sein. Was die politische Sphäre im Ganzen anbelangt, so wird sie ihre Aufgabe unter den veränderten Bedingungen der dünnwandigen Welt um so besser erfüllen, je mehr es ihr gelingt, sich gegen die Überforderungen abzugrenzen, die von der überreizten Wunschgesellschaft auf sie projiziert werden.

Von der Schlauheit, dem Egoismus und der Verachtung

Medien und Massenkultur

Andrzej Szczypiorski

Wir sind heute an einem gefährlichen Wendepunkt in der Entwicklung der Kultur angelangt, welche in ihrer Kreativität, in ihrer moralischen Dimension dem Druck der materiellen Zivilisation immer mehr nachgibt. Noch vor zwanzig Jahren hätte Kenneth Clark Recht gehabt mit seiner Behauptung, dass Güte für den zeitgenössischen Menschen der höchste Wert sei. Ich fürchte, heute wäre diese Anschauung schon anachronistisch. Und es kann auch nicht anders sein, in einem Klima, wo uns alle eine völlig neue geistige Qualität umzingelt, wo für Güte und Mitleid so wenig Platz übrig bleibt.

Die besten Kenner des Medienbereichs wiederholen ständig, man solle die virtuelle Wirklichkeit für den Untergang der Sitten nicht verantwortlich machen, denn sie spiegele wider, kopiere und bilde lediglich das nach, was die tatsächliche Wirklichkeit sei. Das entspricht eben nicht, jedenfalls nicht ganz der Wahrheit, denn die Medien schaffen, ob sie wollen oder nicht, ein neues Modell unserer Geistigkeit, nicht nur in der Sphäre von alltäglichen Sitten, sondern vor allem in der Denkweise des zeitgenössischen Menschen und seiner moralischen Empfindsamkeit. Große Medienmogule wiederholen ständig den Gemeinplatz, dass nicht das Fernsehen Kriege und Aufstände hervorrufe; es zeige sie nur dem breiten Publikum und müsse dies tun, denn das sei seine Pflicht als Informationsdienst.

Erfundene Kriege

Das ist wahr. Aber nicht die tatsächlichen, sondern die erfundenen Kriege am Bildschirm prägen heutzutage unsere Einstellung zu Tod, Leid und Unglück. Die Welt am Bildschirm, die doch nur scheinbar existiert, in der man nur scheinbar leidet und stirbt, macht unser Mitleid und unseren Protest gegen das Übel in der Welt auch nur scheinbar. Und wenn vor über hundert Jahren Dickens, Tschechow, Maupassant wie auch Dreiser und später Dos Passos, Faulkner, Heinrich Mann oder Stefan Zweig versuchten, Mitleid, Barmherzigkeit, Protest gegen das Böse in uns hervorzurufen, an unsere Empfindsamkeit zu appellieren und sie – bewusst oder unbewusst – zu sensibilisieren und stets im Alltag gegenwärtig zu sein, so strengt sich die Kultur der elektronischen Medien an, uns davon zu überzeugen, dass Gewalt und Grausamkeit der menschlichen Natur näher wären als die Barmherzigkeit und Solidarität, die lediglich ein Beweis unserer Schwäche und Dummheit seien. Wenn früher Thomas Mann, Camus oder Paul Celan an unseren inneren Weltschmerz appellierten, um unsere kollektive Scham angesichts des Unrechts, des Bösen und der Gemeinheit zu wecken, verbreiten die elektronischen Medien heutzutage eine intellektuelle Oberflächlichkeit. Und nicht die Güte, das Mitleid oder die Scham angesichts des Bösen, sondern die Schlauheit, der Egoismus und die Verachtung von Schwäche dominieren in der Kultur.

Ich behaupte nicht, dass dies ein bewusstes Handeln ist, das die Medienleute zu verantworten hätten. Die Welt wäre viel angenehmer und bequemer, wenn man so einfach einen Schuldigen finden könnte. Das Problem ist aber komplizierter.

Die Ambivalenz, die an den elektronischen Medien haftet, scheint mir offensichtlich und immer dramatischer zu werden. Die Medien verursachten eine bisher in der Geschichte nicht vorgekommene Entfaltung und Verbreitung der Massenkultur. Dies ist seit einigen Jahrzehnten einer der wichtigsten, vielleicht sogar der wichtigste Faktor der zivilisatorischen und materiellen Prosperität von Millionen Menschen. Es umfasst den ganzen Globus. Gerade deswegen halte ich allerlei intellektuelles Gehabe und Nörgeleien an der Oberflächlichkeit und Flüchtigkeit der Massenkultur zwar für teilweise verständlich, aber nicht für völlig gerechtfertigt, gerade wegen der weltweiten Entwicklung, die zu beobachten ist. Hinsichtlich der Bildung adelte das Fernsehen zweifelsohne Millionen von Menschen. Vor dreißig Jahren wusste ein Bauer in Ostpolen, und wohl auch in vielen Regionen Deutschlands, nichts von einem gewissen Shakespeare oder Moliere. Heute ist Hamlet sowohl den Eskimos als auch den Indern bekannt. Vielleicht bedeutet dies nicht allzu viel, aber es macht doch etwas aus.

Die Welt wurde kleiner und dadurch vertrauter, und diese Tatsache ist von großer Bedeutung, wenn es um die Eindämmung unserer Ängste und unseres Misstrauens geht. Denn ein Feind ist meist ein Fremder. Derjenige, der uns aus dem Alltag bekannt ist, wird nur sehr selten zu unserem Feind. Unwissenheit ist die Mutter des Misstrauens, der Feindseligkeit und Abscheu. Unwissenheit ist auch die Mutter der Angst. Fortschritt ist bekanntermaßen die mühsame Beseitigung der Gründe unserer Ängste. Vor 200 Jahren fürchteten sich die Menschen noch vor der Dunkelheit, dem Blitz und dem gehörnten Teufel. Es ist das große Verdienst der elektronischen Medien, dass sich der Mensch, befreit von der Angst vor dem Unbekannten, freier fühlen kann.

Die Massenkultur ist deshalb eine Massenkultur, weil sie lediglich unsere Oberfläche erreicht und nur die primitiven Bedürfnisse (unserer Geistigkeit) anspricht. Die Welt richtet infolge des materiellen Fortschrittes ihre ganze Aufmerksamkeit auf das Glück und nicht auf das Unglück dieser Welt. Plötzlich erweist sich das Erreichen von Glück als größte Heldentat. Das fängt beim Waschmittel an, dessen Gebrauch das Wohl der ganzen Familie sicherstellt und endet beim höchsten moralischen Gebot, das angeblich das Glück des Individuums ist – um jeden Preis.

Ich habe den Eindruck, dass es immer schwieriger wird, die Entwicklung der Massenkultur mit dem Bemühen um das Bewahren gewisser traditioneller Werte zu vereinbaren. Ich befürchte, dass wir einen großen Fehler begehen, indem wir fast bei jeder Gelegenheit über den Werteverfall lamentieren, jedoch niemals versuchen, tätig zu werden, etwas zu ändern, sich dem entgegenzustellen oder zu kämpfen. Natürlich habe ich selbst kein sinnvolles Rezept dafür parat.

Wir alle sind uns aber darüber im Klaren, dass die Massenkultur einerseits zwar einen gesegneten Einfluss auf das Zivilisationsniveau hat, andererseits jedoch oftmals unser geistiges Leben verarmen lässt und zum Verfall der Sitten führt. Die freiheitliche, demokratische Welt ist eine Welt vielfältiger Lebenskonzepte. Die große Mehrheit der Menschen sucht sich, als ob es in der Natur des Menschen läge, gewöhnlich den Weg mit den einfachsten und anspruchslosesten Anforderungen, jenen Weg, der am wenigsten Opfer und Einschränkungen abverlangt. Auf diese Weise gleicht sich die Welt auf einem recht niedrigen Niveau unseren Träumen und Sehnsüchten an.

Die Gegenwart entfernt sich immer weiter von jener intellektuellen Ordnung und jenem intellektuellen Ehrgeiz, welche die Schicht der Gebildeten von der Schule des 19. Jahrhunderts vermittelt bekam. Somit werden wir, wenn wir uns auf die traditionellen Werte berufen, selbst zum Anachronismus. Dies ist eine zutiefst pessimistische Schlussfolgerung, jede andere wäre aber töricht, denn ich kenne die gegenwärtige Welt sehr gut.

Ich rufe jedoch niemanden dazu auf zu kapitulieren. Im Gegenteil! Ich brenne darauf, alle zu größerem intellektuellem Erfindergeist anzuspornen. Denn ohne ihn können wir das, was für kultivierte Europäer Europa ausmacht, nicht bewahren.

Ich glaube, dass sich jene gewaltig täuschen, die da meinen, dass es reiche, die alten Formeln zu wiederholen, und alles sei wieder beim Alten. Denn nichts wird so wie früher. Und das ist die schwerste Herausforderung für uns alle. Ich glaube, dass Kultur im Leben des Menschen beinahe alles bedeutet. Sie verweist uns auf das Christentum, auf unsere europäischen Wurzeln und auch auf die unterschiedliche nationale Identität.

Ich hege die Hoffnung, dass wir für unsere universellen Aufgaben stets reifer werden und folglich jegliche ideellen Zusammenhänge, darunter auch die Idee der nationalen Identität und Verschiedenheit unserer historischen Traditionen, lediglich als Teil der globalen Kultur der Menschheit betrachten und nicht als eine für sich stehende, vollendete und perfektionierte geistige Ausstattung etwa eines Deutschen, Polen oder Franzosen auf dem Weg ins 21. Jahrhundert. Vereinfacht ausgedrückt, bedeutet für mich Kultur viel mehr als eine ethnische Homogenität irgendeines Volkes und auch mehr als das Gebilde eines Staates, dessen Aufgaben und Strukturen ständig im Fluss sind. Eine Erkenntnis, die am Ausgang des 20. Jahrhunderts durch die gegenwärtigen Integrationsprozesse besonders klar wird.

Die nationale Kultur ist also nur ein Teil eines viel größeren Ganzen. Dies scheint mir eine Schlüsselerkenntnis zu sein, wenn ich über die Globalisierung nachdenke, die ja nicht nur eine ökonomische Dimension hat, auch wenn es heute um die Wirtschaft geht, so betrifft sie morgen bereits die ganze menschliche Existenz. Die deutsche, polnische oder französische Kultur gehört zur ganzen Welt. Selbst unsere historischen Erfahrungen sind kein nationaler Besitz, sondern gehören der ganzen Welt.

Wir haben die Pflicht, die Offenheit, jede Kultur für andere Einflüsse zu pflegen und dankbar den geistigen Reichtum anderer anzunehmen, allerdings ohne die lächerlichen Begeisterungsanfälle, wie sie hie und da manchmal vorkommen, und ohne jene Abhängigkeit von fremden Einflüssen, denn die führt zwangsläufig zu einer Diskreditierung der eigenen Traditionen und führt jeden Künstler in eine Sackgasse. Gleichzeitig haben wir die Pflicht, unsere Errungenschaften durch die nationale Besonderheit und Andersartigkeit mit anderen zu teilen, und zwar ohne Hochmut, ohne Pauken und Trompeten, sondern in christlichem Bewusstsein über die eigene Unvollkommenheit.

Diesen Gedanken möchte ich mit Nachdruck hervorheben, denn neben der unwiderruflichen Verflachung der Massenkultur ist die Vereinheitlichung unserer Gewohnheiten und Verhaltensformen mit dem amerikanischen Vorbild für uns alle eine Gefahr. Diese Verhaltensmuster sind, wie bereits erwähnt, viel offensiver als die europäischen, nicht wegen der amerikanischen Wirtschaftskraft, sondern aus viel tiefer liegenden Gründen.

Die europäische Kultur ist im Grunde eine pessimistische Kultur, alles in ihr wird getragen von dem Bewusstsein der Vergänglichkeit und folglich von der Erwartung des Todes, während die amerikanische Tradition nicht dazu neigt. Sogar bei den vorzüglichsten, anspruchsvollsten Künstlern wie zum Beispiel Faulkner oder Scott-Fitzgerald in der Literatur ist der Dreh- und Angelpunkt das Besiegen des Schicksals und nicht die große Abrechnung im Angesicht des Todes, wie es bei Thomas Mann, Tolstoj oder anderen großen Poeten der europäischen Moderne der Fall ist.

Es scheint offensichtlich, dass in einer Welt des wirtschaftlichen Wohlstandes, des materiellen Fortschritts breiter Massen, in einer Welt ohne politische Bedrohung, wie sie mit dem Zusammenbruch des sowjetischen Imperiums aufgehört hat zu existieren, die Menschen eher zu einem leichtfertigen Optimismus neigen und keine Zeit für Reflexionen über die Vergänglichkeit vergeuden möchten. Um so mehr sollten wir uns um die Stärkung unserer kulturellen Identität bemühen. Ich denke hierbei an das genuin Europäische dieser Kultur und ihre nationale Vielfalt. Der Mensch schöpft seine Kraft aus seinen historischen Wurzeln. Ohne diese Wurzeln verliert er früher oder später seine Menschlichkeit.

Gegen den Strom schwimmen

Natürlich existiert kein Maß, mit welchem sich Kultur in Klafter, Schock oder Morgen messen ließe. Witold Gombrowicz schrieb einmal, dass der berühmteste polnische Dichter der Romantik oder vielleicht der größte Dichter der polnischen Sprache überhaupt, nämlich Adam Mickiewicz, die Welt von den sanften Anhöhen Wilnas aus betrachtete, Dante hingegen von den Höhen der erhabenen Katheder aus. Man braucht sich also nicht zu wundern, dass sie eine völlig andere Aussicht vor sich hatten. Das ehrt weder Dante, noch schmälert es das Werk von Mickiewicz. Es weist lediglich auf die Vielfalt der kulturellen Horizonte hin. Es geht darum, dass ihre Kreativität heute den schwierigen Herausforderungen standhält. Das wird keinesfalls leicht. Von den Kunstschaffenden unserer Epoche werden größte Sensibilität und Opferbereitschaft verlangt.

Jedoch nirgends steht geschrieben, dass Kunst eine leichte, gefällige Aufgabe zu sein hat, frei von Risiko. Im Gegenteil. Wenn wir eines mit Sicherheit wissen, dann dies, dass jeder Kunstschaffende, zu jeder Zeit, vor jedem Publikum gegen den Strom schwimmen muss, dass er ein Ketzer sein muss, der sich mit dem Rest der Welt duelliert. Eine der größten Herausforderungen für den zeitgenössischen Künstler ist der schlechte Geschmack des Publikums und dessen Indifferenz gegenüber höheren Werten. Nur wenn wir diesen schlechten Geschmack besiegen und das Vertrauen in die Werte wiedergewinnen, sind wir in der Lage, die Kultur zu retten, und somit uns selbst.

Wie erziehbar ist der Mensch?

Bernhard Verbeek

Der Mensch braucht Träume. In der Schlafforschung fand man heraus, dass die konsequente Verhinderung der Traumtätigkeit beim Menschen zu ernsthafter psychischer Unausgeglichenheit führt. Aber nicht diese Träume sind hier gemeint: Träume sind auch Illusionen, die durchaus im Zustand der Wachheit erzeugt werden können – Endorphin spendende Vorstellungen, die nicht unbedingt mit der außersubjektiven Realität übereinstimmen, aber dennoch für das Wohlbefinden nützlich sind.

Solche in der realen Welt unstillbaren Wünsche erfüllen Märchen und Heldensagen, indem sie ihren Identifikationsfiguren übernatürliche Kräfte verleihen. Eine moderne Spielart sind die kindlichen Allmachtsphantasien etwa der kleinen „Pippi Langstrumpf" Astrid Lindgrens. So etwas braucht man in einer realen Welt, die ewiges Glück nicht garantieren kann.

Nachweislich sind Menschen, die eine illusionär positive Schlagseite in ihrer Selbsteinschätzung haben, psychisch robuster als darin realistischere Typen. Es sieht so aus, als hätte sich in der Struktur unseres Vorstellungsapparates ein vorgezeichnetes Fundament entwickelt, das illusionäre Gebäude entstehen lässt, die, obgleich Illusion, irgendwie Orientierung und Heimat bieten.

Pädagogische Allmacht

Was Wunder, dass Pädagogen, Psychologen und andere Menschen, die sich nach einer besseren Welt sehnen, gerne auf Gurus hören, die wie John Watson in seinem programmatischen Buch „Behaviorism" 1930 verkünden:

Gebt mir ein Dutzend gesunder, wohlgebildeter Kinder und meine eigene Umwelt, in der ich sie erziehe, und ich garantiere, dass ich jedes nach dem Zufall auswähle und es zu einem Spezialisten in irgendeinem Berufe erziehe: zum Arzt, Richter, Künstler, Kaufmann oder zum Bettler und Dieb, ohne Rücksicht auf seine Begabungen, Neigungen, Fähigkeiten, Anlagen und die Herkunft seiner Vorfahren.

Das ist der Traum von der pädagogischen Allmacht. Man hat ihn noch eine Weile weitergeträumt. Watsons Schüler B. F. Skinner konnte vor allem in der Tierdressur phantastische Erfolge vorweisen. Hühner picken bestimmte Knöpfe an, Ratten fahren mit einer kleinen Drahtseilbahn, Tauben spielen Pingpong, dieses Friedenssymbol kann sogar durch Dressur zum widerlichen Federreißer und Schnabelhacker werden. Und wie ist das beim Menschen? Bettler, Diebe und Schlimmeres hat man genug produziert. Wo bleiben die Wunschmenschen, die Watson nach Belieben zu erziehen versprach? Wie erklärt sich bei solch „unbegrenzten Möglichkeiten" die erschreckende Zunahme der Kriminalität zunächst ausgerechnet im behaviorismusgläubigen Amerika, mit etwas Verzögerung auch bei uns und noch schlimmer in der staatlich erzogenen ehemaligen Sowjetunion? Woher die zahlreichen, immer brutaler ausgetragenen Konflikte in aller Welt? Wenn die Theorie von der beliebigen Erziehbarkeit vielleicht auch richtig ist, die Menschen passen offenbar nicht dazu. Die Vision von der totalen Erziehbarkeit ist ausgeträumt. Man braucht nun einen neuen Traum von der totalen Machbarkeit. Mit Erziehung ist offenbar wenig zu machen. Also sind es wieder die Gene. Das Pendel des Zeitgeistes schwingt zurück. Die Landschaft darunter hat sich allerdings völlig verändert: Der genetische Code ist entschlüsselt. Gentechnologie ist eine von Politik und Wirtschaft gehätschelte Hoffnungsbranche. Biotechnisch erzeugte Rohstoffe nach Maß und in beliebiger Menge scheinen produzierbar. Für Probleme der Altlastensanierung verspricht man sich Lösungen durch Gentechnik. Jedes erträumte Medikament gilt als machbar, gegen Schnupfen, gegen Krebs, gegen Erbkrankheiten und gegen schlechte Schulnoten. Es zeichnet sich die Möglichkeit von exakten genomanalytisch gestützten Prognosen ab, welches Krankheitsrisiko welcher Arbeitnehmer zu welchem Zeitpunkt seines Lebens haben wird. Groß angelegte Studien weisen nach, dass bis in groteske Einzelheiten hinein spezielle Verhaltenseigentümlichkeiten der Zwillingspaare – auch wenn die Geschwister in unterschiedlichen Familien aufgewachsen sind (!) – identisch sein können, bis in die Bevorzugung der gleichen Moden und Marotten.

Träger von Lebenserfahrung

Wie einst die angeblich aufgeklärte Psychologie des Behaviorismus bietet sich nun die Genetik an als neuer Heilsbringer für alle Probleme dieser Welt. Ein solcher kultureller Hintergrund hat natürlich Auswirkungen auf die Wahrnehmung wissenschaftlicher Wirklichkeit.

In diese öffentliche Bewusstseinslandschaft fällt ein neuer Kerngedanke einer konsequent weitergedachten Evolutionstheorie. Ich möchte ihn kurz so formulieren: Gene sind die stofflichen Träger der Lebenserfahrung. Sie tragen diese Erfahrung – soweit sie zum Überleben taugte – über die Erdzeiten hinweg und sammeln dabei neue durch immer weitere Varianten in Versuch und Irrtum. Obgleich diese Gene nicht mehr Bewusstsein haben dürften als eine Bibliothek, verfügen sie über das praktische Wissen, wie Leben funktioniert, wie es sich erhält und wie es sich (und damit die Gene) reproduziert. In der Aufgabe, die Fackel des Lebens weiterzugeben, hat kein Gen, das heute existiert, auch nur einen Augenblick in seiner langen Entwicklungsgeschichte seit Entstehung des Lebens auf unserem Planeten vor weit über drei Milliarden Jahren versagt. Die, die alle Fährnisse bestanden, hatten offensichtlich die richtigen Informationen für die von ihnen programmierten Lebewesen bereit. Wenn nicht, hörten sie auf zu existieren.

In einer provozierenden Formulierung sind die Organismen „nichts als Überlebensmaschinen" dieser Programme. „Das Huhn ist die Methode des Eis, neue Eier zu produzieren." Dieses oft gebrauchte Bonmot hört für die meisten Menschen auf, lustig zu sein, wenn ihnen bewusst wird, dass dies sinngemäß auch für ihren Körper, für ihr Gehirn und damit für ihre gesamte Persönlichkeit gilt. Kaum hat man die Kränkung durch Darwin verwunden, der aus dem Ebenbild Gottes einen (immerhin sehr erfolgreichen) Enkel der Affen gemacht hat, kaum hat man sich als Spitzentrieb des Evolutionsbaumes akzeptiert, da wird man wieder degradiert, diesmal zum Zweckprodukt selbstdienlicher genetischer Programme.

Das muss man erst einmal verkraften. Oder man weigert sich grundsätzlich, diesen Gedanken zu akzeptieren. Etwas nicht zur Kenntnis zu nehmen, weil man sich den daraus ergebenden Konsequenzen nicht gewachsen fühlt, bezeichnet man als Denkhemmung. Sie kann für das Individuum durchaus vorteilhaft sein, denn ein Zusammenbruch des gesamten Orientierungssystems ist oft tödlich. Besser ein fehlerhaftes als gar keines. Vernünftigerweise sind Orientierungssysteme ausgesprochen konservativ, das ist, wie ich noch zu zeigen versuche, durch eine genetische Disposition gesichert. Paradigmenwechsel erfolgen dementsprechend langsam, in der Regel über die neu hineinwachsenden Generationen.

In der Tat sind die Konsequenzen für unser Selbstverständnis im hier diskutierten Falle ungeheuerlich. Dass Tiere das tun, was ihre genetischen Programme im Laufe ihrer Entstehung ausgetestet haben, dass dieses sich auch auf ihr Sozial- und Reproduktionsverhalten bezieht, kann man wohl noch mit distanziertem Interesse studieren. In zahllosen Testfällen lässt sich zeigen, dass sie sich so verhalten, als ob sie komplizierteste Rechnungen anstellen würden, bevor sie sich dann für die Strategie entscheiden, die nach aller erdhistorischen Erfahrung die Reproduktion ihrer persönlichen Genprogramme maximiert. Dazu gehören so sympathische Dinge wie Nestbau, Brutpflege und selbstlose Verteidigung von Artgenossen.

Erfolg der Genprogramme

Die Logik des Erfolgs der Genprogramme führt aber auch zu so makabren Dingen wie zum Töten der Babies bei Löwen, wenn ein neuer Pascha (oder eine ganze Gruppe kooperierender Männer, meist Brüder) einen Harem erkämpft hat. Dadurch werden die Weibchen sogleich wieder empfängnisbereit, diesmal für die Gene der neuen Herren des Rudels. Diese haben durchschnittllich nur wenige Jahre Zeit, bevor sie wieder von jüngeren und stärkeren aus ihrer

Herrschaft vertrieben werden. Tiere, die in entsprechender Situation nicht vor Kindermord zurückschrecken, verdoppeln dadurch ihre Reproduktionschancen gegenüber solchen, die darin gehemmt sind. Folglich haben die Brutalen die Sensiblen verdrängt. Keine innere Stimme sagt den Tieren, was der vielzitierten „Erhaltung der Art" dient, wohl aber signalisiert ihnen eine in DNA-Sequenzen niedergelegte Erfahrung aus der Tiefe der Evolution, welche Strategie für die Ausbreitung der eigenen Genprogramme nützlich ist.

Bei Löwen entsetzt uns dieses Verhalten schon genug. Es widert uns an und stört unser Bild von der vorbildhaft geordneten Natur. Wenn dergleichen nun auch noch bei vielen Affenarten beobachtet wird und zugleich unsere eigene genetische Verwandtschaft zu diesen Tieren nicht mehr in Zweifel gezogen wird, hört eine solche Theorie für viele auf, überhaupt diskutabel zu sein. Vor allem diese, das selbstgefällige Menschenbild gefährdende, logische Konsequenz dürfte wohl der Grund gewesen sein, dass auch namhafte Verhaltensforscher das Weiterdenken von Evolutionsbiologie verweigerten und bekämpften. Dabei hätte man hier eine Erklärung dafür, weshalb sich die Menschheitsgeschichte so grausig weit entfernt vom Traum vom neuen, endlich humanen Menschen. Evolution verläuft nach den Wertmaßstäben des Erfolges, nicht nach denen einer Moral. Der Mensch ist aus krummem Holz geschnitzt, sehr krummem. Anderes konnte nicht überleben in dieser besten aller real existierenden Welten. Wahre Abgründe von Verhaltensdispositionen tun sich auf. Wenn wir sie deuten, heißt das nicht, dass wir sie billigen – ganz im Gegenteil. Märchen schenken uns nicht nur die schöne Welt von Illusionen und Allmachtsphantasien, sie bereiten auch die Probleme von Ohnmacht und Elend auf, indem sie sie auf märchenhafte Weise, zum Beispiel durch Frau Holle, zum Guten führen. Das Problem der bösen Stiefmutter, die alle Liebe nur dem eigenen Kind zu geben vermag und dem fremden das Leben zur Hölle macht, ist eines der häufigsten und ergreifendsten Motive in einer Vergangenheit mit knappen Ressourcen. Eroberungszüge, ethnische Konflikte, um nicht zu sagen Rassismus und Völkermord sind nicht etwa der geschichtliche Ausnahmefall. Auschwitz ist nicht der erste Völkermord (und leider schon heute nicht der letzte), wohl aber der in seinen industriellen Dimensionen ungeheuerlichste. Dieses Grauen ist nicht die Schuld einer Theorie, sondern die Theorie musste aufgrund der Fakten entwickelt werden.

Desillusionierung

Früher taugte die Natur unmittelbar als Vorbild zur Orientierung der Menschen. Das funktionierte, solange man nur die verbleibende Oberfläche sichtbarer Fitness wahrnahm, nur die Erfolgreichen im Anpassungsprozess, die im vollen Genuss der begrenzten prästabilierten Harmonie waren – und solange man das in anthropomorph illusionärer Interpretation tat (die „launische Forelle", der „geordnete Bienenstaat", die ganze Natur als moralische Anstalt). So lange konnte man aus ihr menschliche Normen ableiten. Jetzt aber, da man etwas tiefere

Kenntnisse hat und beispielsweise weiß, dass Parasitismus eine ganz normale, vielleicht die häufigste Lebensform ist und (in der Zoologie) keine Frage der Moral, spätestens jetzt erweist sich das als naturalistischer Fehlschluss. Nirgendwo in der Natur – zumindest der außermenschlichen – steht geschrieben, was gut und was böse ist. Diese Natur kennt keine Moral, sie kennt nur Folgen. Das ist eine der schwer zu ertragenden logischen Konsequenzen. Und noch schlimmer, wir sind Teil dieser Natur.

Als vielleicht unerfreulichste Folgerung aus der Anerkenntnis der nach diesem moralfernen Gesetz optimierten Genprogramme drängt sich nun auf: Wir müssen Abschied nehmen von der beliebigen Freiheit des Willens. Denn auch diesen Willen verdanken wir den Programmen der Gene, obgleich diese selbst weder Wissen noch Willen besitzen – sowenig wie andere Moleküle.

Nach dieser Desillusionierung bezüglich der Natur ist man versucht, drei unerfreuliche Folgerungen zu ziehen:
- Erziehung ist vollkommen sinnlos.
- Humanität und Gerechtigkeit kann es nicht geben.
- Niemand ist für sein Tun verantwortlich.

Wir wollen prüfen, ob sie schlüssig sind.

Wenden wir uns der ersten Aussage zu: „Erziehung ist vollkommen sinnlos." Richtig ist, dass die Menschheit die meiste Zeit ihres Bestehens ohne den Berufsstand des Pädagogen ausgekommen ist. Weit über zwei Millionen Jahre gibt es nachweislich Menschen, erst seit vielleicht einem Tausendstel dieser Zeit – also so gesehen kaum nennenswert – gibt es ein irgendwie institutionalisiertes Erziehungswesen. Sogenannte Naturvölker leben noch immer ohne ein solches, und zwar diesbezüglich problemlos, solange sie nicht mit der Moderne in Kontakt kommen. Wenn wir das mit unserem Erziehungssystem vergleichen, das Schulen zu physisch und psychisch gefährlichen Lernorten macht, könnte das sogar zu dem Schluss führen: Erziehung ist nicht nur vollkommen sinnlos, sondern sogar schädlich.

Obgleich ich zugeben muss, dass dies gerade im institutionalisierten Bereich allzu oft tatsächlich der Fall ist, setze ich dagegen (und werde das auch begründen): Erziehung ist ein essentieller Evolutionsfaktor. Die Notwendigkeit von Erziehung zu leugnen, ist nicht weniger dumm als die Bedeutung der Gene zu ignorieren. Die Naturgeschichte des Lebens selbst, bis hin zum Menschengeschlecht, lässt sich vielfältig beschreiben, in unserem Zusammenhang (in lockerer Anlehnung an Lessing) besonders interessant als Erziehungsprozess.

In der Frühzeit biologischer Evolution wurde zunächst die Erziehbarkeit anerzogen. Das ging mit den, gemessen am individuellen Leben langsamen evolutionären Mechanismen der Genetik. Das noch primitive Erziehungswesen im Präkambrium kannte keine Lehrer, sondern nur Prüfungen. Diese oblagen einer ebenso unbestechlichen wie mitleidlosen Kommission. Nach den jeweils aktuellen Kriterien bewertete sie nur, was ihr vorgelegt wurde. Diese Kommission ist heute bekannt als Selektion. Im großen und tierisch ernsten Spiel der kosmischen Evolution lernten die Kandidaten, also die genetischen Programme, immer fittere Phänotypen vorzulegen, von denen immer nur die besten (im Sinne reproduzierbarer Überlebensfähigkeit) bestehen konnten. Dieser so erzielte Fortschritt verdarb immer wieder die Noten. Die Selektion änderte und verschärfte laufend gnadenlos ihre Anforderungen.

Erziehung zum Menschen: erster Akt

Dieser erste Akt der Erziehung zum Menschengeschlecht bestand darin, dass der Meißel der Selektion aus einer überquellenden Fülle das, was nicht hinreichend mit den aktuellen Vorstellungen harmonierte, entfernte. Nichts anderes tut ja eigentlich ein Bildhauer. Er beseitigt nur, was nicht passt. Das ist sicher nicht alles, aber jedenfalls ein bedeutender Teil vom schöpferischen Prozess. Auf diese Weise bekommt die autokreative Evolution laufend neue Vorstellungen, die im jeweils nächsten Schritt berücksichtigt werden können und müssen. Dieser Prozess führte zu einer Verfeinerung der bearbeiteten Objekte. Nicht nur in Morphologie und Cytochemie, sondern auch im Verhalten. Auf Fragen, die über erdgeschichtliche Zeiten hinweg immer wieder in gleicher Weise gestellt wurden, richteten sich die Genprogramme ein. Nur solche Programme machten das Rennen, die ihren Lebewesen die richtigen Antworten mitgaben, fertig einprogrammiert. Bei Tieren nennt man das Reflexe und Instinkte. (Bei Pflanzen spricht man zurückhaltender nur von Reaktionen.) Auf die überall wirksame Erdschwerkraft beispielsweise reagieren Organismen völlig unbewusst, einem unheilschwangeren Schatten weichen sie aus, was Nährwert hat, wird gefressen, Tag und Nacht, Sommer und Winter werden nach immer wiederkehrender Erfahrung durch physiologische Umstellungen antizipiert. Wer auf die am häufigsten sich wiederholenden Fragen der Selektion nicht sofort die richtigen Antworten parat hat, fällt durch, genauer, seine Lebensspur ist gar nicht bis in die Gegenwart gekommen. Was überlebt, muss hinreichend harmonieren mit dem aktuell objektiv Erforderlichen. Das Ergebnis dieser harten Bedingung ist eine „prästabilierte Harmonie", freilich immer nur eine begrenzte und befristete, aber auch eine für das Überleben der jeweiligen Form (bislang) hinreichende.

Zweiter Akt: Lernen lernen

Zufall und evolutorischer Fortschritt konfrontieren die Probanden aber darüber hinaus mit einer unübersehbaren Fülle von weiteren Fragen, so zahlreich, dass keine Chance besteht, entsprechend viele Antworten genetisch zu programmieren. Wohl wiederholen sich in der historischen Lebenssituation der Individuen die Fragen, aber eben nicht überall und nicht zu allen Zeiten, wo und wann die Gene ihr Leben potenziell auch noch entfalten könnten, wenn sie diese Wechselfälle des Lebens nur zu meistern verstünden. Vor diesem weiten Feld schönster

Möglichkeiten steht die gigantische Hürde der Informationsbereitstellung. Davor muss auch die Riesenbibliothek eines Genoms aus Kapazitätsgründen kapitulieren – sie muss sie durch ein neues System unterlaufen.

Das geschah im zweiten Akt der Erziehung zum Menschengeschlecht: Das Leben lernte das Lernen. Das heißt: Erwerb jeweils maßgeschneiderter Information. Das eröffnet neue Daseinsmöglichkeiten, neue Freiheiten zu leben.

Allerdings wäre es ein tödlicher Trugschluss, ab jetzt die Gene gering zu achten. Auch das Lernen ist ein Produkt der Gene. Nur dank ihren weiter ausgefeilten Anweisungen kann in Auseinandersetzung mit der Umwelt ein Nervensystem entstehen, das zusätzlich zur Grundsteuerung über diese, keineswegs selbstverständliche Fähigkeit verfügt. Es ist auch keineswegs so, dass alles gleich schnell gelernt werden könnte; hinter den Lernpräferenzen steckt System.

Was schon bei den Vorfahren immer wieder zum reproduktiven Überleben wichtig war, wird leicht gelernt, anderes nie. Zum Beispiel lernt eine Honigbiene nie, dass eine Fensterscheibe nicht durchflogen werden kann. So etwas wurden ihre Vorfahren auch nie gefragt. Dagegen lernt sie sehr wohl aber äußerst Kompliziertes, zum Beispiel, dass auf der Südhalbkugel die zur Orientierung und Kommunikation genutzte Sonne mittags im Norden steht, und den Rest des Sonnenverlaufs kann sie extrapolieren. Sie kann nachweislich sogar „errechnen", an welcher Stelle die Sonne während der Nacht unter dem Horizont steht. Bei der raumbezogenen Kommunikation und Navigation verhält sie sich so, als ob ihr klar wäre, dass die Sonne der Fixstern ist und sich die Erde dreht. Dieses „Wissen" ist für die Verständigung im Bienenstaat notwendig. Von unserer eigenen Spezies ist uns bekannt, welch bitterer historischer Lernprozess der Akzeptanz dieser Kopernikanischen Erkenntnis vorausging. Lernen und Vorwissen zeigen überraschende artspezifische Unterschiede und sind somit – was eigentlich selbstverständlich ist – von den Genen abhängig.

Dritter Akt dramatisch

Der dritte Akt der Erziehung zum Menschengeschlecht wird dramatisch. Er schraubt das Evolutionsgeschehen auf unserem Planeten noch eine Stufe höher. Voraussetzung dazu ist eine nochmalige genetisch ermöglichte Erweiterung der Lernfähigkeit und zugleich deren Spezialisierung. Mit Spezialisierung ist vor allem das schon im Bienenbeispiel angesprochene spielend leichte Lernen wichtiger Dinge gemeint, bei dem es keines individuellen Verstärkers bedarf. (Die Verstärkung erfolgt auf populationsgenetischer Ebene durch relativ gesteigerte Vermehrung.) Ein auf elterlichen Schutz angewiesener Nestflüchter muss schnellstens wissen, wie seine Eltern aussehen. Sehr berühmt wurde diese Art von Lernen durch die auf Menschen geprägten Graugänse von Konrad Lorenz. Weniger bekannt ist, dass es auch hier angeborene Präferenzen gibt. Nach zwanzig Minuten schon ist ein Stockentenküken auf seine echte Mutter geprägt. Verhindert man im Experiment diese in der Geschichte seiner Vorfahren seit Jahrhunderttausenden immer wiederholte Erfahrung und ersetzt die Mutter etwa durch einen Verhaltensforscher, dauert der Lernprozess zwanzig Stunden (und ist manchmal im Gegensatz zur Prägung auf die eigene Mutter noch reversibel). In solchen Fällen „wissen" also die Tiere quasi schon vorher, was sie lernen sollen. Weniger passenden Ersatz – solchen, der nie in ihrer Stammesgeschichte auftrat – akzeptieren sie nur sehr zögernd, als ob sie wüssten: Das kann es nicht sein. Korrespondierende neuronale Strukturen suchen aktiv die passenden Umweltreize und justieren ihr Nervensystem für den künftigen Gebrauch nach diesen ein.

Was nun haben solche prägungsartigen Vorgänge mit dem Menschen zu tun? Das Besondere an unserer Art ist vor allem die Kultur; mit ihr eng verknüpft ist die Sprache. Damit ist die neueste Ebene der Evolution und zugleich der vorerst letzte Akt im Drama der Erziehung des Menschengeschlechts eröffnet. Die erste Ebene ist die der Gene, die der Nukleinsäuresequenzen. Sie steuern den Aufbau der ersten Ebene, die der Organismen. Zu dieser gehört auch das materiell beschreibbare Gehirn, welches – als weitere Ebene psychische Phänomene erzeugt (und von diesen auch wieder in einem Rückkopplungsprozess selbst gesteuert wird). Die Psychen interagieren zu einem wiederum neuen Phänomen, das eine neue Ebene eröffnet: die Kultur. Für ihre künftige Entwicklung ist nun diese Kultur zwar weiterhin auf das menschliche Hochleistungsgenom angewiesen, aber nicht mehr auf dessen Veränderungen. Dadurch wird das Tempo ihres Fortschritts atemberaubend. Das mag uns zunächst begeistern wie die rasende Autofahrt ein Kind.

Das von den Genen induzierte Gehirn ist so gestaltet, dass es vor allem in der noch bildsamen Phase wie ein Schwamm – aktiv Umweltinformationen aufsaugt, die es für den Rest seines Lebens gestalten und im Verhalten steuern. In weiten Bereichen ist diese Informationseinspeisung aufs Genaueste durch ein neuronales Filtersystem gehirnstrukturell vorbereitet. Es fehlen nur noch die konkreten Daten. Besonders deutlich wird das im Bereich der Sprache. Anders als durch eine detaillierte, im Aufbau genetisch programmierte neuronale Prädisposition, ist es nicht zu verstehen, dass jedes Kind (nicht mehr jeder Erwachsene) jede Sprache der Welt in ihrer grammatischen und semantischen Komplexität und mit ihren phonemischen Besonderheiten spielend erlernt, während zum Beispiel objektiv viel einfachere physikalische Theorien im Verständnis nur einem verhältnismäßig kleinen Kreis vorbehalten bleiben, und dies auch nur mit einiger Mühe. Wie die Sprache, so wird das, was in der jeweiligen Kultur sonst noch essentiell ist, in vorbereitete neurologische Strukturen aufgenommen, darunter auch, was heilig und was verabscheuenswürdig ist.

Sonderstellung des Menschen

Die Sonderstellung des Menschen besteht nicht in Äußerlichkeiten wie aufrechtem Gang oder dem Fehlen eines Pelzes. Das eine zeigen viel perfekter auch Kängurus oder Pinguine, das andere Wale oder etwa Schlangen. Die evolutionäre Sonderstellung liegt darin, dass das

Genom die Information für den Aufbau eines Gehirns entwickelt hat, in dem weite Bereiche des Verhaltens nicht von vornherein festgeschrieben sind, sondern in gemessen am Tierreich ungeheuer offenem Maße auf Informationen aus der Umwelt warten, bevor das Steuerungs- und Wahrnehmungssystem zum Gebrauch geöffnet wird. Lernen im Sinne des Behaviorismus (also per Aktion mit nachfolgender Verstärkung durch Lohn oder Strafe) spielt da eine verhältnismäßig untergeordnete Rolle. Es klingt paradox: Wenn wir weniger starr genetisch programmiert sind als andere Wesen, dann verdanken wir das den starken Genprogrammen.

Ich hoffe, das Gesagte macht deutlich: Erziehung ist vollkommen unentbehrlich. Sie war es immer schon. Allerdings erst seit unsere Zivilisation so kompliziert geworden ist, dass jedes Mitglied über eine Fülle sogenannter Kulturtechniken verfügen muss, kommen wir ohne Professionalisierung auch auf dem Gebiet der Erziehung nicht mehr aus. Dabei darf aber nicht vergessen werden, dass diese sich nicht zu weit und vor allem nicht zu früh im Leben des Kindes von dem entfernen darf, worauf in der Vergangenheit unser Genom optimiert wurde. Die ideale Erziehung tritt so wenig als solche in Erscheinung, wie das Erlernen der Muttersprache als Lernen erlebt wird. Sie spielt sich unbemerkt in den familiärnachbarschaftlichen Kleingruppen der Kinder ab.

Erziehung hat es also immer, so unvermeidbar wie notwendig, gegeben. Nur eine komplexe Zivilisation macht sie kompliziert. Da passiert es leicht, dass Erziehung, vom Größenwahn befallen und von der Realität abgehoben, so wenig mit den evolutionär entstandenen Realitäten harmoniert, dass sie vollkommen sinnlos ist – ja oft katastrophal. Alle diesbezüglichen noch so gut gemeinten Utopien sind bekanntlich jämmerlich gescheitert. Auf dem Weg zwischen uns und dem neuen Menschen steht nach wie vor der alte Adam. Wir sollten uns darauf einrichten, fürs Erste mit ihm auszukommen.

Schließlich noch ein Gedanke zu dem resignativen Satz: „Humanität kann es nicht geben." Richtig ist: Die Evolution kennt diesen Begriff nicht. Die außermenschliche Evolution kennt überhaupt keine Begriffe. Wenn wir Menschen aber eine Sehnsucht nach Humanität haben – und wer hätte die nicht – dann könnten wir die Entwicklung der Kultur immerhin in diese Richtung drängen. Woher sollte Menschlichkeit in den Evolutionsprozess kommen, wenn nicht durch den Menschen? Wir dürfen uns allerdings keine Illusionen machen, so vorteilhaft sie für Individuen im Allgemeinen sein mögen, so gefährlich sind Illusionen nach aller Erfahrung für Kollektive. Ein Paradies können wir nicht erwarten. Dass ein solches in unserer Welt nicht möglich ist, lässt sich logisch zeigen.

Verantwortung

Das explosionsartige Entwicklungstempo und die weltweite Vernetzung unserer am Augenblickserfolg orientierten Zivilisation erfüllt uns mit der Sorge, dass die Selektion nicht nur – wie früher – Individuen oder Kleingruppen trifft, sondern, wenn sie nicht mehr hinreichend mit dem objektiv Geforderten harmoniert, die gesamte Weltzivilisation mit allen ihren Trägern. Die außermenschliche Evolution kennt nicht nur keine Moral, sondern hat auch keine Verantwortung.

Damit wären wir bei dem dritten resignativen Fehlschluss: „Niemand ist für sein Tun verantwortlich" (wenn er von seinen Genen gesteuert ist). Genau das Gegenteil ist richtig. Ein Stein zum Beispiel verfügt nicht über ein Leben ermöglichendes, und erst recht nicht über ein Zukunftsbewusstsein spendendes Genom. Ihn kann man in der Tat für das, was er anrichtet, nicht verantwortlich machen. Aber wir haben ein Genom, das uns ermöglicht, die Folgen unseres Tuns (immerhin in Grenzen) abzuschätzen, und damit haben wir auch Verantwortung (jedenfalls in Grenzen). Und diese verdanken wir unserem Genom. Gene sind zwar nicht alles, aber ohne sie wären wir alle nichts – überhaupt nicht existent! Auch wer seine Gene nicht mag, der hat sie, und zwar nicht nur die ihn steuernden Gene, sondern mit ihnen auch die Verantwortung und die Freiheit, wenigstens zu versuchen, ihr durch entsprechende Selbststeuerung gerecht zu werden.

Meine Hoffnung ist nun, dass der Prozess der Zivilisation sich nicht weiter exponentiell in den Untergang siegt, sondern sich – unter anderem mit Hilfe realitätsorientierter Erziehung – dahin ausrichtet, dass die von uns selbst gesetzten Rahmenbedingungen in Richtung Humanität und Nachhaltigkeit gestaltet werden. Nach Aufklärung einer hinreichenden Zahl von Menschen sollte das in den Bereich des Möglichen rücken.

Skandalon Kanon

Gesellschaftskitt durch Klassikerlektüre

Wolfgang Welsch

Die in Deutschland (wie üblich, mit über einem Jahrzehnt Verspätung gegenüber den USA) aufgeflammte Kanon-Diskussion erhofft sich vom Kanon die Lösung eines Problems. Unserer Gesellschaft, sagt man, fehle es an kulturellen Gemeinsamkeiten, an weithin geteilten Überzeugungen und Handlungsmustern. Da soll die Lektüre älterer und neuerer Klassiker Abhilfe schaffen. Vielleicht ist das Problem richtig gesehen, der Therapievorschlag aber geht völlig daneben.

Denn erstens: Der Vorschlag zielt auf nur einen Teil der Gesellschaft, auf die Abiturienten. Selbst wenn er funktionieren sollte, würde er also nur ein Drittel der Gesellschaft beglücken. Will man sich neuerdings statt mit einer Zwei-Drittel- schon mit einer Ein-Drittel-Gesellschaft begnügen? Darüber hinaus taugt das Argument, dieses Drittel repräsentiere doch die Entscheidungsträger von morgen, so lange nicht, als man an bloße Qualifikations-, nicht an wirkliche Leistungseliten denkt.

Zweitens: Wenn es uns an Gemeinsamkeiten gebricht, die unseren gesellschaftlichen Verkehr flüssiger machen könnten, wenn wir mehr an gemeinsamen Überzeugungen und Problemlösungsmustern bräuchten, so nützt die Propagierung eines Kanons dafür gar nichts. Nicht nur, weil auf dem Stand der Moderne Klassikerlektüren von Person zu Person unterschiedlich ausfallen, sondern vor allem, weil gesellschaftlicher Zusammenhalt, wenn schon, die Stärkung einer anderen Art von Ressourcen verlangt.

Der Zusammenhalt einer Gesellschaft hängt in erster Linie an geteilten Praktiken. Das fängt bei den Gruß- und Umgangsformen an und hört bei den Formen des Konfliktaustrags noch lange nicht auf. Dass man Mörder ächtet (und nicht zu Spotlights von TV-Shows erhebt), dass man den Schwächeren gegenüber solidarisch ist; dass man im Fremden einen Menschen und nicht bloß die Attrappe eines Feindbildes sieht, dass man sich um die diskursive Lösung von Konflikten bemüht – und darüber auch emotionale Brückenschläge nicht vergisst –, dass man über Rituale der Trauer verfügt, dass man die Unterscheidung des Privaten und Öffentlichen beachtet (muss man heute hinzufügen, dass damit nicht das duale System gemeint ist?), dass man eine gemeinsame Form von Pünktlichkeitsregeln oder auch von kalkulierbarer Unpünktlichkeit besitzt – all das sind Beispiele von Praktiken, die eine Gesellschaft tragen und zusammenhalten können. Gesellschaft (meinetwegen auch „Kultur") liegt dort vor, wo solche Praktiken die Mitglieder selbstverständlich verbinden. Auch Institutionen wie dem Rechtssystem oder der Verwaltung kommt dafür eine gewichtige Rolle zu.

All das aber wird durch Kanonbeflissenheit nicht gestärkt. Klassikerlektüre erzeugt solche Praktiken nicht. Bestenfalls könnte sie einige vor Augen führen. Jedoch: Die Klassiker sind nicht bloß brave Buben. Zu jeder der oben angeführten Praktiken finden sich bei ihnen mindestens ebensoviele Contras wie Pros – Dostojewski führt uns Mord als Beweis rationaler Freiheit vor Augen; Elektra verkörpert den Abbruch aller diskursiven und emotionalen Brücken; Beckett demontiert jeden Gedanken an Öffentlichkeit. Klassiker taugen nicht eo ipso zur moralischen Nachrüstung – und zur Nachrüstung von Gemeinschaftlichkeit noch weniger.

Wer mit dem Kanon winkt, um gesellschaftlichen Zusammenhalt zu garantieren, fuchtelt also zu aufgeregt am falschen Ort. Die sozialtherapeutische Legitimierung des Kanon-Unterfangens ist illusorisch. Problemlösungs-Rhetorik und Realistik klaffen allzu weit auseinander.

Selektionen, Ausschlüsse, Borniertheiten

Wenn schon, müssten die Begründungsversuche weit bescheidener angesetzt werden. Vielleicht vermag das Kanongedudel wenigstens die Gebildeten untereinander wieder kommunikationsfähiger zu machen – Ringelreih der „Gebildeten" statt Neugeburt der Gesellschaft? Vielleicht – wenn nur die Inhaltsliste des Kanons nicht so unglaublich einseitig wäre!

Vor vierzig Jahren hat Charles Percy Snow in seiner berühmten Rede über die „zwei Kulturen" das moderne Auseinanderdriften von literarischer und naturwissenschaftlicher Kultur beklagt. Die Angehörigen der beiden Kulturen könnten sich „auf der Ebene ihrer wichtigsten geistigen Anliegen nicht mehr verständigen". Gedenkt der Kanon wenigstens diese Kluft zu heilen? Offenbar nicht. Sonst müsste er die Kenntnis des Zweiten Hauptsatzes der Thermodynamik oder der Relativitäts- und Quantentheorie oder des Gödelschen Unvollständigkeitstheorems oder von Essentials der neueren Mikrobiologie und Informationstheorie ebenso einfordern wie die Kenntnis literarischer Klassiker. Dass dies nicht geschieht, verrät, dass man de facto nicht einmal die Kommunikationsfähigkeit unter den Gebildeten zu befördern gedenkt, sondern weiterhin bloß einem geisteswissenschaftlichen Dünkel huldigt.

Die Kanon-Inhalte sind hoffnungslos einseitig. Man spricht vom langen Atem der Klassiker – und hat selbst nur den kurzen von Schrebergärtnern. Denn noch innerhalb des geisteswissenschaftlichen Bereichs bedeutet die Fixierung auf Lesbares, auf Literatur eine mehr als schmerzliche Beschränkung. Wo bleiben die parallelen Leistungen aus der Geschichte der Künste? Sollen Rembrandt und Pollock, Michelangelo und Rodin, Fischer von Erlach und Le Corbusier weniger zu unserer Bildung beitragen können? Und wo bleiben die Werke der Musik und des Tanzes? Gelten all diese Künste – weil sie nicht wortsprachlich verfasst und daher weniger leicht bequasselbar sind – als zu schwer? (Wie anscheinend, im wortsprachlichen Feld selbst, die Werke der Philosophie?) Die Inhaltsliste ist unerträglich beschränkt. Der Kanon scheint, von großer Literatur und Bildung sprechend, auf Empfehlungen des Beschwatzbaren hinauszulaufen.

Ferner: Wo bleiben die Errungenschaften der Kulturgeschichte – vom Buchdruck über die Entwicklung der Stadt bis hin zu den modernen Narkotika (alles Errungenschaften, die doch selbst für manche Literaten besonders wichtig waren)? Und wo bleibt die Technikgeschichte? Oder die Rechtsgeschichte? Die Religionsgeschichte? Die Medizingeschichte? – Soll all das weniger Aufklärung über unsere Herkunft und unsere heutigen Aufgaben bieten als eine Hitliste literarischer Klassiker?

Dabei habe ich noch nicht einmal von den elektronischen Medien gesprochen, die derzeit unsere Kommunikationsverhältnisse einschneidend verändern und gerade die literarische Kultur nicht unberührt lassen. Selbst wenn man sich in Sachen Kanon weiterhin auf Literarisches beschränken wollte, müsste Hypertext heute dazugehören. (An die Adresse der überlegen Lächelnden gesagt: Hypertext löst gerade ästhetische Desiderate mancher Klassiker – etwa von Joyce – besser ein, als sie mit den konventionellen Mitteln zu realisieren waren.) Niemand, der das Internet nicht kennt, ist heute gebildet zu nennen. So wenig wie jemand, der nur dieses kennt.

Kurzum: Es ist skandalös, ein literarisches Schmalspurprogramm zum Bildungskanon der Gegenwart auszurufen. So wichtig literarische Bildung sein mag – sie ist nur ein Beitrag zu unserer Kultur, macht nicht deren Essenz aus. Sie zur Zuständigkeit fürs Ganze aufzublähen, verrät ein skandalöses Missverständnis dieses Ganzen.

Gewiss stelle ich die Dinge zugespitzt dar. Vielleicht auch überspitzt. In Zeiten grassierender Schwammigkeit dient das der Erkenntnis. Wohl haben manche eingesehen, dass ein heutiger Kanon mehr als literarische Bildung umfassen müsste, dass beispielsweise auch naturwissenschaftliche Erkenntnis hinzuzunehmen wäre. Aber die Vorschläge blieben halbherzig und zu eng. Vollends die gegenwärtige Kanon-Propaganda fällt auf die Beschwörung der „Klassiker" zurück.

Bedenklich erscheinen mir auch nationale Verengungstendenzen. Das für die Bürger im Bereich der Bundesrepublik Deutschland kulturell Relevante ist keineswegs bloß deutsch. Schon immer war es zumindest europäisch: von den griechischen Klassikern über die lateinischen Schriftsteller, die Dichter der italienischen Renaissance, die Écrivains der französischen Aufklärung und die deutschen Klassiker bis hin zu den französischen und russischen Romanciers und Dramatikern. Man kann den Sturm und Drang nicht ohne Shakespeare, Hölderlin, nicht ohne Pindar, Grillparzer, nicht ohne Calderon und Rilke nicht ohne Tolstoi haben. Vor jeder nationalen Verengung hat übrigens schon der vermutlich sicherste Kandidat in jedem deutschen Kanon gewarnt: Goethe. Als er 1808 um Mithilfe bei der Herausgabe einer Lyriksammlung zum Zweck der Nationalbildung gebeten wurde, antwortete er, dass „keine Nation" und „am wenigsten vielleicht die deutsche sich aus sich selbst gebildet" habe, daher seien insbesondere Übersetzungen aufzunehmen, sie seien „ein wesentlicher Teil unserer Literatur".

Heute müsste zu einem (selbst bloß literarischen) Kanon vieles gehören, was den Kanon-Advokaten üblicherweise nicht in den Sinn kommt: Walt Whitman und Joseph Brodsky, Christine de Pizan und Simone de Beauvoir, García Márquez und Mishima. Und natürlich auch das I Ging, die Bhagavadgita und Häuptling Seattles Rede „Wie kann man den Himmel verkaufen?" – um nur einige Beispiele zu nennen.

Wider die falsche Selbstgefälligkeit

Was mich an der Kanon-Idee am meisten abstößt, ist das satte Bewusstsein, die vorgeschlagene Liste sei repräsentativ, mit ihr sei es getan. Ich habe zuvor auf faktische Borniertheiten hingewiesen. Fataler noch erscheinen mir die normativen Einbildungen.

Das gute Gewissen, das mit der Festsetzung und Verbreitung eines Kanons einhergeht, ist ganz und gar unberechtigt. Man glaubt, eine Unterscheidung zwischen dem Wichtigen und dem weniger Wichtigen, dem Notwendigen und nicht Notwendigen etabliert, die verbindliche Norm vor Augen gestellt zu haben. Der Rest soll Ausführung sein. Aber in Wahrheit wäre jeder Kanon, selbst ein im zuvor dargelegten Sinn erweiterter, notwendigerweise unvollständig. Mit einem alltäglichen Vergleich gesagt: Wie das Buch, das im Regal neben dem gesuchten steht, häufig das interessantere und aufschlussreichere ist, so existieren neben den kanonischen Werken zahllose ebenso wichtige und entdeckenswerte Werke. Die Kanoniker aber wollen und können das nicht wahrhaben. Es widerstreitet ihrer Idee eines Kanons, es löst diese auf.

Nicht, dass die Liste zu sehr auf Literarisches beschränkt ist; nicht, dass sie immer unvollständig sein wird; sondern dass durch den Normativitätsgestus alles andere ins Abseits gedrängt und dass suggeriert wird, es sei zu Recht ausgeschlossen – dies ist das eigentlich Skandalöse an jeder Institutionalisierung eines Kanons. Ein solcher Kanon ist immer (um ein Wort Walter Benjamins aufzugreifen) ein Dokument der Geschichte der Sieger. Er bekräftigt die geschichtliche Unterwerfung auf der kulturellen Ebene ein weiteres Mal.

Ausgeschlossen wurden immer wieder die Besiegten wie die Revolutionäre und, „natürlich", die Frauen und die nicht-europäischen Kulturen. Welche Beschneidung, welche Eitelkeit, welch unerträglich gutes Gewissen eines bornierten Bewusstseins! (Übrigens ist der griechische Terminus „kanon" selbst ein Lehnwort aus dem Semitischen – hätte nicht wenigstens das die „Gebildeten" nachdenklich machen müssen?) Jeder Blick auf die real existierenden Kanonformulierungen muss sensible Geister empören. Ein Kanon ist – allein schon durch seinen selbstsicheren Ausschlussgestus – eine Institution der Ungerechtigkeit; und zudem eine, die uns, mit dem Pathos der Bildung auftrumpfend, de facto bornierter und selbstgefälliger macht, als wir es verdienen und es uns gut tut. Wer durch die Erfahrungen der Postmoderne hindurchgegangen ist, wird solcher Selektivität und Pseudo-Normativität opponieren. Die dogmatische Form und das satte Normativitätsbewusstsein des Kanons sind unerträglich. Es ist hier der Ton, der die Musik verdirbt.

Zwei historische Anmerkungen: Die Kanonidee der abendländischen Kultur verdankt sich u.a. Cicero. Aber wie anders war bei Cicero, dem Rhetoriker, „Kanon" gemeint! Der Ausdruck bezeichnete den „Maßstab für einen Stil". Im gleichen Atemzug aber wies Cicero darauf hin, dass es „beinahe unzählige Stile gibt", die „alle in ihrer Eigenart verschieden" sind, weshalb es einen generellen Kanon gerade nicht gibt und geben kann. Pluralität ist in Sachen Kanon ein Elementargebot.

Der heute dominierende enge und normative Sinn von „Kanon" ist anderen als literarischen, er ist theologischen Ursprungs. Seit der Patristik bezeichnete man als „Kanon" die kirchlich anerkannten Bücher der Heiligen Schrift im Unterschied zu den nicht anerkannten (Apokryphen etc.). Seitdem ist „Kanon" ein normativ aufgeladener und mit der Unterscheidung von Recht und Unrecht verbundener Terminus; seither gilt das Ausgeschlossene als zu Recht ausgeschlossen, hat „Kanon" die Bedeutung von richtigem Corpus. Alles andere ist mit dem Geruch der Illegitimität behaftet. Dies ist die Bürde nicht nur des Ausdrucks, sondern der Denkform „Kanon". Niemand kann sie heute mehr rechtfertigen, niemand sollte sie sich aufladen lassen.

Nicht die Inhalte des Kanons sind skandalös – sie sind, im Gegenteil, meist wundervoll, und sie zu kennen ist lohnenswert. Nur würde ich weit mehr einfordern: die breite Palette all dessen, was heute für Verständigung relevant sein kann. Das eigentlich Problematische aber ist, jenseits der Inhalte, die Denkform „Kanon". Kaum etwas ist zeitgenössisch inadäquater und schädlicher als deren Kombination von faktischer Borniertheit und selbstgefälligem Normativitätsdünkel. Nicht ein Schrebergarten, die Welt ist unser Kulturraum. Und dafür ist nicht Pseudo-Verbindlichkeit, sondern Offenheit verlangt. Die Gebildeten von morgen werden (wie eh und je) nicht durch Besitztümer, sondern durch Kompetenzen ausgezeichnet sein. Mit den Gütern eines erweiterten Kanons vertraut zu sein, mag dafür nützlich sein. Aber alles wird darauf ankommen, den fatalen Normativitätsanspruch des „Kanons" abzulegen.

Die Autoren

von Arnim, Hans Herbert, Dr. jur., Univ.-Professor, Öffentliches Recht, insbesondere Kommunal- und Haushaltsrecht, und Verfassungslehre, Deutsche Hochschule für Verwaltungswissenschaften Speyer

Baring, Arnulf, Dr. jur., o. Professor, Historiker und Publizist, Freie Universität Berlin

Bergmann, Christian, Dr. phil., Univ.-Professor, Germanistische Linguistik, Technische Universität Chemnitz bis zu seiner Emeritierung 1995

Bolz, Norbert, Dr. phil., Univ.-Professor, Philosophie, Universität Gesamthochschule Essen

Bracher, Karl Dietrich, Dr. phil., Dr. h. c. mult., Univ.-Professor (em) für Wissenschaft von Politik und Zeitgeschichte, Universität Bonn, Mitglied des Ordens Pour le mérite

Drux, Rudolf, Dr., Univ.-Professor, Neuere deutsche Literaturgeschichte und Allgemeine Literaturwissenschaft, Universität zu Köln

Fritzsch, Harald, Dr., Univ.-Professor, Theoretische Physik, Universität München

Geißler, Karlheinz A., Dr. rer. pol., Univ.-Professor, Wirtschafts und Sozialpädagogik, Universität der Bundeswehr München

Glotz, Peter, Dr. phil., Professor, Kommunikationswissenschaft, Rektor der Universität Erfurt

Lohse, Martin, Dr., Univ.-Professor, Vorstand des Instituts für Pharmakologie und Toxikologie, Universität Würzburg

Mieth, Dietmar, Dr. theol., Univ.-Professor, Theologische Ethik, Universität Tübingen

Neubauer, John, Dr. phil., Univ.-Professor, Vergleichende Literaturwissenschaft, Universität Amsterdam

Noelle-Neumann, Elisabeth, Dr. Dr. h. c., Univ.-Professorin, Publizistik, Universität Mainz, Geschäftsführerin des Instituts für Demoskopie Allensbach

Simon, Dieter, Dr. jur., Drs. h. c., Univ.-Professor, Zivilrecht und Römisches Recht, Schwerpunkt Byzantinisches Recht, Direktor am Max-Planck-Institut für europäische Rechtsgeschichte, Präsident der Akademie der Wissenschaften Berlin-Brandenburg

Sloterdijk, Peter, Dr. phil., Univ.-Professor, Philosophie, Staatliche Hochschule für Gestaltung Karlsruhe

Szczypiorski, Andrzej, polnischer Schriftsteller und Publizist, ehemaliges Mitglied im Vorstand des polnischen PEN-Clubs und des Schriftstellerverbandes

Verbeek, Bernhard, Dr. rer. nat., Univ.-Professor, Zoologie und Didaktik der Biologie, Universität Dortmund

Welsch, Wolfgang, Dr. phil., Univ.-Professor, Theoretische Philosophie, Universität Jena

Quellennachweis

von Arnim, Hans Herbert: *Die Verfassung hinter der Verfassung*
Aus: Zeitschrift für Rechtspolitik 8/1999, 32. Jahrgang, S. 326-334 mit freundlicher Genehmigung des Verlages H. C. Beck (Der Originaltext wurde mit Anmerkungen veröffentlicht)

Baring, Arnulf: *Die Berliner Republik: Erwartungen und Herausforderungen*
Aus: Beilage zur Wochenzeitung Das Parlament, 6. August 1999

Bergmann, Christian: *Totalitarismus und Sprache*
Aus: Beilage zur Wochenzeitung Das Parlament, 17. September 1999 (Der Originaltext wurde mit Anmerkungen veröffentlicht)

Bolz, Norbert: *Die alterslose Gesellschaft*
Vortrag, gehalten anlässlich des Aktionsforums „Die Macht des Alters – Ein Sturm aus der Zukunft" der Kunst und Ausstellungshalle der Bundesrepublik Deutschland in Bonn am 29. und 30. Januar 1999

Bracher, Karl Dietrich: Rückblick auf Bonn
Aus: Beilage zur Wochenzeitung Das Parlament, 6. August 1999

Drux, Rudolf: *Von der Spaltbarkeit des Unteilbaren: Atomphysik und Kernenergie im Spiegel der Literatur von Bertold Brecht bis Christa Wolf*
Aus: Wirtschaft & Wissenschaft, Ausgabe 2, Mai 1999

Fritzsch, Harald: *Am Anfang war das Licht: Wie der Kosmos entstand*
Aus: Frankfurter Allgemeine Zeitung, 7. April 1999

Geißler, Karlheinz A.: *Die Zeiten ändern sich: Vom Umgang mit der Zeit in unterschiedlichen Epochen*
Aus: Beilage zur Wochenzeitung Das Parlament, 30. Juli 1999

Glotz, Peter: *Freiheitliche Demokratie in der globalen Informationsgesellschaft*
Vortrag, gehalten auf dem 2. Paderborner Podium am 7. Mai 1999

Lohse, Martin J.: *Die Sprache der Zellen*
Festvortrag, gehalten anlässlich der Jahresversammlung der Deutschen Forschungsgemeinschaft in Bremen am 22. Juni 1999

Mieth, Dietmar: *Was darf die Genforschung? Über die ethischen Grundsätze ihrer Anwendung*
Aus: Forschung & Lehre 11/99, Seite 566-569

Neubauer, John: *Goethe und die Wissenschaftler: Zum 250. Geburtstag*
Aus: Forschung & Lehre 8/99, Seite 420-423, Vortrag, gehalten bei BASF in Ludwigshafen am 20. April 1999

Noelle-Neumann, Elisabeth: *Wissenschaft in der öffentlichen Wahrnehmung: Ergebnisse einer Allensbach-Umfrage*
Aus: Forschung & Lehre 5/99, Seite 228 - 232,

Simon, Dieter: *Das Schweigen der Lämmer*
Akademierede, gehalten Ende Juni 1999

Sloterdijk, Peter: *Wohin führt der globale Wettbewerb?*
Vortrag, anlässlich des Symposiums „Deutsche Fragen" des Bundesverbandes deutscher Banken und der Universität Hohenheim gehalten in Stuttgart am 3. März 1999

Szczypiorski, Andrzej: *Von der Schlauheit, dem Egoismus und der Verachtung: Medien und Massenkultur*
Aus: Süddeutsche Zeitung, 12. März 1999

Verbeek, Bernhard: *Wie erziehbar ist der Mensch?*
Erstmals erschienen in UNIVERSITAS, Zeitschrift für interdisziplinäre Wissenschaft, Wissenschaftliche Verlagsgesellschaft Stuttgart 54. Jahrgang, Februar 1999, Nummer 632 (Der Originaltext ist mit Anmerkungen versehen)

Welsch, Wolfgang: Skandalon Kanon: *Gesellschaftskitt durch Klassikerlektüre*
Aus: Forschung & Lehre 4/99, Seite 182 - 185

Bei Fragen zur Produktsicherheit wenden Sie sich bitte an:
If you have any questions regarding product safety,
please contact:

Walter de Gruyter GmbH
Genthiner Straße 13
10785 Berlin
productsafety@degruyterbrill.com